广东财经大学工商管理学科系列丛书

本书受广东省优势重点学科建设经费资助

互联网经济下产业转型路径研究

——以内蒙古支柱产业为例

Research on the Path of Industrial Transformation under the Internet Economy

—In Case of Pillar Industry of Inner Mongolia

主编 杨 菁 赵 岩

中国财经出版传媒集团

经济科学出版社

Economic Science Press

图书在版编目（CIP）数据

互联网经济下产业转型路径研究：以内蒙古支柱产业为例/
杨菁，赵岩主编 . —北京：经济科学出版社，2017.11

ISBN 978 - 7 - 5141 - 8774 - 8

Ⅰ.①互…　Ⅱ.①杨…②赵…　Ⅲ.①互联网络 - 应用 -
支柱产业 - 产业发展 - 研究 - 内蒙古　Ⅳ.①F127.26 - 39

中国版本图书馆 CIP 数据核字（2017）第 304952 号

责任编辑：刘　莎
责任校对：王肖楠
责任印制：邱　天

互联网经济下产业转型路径研究
——以内蒙古支柱产业为例
主编　杨　菁　赵　岩
经济科学出版社出版、发行　新华书店经销
社址：北京市海淀区阜成路甲 28 号　邮编：100142
总编部电话：010 - 88191217　发行部电话：010 - 88191522
网址：www. esp. com. cn
电子邮件：esp@ esp. com. cn
天猫网店：经济科学出版社旗舰店
网址：http://jjkxcbs. tmall. com
固安华明印业有限公司印装
710×1000　16 开　20.5 印张　300000 字
2017 年 11 月第 1 版　2017 年 11 月第 1 次印刷
ISBN 978 - 7 - 5141 - 8774 - 8　定价：78.00 元

编写人员名单

名誉主编

孙宝文　　中央财经大学
李长青　　内蒙古工业大学

主　　编

杨　菁　　广东财经大学
赵　岩　　广东财经大学

副　主　编

何　毅　　中央财经大学
宋　彪　　内蒙古财经大学
孔令辉　　广东财经大学

参编人员

魏利平　　内蒙古医科大学
马　玉　　内蒙古工业大学
李一鸣　　内蒙古工业大学
冯彩云　　内蒙古工业大学
薛亚茹　　内蒙古工业大学
张宇佳　　内蒙古工业大学
赵春莲　　内蒙古工业大学
杨朝晖　　内蒙古工业大学
晋士文　　内蒙古工业大学
巴婷婷　　内蒙古工业大学
李军伟　　河北民族师范学院

目　　录

第一章

引 言

伴随着大数据、云计算等高新技术的发展与应用，一个崭新的互联网经济时代悄然而至。然而互联网经济并非诞生伊始，例如电子商务的诸多网络化商业形态早已闯入人们生活的视野、应用于多个领域。那么互联网经济从何而来、是否会对传统产业产生影响，其经济形态在我国的发展趋势如何，这些问题都有待深入研究和考察。

第一节　传统产业经济

一、关于传统产业

产业这一概念由来已久，马克思所认定的产业，指的是资本主义商品经济条件下的物质生产部门，包括所有按资本主义方式经营的生产部门。现代产业经济学认为产业是处于宏观经济与微观经济之间，从事同类物质生产或相同服务的经济群体。根据不同的标准，产业被划分为多个类别。我国的产业分类大多依据国家统计局 1985 年对三次产业的划分——第一产业：农业（包括种植业、林业、牧业和渔业等）；第二产业：工业（包括采掘业、制造业、自来水、电力、蒸汽、热水、煤气）和建筑业；第三产业：除上述第一、第二产业以外的其他各行业。

传统产业，就其范围而言，它在整个国民经济体系中包括了传统工业、传统农业和第三产业的一部分；如果仅从工业来看，传统产业主要包括纺织与服装工业、烟草工业、食品工业、建筑材料工业、机械工业、冶金工业、交通运输设备制造业，以及轻工业中的大多数行业。

由于不同的学者对传统产业的说法不一，总结并综合不同学者对于传统产业概念的解释，我们可以发现传统产业实际上是一个相对的概念，有些学者认为它与新兴产业相对，而有些学者称其为现代产业且现代产业包括高技术产业和新兴产业。这里我们暂且认为传统产业的相对概念是现代产业，则二者之间的区别可以归纳为所依赖的生产要素的不同：传统产业依靠传统技术，以传统生产要素为主导，主要包括：资源、能源、资本、劳动力、交通运输等；现代产业则是建立在现代生产要素基础之上的，主要包括：知识、信息、技术、文化等。如果立足于发展的眼光，一段时间后今天的新兴产业很可能成为将来的传统产业；有一些传统产业在汲取全新技术后所形成的新的分支完全可以属于现代产业。除此之外，传统产业是国民经济赖以生存的基础产业，在任何历史时期，传统产业总是占最大的比重，是社会经济发展的主体。虽然现代产业发展很快，但当其发展到占很大比重时，它也就成为传统产业，这时又会有新的现代产业出现。

二、我国传统产业经济发展概况

（一）传统产业经济发展状况

选取了农业、工业和旅游三类具有代表性的行业领域进行数据梳理，以呈现传统产业的经济发展面貌。

1. 农业

图 1 – 1 是根据 1978 ~ 2014 年我国农业总产值（仅指农业本身，不含林业、牧业、渔业产值）整理而得出的。

图 1 – 1 1978 ~ 2014 年我国农业总产值

说明：（1）2003 年以后，农林牧渔业总产值包括农林牧渔服务业产值。（2）自 2003 年起执行国民经济行业分类标准，总产值包括农林牧渔服务业产值。自 2012 年起执行新国民经济行业分类标准。（3）2003 年以前农林牧渔业总产值指数按 1990 年不变价格计算，2003 年以后按可比价计算。

资料来源：国家统计局。

从以上数据来看，我国农业经济的总体状况是，农业总产值直到 1995 年才突破了万亿，1995 ~ 2003 年的涨幅也并不明显。直到 2003 年以后，农业总产值有了突飞猛进的增长态势。

从作物的种植面积来看，2014 年全年粮食种植面积 11274 万公顷，比上年增加 78 万公顷；棉花种植面积 422 万公顷，减少 13 万公顷；油料种植面积 1408 万公顷，增加 6 万公顷；糖料种植面积 191 万公顷，减少 9 万公顷。另外，全年新增耕地灌溉面积 132 万公顷，新增节水灌溉面积 223 万公顷。

从粮食的产量数据来看，粮食再获丰收。2014 年全年粮食产量 60710 万吨，比上年增加 516 万吨，增产 0.9%。其中，夏粮产量 13660 万吨，增产 3.6%；早稻产量 3401 万吨，减产 0.4%；秋粮产量 43649 万吨，增产 0.1%。全年谷物产量 55727 万吨，比上年增产 0.8%。其中，稻谷产量 20643 万吨，增产 1.4%；小麦产量 12617 万吨，增产 3.5%；玉米产量 21567 万吨，减产 1.3%①。图 1-2 是 2010~2014 年粮食产量柱状图，可见粮食产量是逐年递增的。

（万吨）

图 1-2　2010~2014 年粮食产量

资料来源：国家统计局. 中华人民共和国 2014 年国民经济和社会发展统计公报 ［R］. 经济日报，2015 -02 -27.

2014 年肉类产量数据如表 1-1 所示。

表 1-1　　　　　　　　　　　2014 全年肉类产量

品类	总产量（万吨）	较上年增长（%）
猪肉	5671	3.2
牛肉	689	2.4
羊肉	428	4.9
禽肉	1751	-2.7
禽蛋	2894	0.6
牛奶	3725	5.5
年末生猪存栏数	46583（万头）	-1.7
年末生猪出栏数	73510（万头）	2.7

资料来源：根据 2014 年国民经济和社会发展统计公报提供数据整理。数据统计为 2014 年全年。

————————

①　国家统计局. 中华人民共和国 2014 年国民经济和社会发展统计公报 ［R］. 经济日报，2015 -02 -27.

全年水产品产量 6450 万吨,比上年增长 4.5%。其中,养殖水产品产量 4762 万吨,增长 4.9%;捕捞水产品产量 1688 万吨,增长 3.5%。

全年木材产量 8178 万立方米,比上年下降 3.1%。

2. 工业

从新中国成立时的工业基础薄弱、行业种类稀少、不成规模,到今天高加工工业规模的扩张及程度的加深甚至已经产能过剩,我国的工业经济从未停止过前进的步伐。

20 世纪 90 年代到 21 世纪初的 10 年间,我国高加工工业先大幅上升再稳步增长,传统加工工业持平并开始下降,主要是轻纺工业呈下降趋势,而高附加值加工业基本保持高速增长状态。以轻纺工业为主向重化工业为主转化的格局已经形成,以加工组装工业为中心的高加工工业阶段已经悄然来临。这一时期由于加工业的迅速扩张,加工工业与交通、能源、通信、原材料等基础性产业之间的矛盾凸显出来,基础性产业成为制约国民经济增长的"瓶颈"。基础性产业的短缺与一般加工业供给的过剩共同存在。因此,在不断加速的经济发展面前,我国实行了以能源、通信、原材料等基础性产业为战略重点的产业倾斜政策。这一时期的轻重工业比重基本保持均衡态势(如表 1-2 所示)。

表 1-2　　　1990~1999 年轻工业与重工业在工业总产值中所占比　　单位:%

产业	1990 年	1991 年	1992 年	1993 年	1994 年	1995 年	1996 年	1997 年	1998 年	1999 年
轻工业	49.4	48.4	46.6	46.5	46.3	47.3	48.1	49.0	49.3	49.2
重工业	50.6	51.6	53.4	53.5	53.7	52.7	51.9	51.0	50.7	50.8

资料来源:国家统计局。

从 2000 年以后,我国对传统工业的主体地位较为重视,尤其注重制造业这一核心,重工业的比重明显开始大幅上升,在工业总产值中的比重连续几年占到60%以上，工业结构出现较明显的重工业化趋势。

工业化不仅是一个产业结构变化的过程，还是一个广义的发展经济学范畴，可以看作是社会生产力的变革和经济发展水平不断提高的过程。对工业化也需要从人均收入、产业结构、就业结构、城镇化率等多个维度综合加以衡量。利用陈佳贵、黄群慧等在总结经典工业化理论基础上提出的工业化水平评价体系，计算得出2010年中国工业化水平综合指数得分为66，显示进入工业化后期阶段。但研究中国经济的实际情况，实际尚处于工业化中期的重工业化阶段，且并未完成。

由于新中国在改革开放以前实行过重工业优先发展战略，曾经重点发展过重工业，现在再次发展重工业，所以称之为"重新重工业化"或"二次重工业化"。这一时期工业化的主要特点其一是重工业增长速度加快和比重提高，其二是三次产业结构继续按照配第一克拉克定律演进。

纵观新中国60多年的工业化历程，由于特殊国情，中国走了一条特殊的工业化道路。一方面，从三次产业结构演进来看，中国的工业化基本符合配第一克拉克定理。农业产值比重从1952年的51%下降到2012年的10%，第二产业比重从20.8%上升到2006年的48.6%，其后开始出现下降趋势，第三产业比重从1952年的28.2%持续上升到2012年的44.6%。但另一方面，工业内部结构变化则与霍夫曼定理不完全一致，新中国的工业发展没有首先从轻工业开始，而是通过国家力量优先发展重工业，1960年重工业在全部工业中的比重达到66.6%。直到1978年改革开放后才转向重点发展轻纺工业，轻工业比重上升，重工业比重下降，1981年达到这一时期重工业比重的最低点（48.5%）。而1999年开始又以重工业为主导，重工业比重持续上升，到2012年重工业在全部工业中的比重高达71.8%。因此，迄今为止中国工业化的发展经历了重工业化优先发展—轻工业高速发展—轻重工业协调发展—重新重工业化的复杂历程。图1-3所示就是中国改革开放后的轻重工业比重变化趋势。

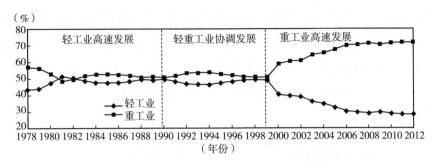

图 1 - 3　中国改革开放后的轻重工业比重变化（1978 ~ 2012 年）

资料来源：叶林，余江. 中国工业化的进展、新情况和成功实现［J］. 武汉大学学报（哲学社会科学版），2014（2）：117 - 125.

　　根据 2014 年国民经济和社会发展统计公报的统计数据，2014 年工业生产平稳增长。全年全部工业增加值 227991 亿元，比上年增长 7.0%。规模以上工业增加值增长 8.3%。在规模以上工业中，分经济类型各类企业增长百分比如图 1 - 4 所示。

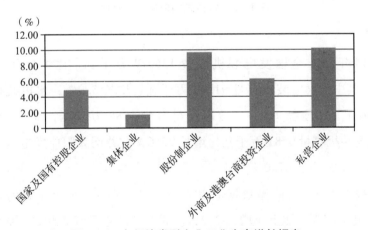

图 1 - 4　各经济类型企业工业生产增长幅度

　　若分门类看，采矿业增长 4.5%，制造业增长 9.4%，电力、热力、燃气及水生产和供应业增长 3.2%。

　　2014 年全年规模以上工业中，分行业增加值较上年的增长百分比如

图 1 - 5 所示，可见与计算机、通信和其他电子设备制造业，以及高技术制造业增加值增长占比都较大。其中高技术制造业增加值比上年增长12.3%，占规模以上工业增加值的比重为10.6%。装备制造业增加值增长10.5%，占规模以上工业增加值的比重为30.4%①。

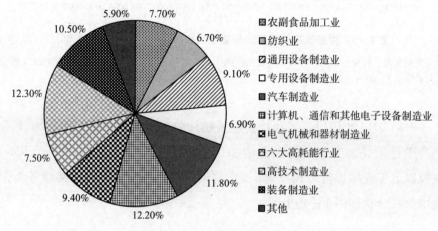

图 1 - 5　行业增加值增长百分比

图例：
- ⊠ 农副食品加工业
- ▨ 纺织业
- ▨ 通用设备制造业
- □ 专用设备制造业
- ■ 汽车制造业
- ⊞ 计算机、通信和其他电子设备制造业
- ▦ 电气机械和器材制造业
- ▨ 六大高耗能行业
- ▨ 高技术制造业
- ⊠ 装备制造业
- ■ 其他

2014 年年末全国发电装机容量 136019 万千瓦，比上年年末增长8.7%。其中，火电装机容量 91569 万千瓦，增长 5.9；水电装机容量30183 万千瓦，增长 7.9；核电装机容量 1988 万千瓦，增长 36.1%；并网风电装机容量 9581 万千瓦，增长 25.6%；并网太阳能发电装机容量2652 万千瓦，增长 67.0%②。

公报中还有一组能源数据值得关注。初步核算，全年能源消费总量42.6 亿吨标准煤，比上年增长 2.2%。煤炭消费量下降 2.9%，原油消费量增长 5.9%，天然气消费量增长 8.6%，电力消费量增长 3.8%。煤炭消费量占能源消费总量的 66.0%，水电、风电、核电、天然气等清洁能

---

①② 国家统计局. 中华人民共和国 2014 年国民经济和社会发展统计公报 [R]. 经济日报，2015 - 02 - 27.

源消费量占能源消费总量的 16.9%。全国万元国内生产总值能耗下降 4.8%。工业企业吨粗铜综合能耗同比下降 3.76%，吨钢综合能耗下降 1.65%，单位烧碱综合能耗下降 2.33%，吨水泥综合能耗下降 1.12%，每千瓦时火力发电标准煤耗下降 0.67%。

3. 旅游业

2014 年国内游客 36.1 亿人次，比上年增长 10.7%，国内旅游收入 30312 亿元，增长 15.4%。入境游客 12849 万人次，下降 0.5%。其中，外国人 2636 万人次，增长 0.3%；中国香港、澳门和中国台湾同胞 10213 万人次，下降 0.6%。在入境游客中，过夜游客 5562 万人次，与上年基本持平。国际旅游外汇收入 569 亿美元，增长 10.2%。国内居民出境 11659 万人次，增长 18.7%，其中因私出境 11003 万人次，增长 19.6%。

（二）传统产业经济发展过程中的问题

由于种种原因，我国过去只注重外延或扩大再生产，忽视了对传统产业的技术改造，导致我国的传统产业普遍具有资本有机构成落后、技术设备状况差、设备超役龄运转、折旧率低等通病，继而导致其产品越来越不能满足日益增长的国内市场需求。

就中国目前占据主体地位的传统工业为例，与发达国家进行对比，当前中国工业化面临相对复杂和困难的内、外部环境，未来的发展过程将更具挑战性，中国目前的传统经济发展面临的主要问题包括以下几个方面。

1. 技术水平亟待提高

重工业属于技术密集型产业，需要先进技术做支撑，国家统计局数据显示，中国 2014 年全年研究与试验发展（R&D）经费支出 13312 亿元，比上年增长 12.4%，与国内生产总值的比重为 2.09%，其中基础研究经费 626 亿元。但具体分析发现，中国的技术创新能力仍然较弱。一方面，是因为大量的研发来自政府投资，企业自主投资的比重相对发达国家仍然较低；另一方面，研发的大部分资金投向了降低成本的工艺研发中，真正为提高产品核心竞争力的产品研发投入相对较少。例如，在中国高科技行业中，企业的创新行为大约有 75% 都是用于降低成本，仅有 1/4 的创新用于创造新产品和提高产品附加值，这也是制约中国产品从"世界制造"走向"世界创造"的重要原因。而从产品竞争力角度来看，中国的低技术含量产品在国际市场的竞争力最高，这也说明中国的产品技术含量仍然较低。

2. 资源环境的约束

中国的工业经济发展到今天，对矿产资源的需求很大，导致能源、矿产资源的消耗量大幅增加。而中国仅煤炭储量较为丰富，铁、铝、铜、锌等矿产资源的蕴藏量都相对匮乏，人均占有量排在世界 80 位以后。随着工业化的深入，经济增长对这些自然资源的需求越来越大，这对中国传统产业经济的进一步发展产生制约作用。

3. 制造业结构需要调整

从 20 世纪 90 年代起，中国的制造业始终持续快速发展，中国早已成为世界工业和制造业大国。但与此同时，它们面临的诸多问题阻碍了中国传统工业向前发展，中国的工业和制造业大而不强的问题非常突出。

中国的低技术产业和资源密集型产业仍占很大比重，出口的制成品仍以初级制成品为主，即使在所谓高技术产品中，中国所从事的很大一部分工作也是劳动密集型的加工组装活动。"中国制造"在关键技术、关键设备上对国外还有相当大的依赖，核心和关键零部件大部分需要从国外进口，附加价值和利润很低。近年来，原材料、能源、劳动力、土地等生产要素价格不断上涨使中国低成本比较优势正在逐渐丧失，中国的制造业亟待转型升级，重塑新的竞争优势。

三、我国传统产业经济的发展趋势

虽然我国的传统产业目前还存在诸多的问题，但在加快发展信息技术产业的同时，在较长的时间内我们还不能放弃传统产业，因为传统产业部门在未来相当长的一段时间内对我国的经济发展及社会稳定起着极为重要的作用。

首先，从今后几十年的发展来看，传统产业的产品还会拥有很大的市场份额。因为我国有十几亿人口，对传统产业提供的基本的衣、食、住、行等劳动密集型产品有着巨大而持久的市场需求。因此，在相当长的一个时期内，传统产业特别是工业制造业仍然会有广阔的市场需求和发展前景，走新型工业化路子不能离开这个国情。在这种前提条件下，我们只有进一步发展传统产业部门，才能推动国民生产总值的快速增长，才能提高人们的生活质量，才能富民强国。

其次，传统产业特别是劳动密集型产业的存在和发展，将为解决"三农"问题、缓解就业压力、加快农村剩余劳动力的转移奠定长期而重要的基础。我国是一个人口压力非常大的国家，而且教育素质低下的人比重较大，同时在城市化进程中面临农村剩余劳动力向城市转移的压力，因而就业问题是关系到经济发展与社会稳定的重大问题。面对如此大的就业压力，我们不能不保留传统产业部门，因为只有劳动密集型的传统产业部门，才能吸收大量的就业人员，尤其是有些劳动密集型的传统产业部门，还可以使教育素质比较低下的人也可以有工作可干。因此，我国新型工业化道路不仅不能排斥传统产业的存在和发展，而且还必须以传统产业的存在和发展为基础和支撑。

最后，传统产业在相当长时间内仍是我国国民经济增长的主要源泉。对于发达国家来说，现在的确是新兴产业在带动经济的增长。而作为发展中国家的中国，在可预见的将来，新兴产业最大能够每年带动经济增长2个百分点。而我们不能只满足于2%～3%的增长，而是要增长得更快，这样才能缩短差距，比如说每年要增长 7% ~ 8%，那么，剩下的那 5 ~ 6 个百分点显然还要依靠传统产业。因此，在未来的几十年间，传统产业的稳步增长仍是我们较高增长率的主要源泉。

由此可见，在未来相当长的一段时间内，还有很大一部分传统产业在我国国民经济的发展过程中居于主导性的地位，因此我们必须认清这一客观事实，结合我国特有的国情，进一步重视和推进传统产业的发展。

李克强总理在 2015 年《政府工作报告》中明确提出了"中国制造 2025"战略，目标是实现从制造业大国向制造业强国的转变。这为我国的产业和技术升级指明了方向。

当今我国经济正进入新常态，也就是经济发展正在从高速增长转向中高速增长；我国经济增长将真正实现结构转型；另外，经济增长将更加看重创新。根据世界各国经济发展的一般规律，可以判断出我国的工业化高潮已经基本结束，创新和转型升级将成为我国新常态阶段经济发展的主旋律。

近几年大数据、云计算、物联网等各项高新技术的飞快发展我们是有目共睹的，互联网正加速向传统行业渗透。渗透的过程实质是体现了传统行业需要互联网的加入。互联网是技术平台、底层架构，它源于安全需求，却在经济领域大放异彩。传统经济向网络经济转轨的过程中，由于这一有机联系的经济使各行各业均需连接，因此以互联网为代表的连接型技术逐渐渗透入各行业，引发了以融合为特征的信息革命。互联网是渗透性因素，虽非直接生产力，但经与各行业融合，加速了传统产业的转型升级。广电、银行、电信、家居、教育、彩票、汽车、房产、零售业等正加速转型触网，以战略融合、模式创新为重点，呈生产方式驱动特点，并以核心业务作为线上线下结合的切入点。

我国未来的传统产业发展方向不能采取"一刀切"的做法，而应该用一分为二的发展思路来看待。一方面，对于某些技术严重落后，产品陈旧、严重滞销，能耗大、产出效率低下，对环境污染严重的传统产业应该坚决予以淘汰。在淘汰的过程中，应该采用市场机制与政府宏观调控相结合的方式，必要时不排除采取行政性强制措施。这样才能促进资源的优化配置，让紧缺的资源能够得以配置到产出效率与社会效益最大的地方，这一点对于我国目前各种资源并不十分富裕而又亟须发展的现状尤为重要。另一方面，对于大部分在国民经济发展中占据主导性地位的传统产业，由于这一部分传统产业能够解决与扩大就业、实现农村劳动力的转移，并为人民群众的日常生活提供丰富的商品，因此应该加大对于这一部分传统产业的调整与改造力度，使之能够顺利地实现产业结构的优化升级。

第二节 互联网经济

一、"互联网 +" 与互联网经济

（一）概念阐述

"互联网 +" 的提出，最早可以追溯到 2013 年 11 月马化腾的一次演讲，但其概念应该属于狭义的 "互联网 +"。2015 年 3 月 5 日，李克强总理在《政府工作报告》中提到 "互联网 +"，引起了各界的强烈反响。他演讲的题目是 "关于以 '互联网 +' 为驱动，推进我国经济社会创新发展的建议"，其中指出：要制定 "互联网 +" 行动计划，推动移动互联网、云计算、大数据、物联网等与现代制造业结合，促进电子商务、工业互联网和互联网金融健康发展，引导互联网企业拓展国际市场。这是第一次在政府工作报告中大量提到互联网，并突出互联网在经济结构转型中的重要地位。表明 "互联网 +" 上升至国家层面，并且逐步向第一产业、第二产业渗透。

"互联网 +" 的 " +"，其意为互联网加传统行业。在写入政府工作报告之前，"互联网 +" 并非无根之木，而是已经在神州大地上进行的如火如荼，尤其在第三产业中"互联网＋"模式实际上已经得到全面应用，比如电商领域的京东模式和淘宝模式，都有大批传统第三产业的参与，网上银行也是以实体银行业为基础发展的，滴滴快的模式的产生正在改变着传统交通业，而大批的传统媒体也正行进在"互联网＋"的路上，这还不包括几乎席卷整个服务业的O2O模式。

"互联网＋"不是互联网与传统行业你死我活、争夺饭碗的零和游戏，也不是互联网与传统行业的简单相加，而是利用互联网技术与互联网平台，使互联网与传统行业深度融合、协同增效，创造新的价值与新的发展生态，所谓"＋"，还有创造增量、把蛋糕做大的意思。中国经济近年的趋势是在减速，而"互联网＋"则是再次创造增量价值，促进经济腾飞的一条正确路径。如果"互联网＋"效应发挥得好，互联网将像第一次工业革命的蒸汽、第二次工业革命中的电力一样，极大地提升生产力与生产效率，有乐观者甚至预测"互联网＋"将引爆第七次信息革命。

如今的时代被各式各样的"互联网＋"所充斥，其火热程度从网络、报纸、杂志的诸多媒体报道中可见一斑。经济学家们定义"互联网＋"为以互联网为主的一整套信息技术，包括移动互联网、云计算、大数据技术等，在经济社会各个部门、各个领域的应用方式。互联网技术冲出原有的产业体系框架，突破了不同产业之间、产业与各类高科技技术间的阻碍，却并不是颠覆传统产业独立运行，而是它们的转型、换代与升级，是思维、理念与模式上的"＋"。互联网技术所具有的高度倍增性、广泛渗透性和深度产业关联性决定了与其关联发展起来的新型业态必定为该产业带来前所未有的活力和影响力。

全球最成功的风险投资企业之一、硅谷最知名的风投公司凯鹏华盈（KPCB）合伙人，著名的玛丽·米克尔发布了一项关于2015年互联网趋势的报告。报告指出全球（1995～2014年）的互联网用户数在全球人口中的渗透率从不到1%上升至39%，中国在这个比例中更是占到1/5。截至2015年5月，全球互联网上市公司按市值排名中国排在前15名的企业有4家，阿里巴巴在美国的苹果和谷歌之后排在第三位。这些数据对比前十年该领域的发展堪称奇迹。

（二）互联网经济的特征

中国的互联网经济发展到今天已经取得世界瞩目的成就，如何让它的辉煌继续，我们必须牢牢把握互联网经济本身具有的特点，看清它的优势所在，才能为传统产业向互联网产业经济形态转型升级助力。

企业家眼中的互联网经济具有以下三个特征：互联网经济的第一个特点是用户体验至上。互联网时代是一个消灭信息不对称的时代，是一个信息透明的时代。有了互联网，游戏规则变了，因为消费者鼠标一点就可以比价，而且相互之间可以方便地在网上讨论，因此消费者掌握的信息越来越多，于是变得越来越精明，变得越来越具有话语权。互联网经济的第二个特点是基于免费的商业模式。传统经济强调"客户（顾客）是上帝"。这是一种二维经济关系，即商家为付费的人提供服务。然而，在互联网经济中，不管是付费还是不付费的人，只要用你的产品或服务，那就是上帝。因此，互联网经济崇尚的信条是"用户是上帝"。在互联网上，很多东西都是免费的，例如聊天、搜索、电子邮箱、杀毒，不但不要钱，而且把质量做得特别好，甚至通过倒贴钱的方式来欢迎用户使用。由此可见用户的重要性。互联网经济的第三个特点是价值链创新。淘宝的免费开店，颠覆了它强大的竞争对手 eBay；360 使用免费模式，颠覆了收费的杀毒软件厂商；微信借助免费发信息，对电信运营商形成了巨大的威胁。互联网免费的商业模式，本质上是通过免费获取巨大的用户群，然后在此基础上创造新的价值链。这就是众多企业的商业经营模式。

除此之外，互联网经济这一经济形态，更多的是它与传统产业经济形态相比具有独特的优势特点。互联网经济降低了传统的中间商存在的必要性，从而显著降低交易成本、提高经济效益；信息技术作为互联网经济的重要组成部分，已经广泛渗透到传统产业当中，这就是互联网经济的高度渗透性；互联网经济由于使用的信息技术发展快，生产周期短，为其他行业带来外部经济性，等等。

其实早在十几年前就有学者研究过互联网经济的特征，郑新业（2000）总结提出了互联网经济有如下五个特征：第一，互联网经济最重要的特征就是网络外部性——当一产品对某用户的价值随着采用相同产品或者可兼容产品的用户增加而增加时，就出现了正的网络外部性。第二，是"只有第一、没有第二"。研究可数字化生产和传输的产品特性，就会发现在这类产品的生产中，固定成本极高，而边际成本极低，甚至为零，这种成本结构表明生产某种数字化产品的生产能力无穷大。第三，互联网经济是高度发达的市场经济。互联网经济的内涵是数字化产品的生产和销售、突破了时间和空间的限制，透过表象就会发现互联网经济实质上就是物流、资金流和信息流的汇合。第四，互联网经济具有标准的极端重要性，从而产品之间的兼容问题成为公共政策关注的焦点。互联网经济所展现的无穷供给能力，以及网络形成所必需的统一性、接入的相容许性，使得标准和制式在互联网经济中有着十分重要的意义。第五，是可能会出现严重的市场失灵，政府对经济的干预极端重要。

二、中国互联网经济的发展现状

20 多年来，互联网产业就是中国经济的传奇，其增速已经超越国家 GDP 增速 5 倍，互联网经济占 GDP 的比重也超过很多发达国家，互联网业已完全具备拉动二、三产业、带动整个国民经济全面向上的能力，如果"互联网＋"行动计划获得成功，21 世纪中国将与美国、欧盟、日本等发达国家站在同一起跑线上。

（一）中国互联网应用的基本情况

自 1987 年接入互联网，中国的网民数已超 6 亿人，世界互联网十强企业，中国占据四席（阿里巴巴、腾讯、百度、京东），远超欧洲，一个世界网络强国已具雏形。而在中国，也还没有哪个行业像互联网一样，如此阳光、如此与国际接轨、诞生出如此数量众多的世界级企业家。表 1 - 3

为截至 2015 年 6 月中国使用互联网的相关数据统计。

表 1 - 3　　　　　　　　　　　　　基础数据

指标	数量/比例	较 2014 年年底增加数/增加比例
网民规模	6.68 亿	1894 万/0.9 个百分点
手机网民规模	5.94 亿	3679 万
农村网民占比	1.86 亿/27.9%	800 万
通过台式电脑接入互联网	68.4%	
通过笔记本电脑接入互联网	42.5%	
手机上网使用率	88.9%	3.1 个百分点
平板电脑上网比例	33.7%	下降了 1.1 个百分点
网络电视使用率	16.0%	
域名总数	2231 万	其中 ".CN" 域名总数为 1225 万个，占中国域名总数比例为 54.9%，".中国" 域名总数为 26 万个
网站总数	357 万	其中 CN 下网站数为 163 万个

资料来源：根据第 36 次《中国互联网络发展状况统计报告》整理得出。

（二）　网民互联网应用状况

2015 年上半年，我国个人互联网应用发展加速分化，电子邮件、BBS 等传统互联网络应用使用率继续走低；搜索、即时通信等基础网络应用使用率趋向饱和，向连接服务方向逐步发展；移动商务类应用发展迅速，成为拉动网络经济的新增长点；网络支付从线上走向线下，使用率增长迅速。此外，网络炒股成为网民投资焦点，由于股市带来的用户分流，使得网络余额理财类应用的使用率增长出现停滞。

1. 信息获取类应用与前沿技术融合发展，实现个性化服务

搜索引擎、网络新闻作为互联网的基础应用，使用率均在 80% 以上，未来几年内，这类应用使用率提升的空间有限，但在使用深度和用户体验

上会有较大突破。搜索引擎方面，多媒体技术、自然语言识别、人工智能与机器学习、触控硬件等多种技术探索融合，推动产品创新；网络新闻方面，在"算法"的支持下，新闻客户端能迅速分析用户兴趣并推送其所需信息，实现个性化、精准化推荐，提升用户体验。

2. 商务交易类应用稳定发展，支付工具增长明显

网络交易类应用经过多年发展，在国内市场已经逐渐步入稳定期，虽然用户规模增速逐渐放缓，但绝对规模均较 2014 年年底有了不同幅度的提升，其中网上支付工具的增长最为显著。究其原因，网上购物类应用由于用户基数较大，很难再获得突破性增长；团购由于低价模式难以持续，正在尝试"去团购化"转型；而支付类工具由于移动支付技术与设备的日益完善，以及"线上支付线下服务"模式的逐渐成熟，逐渐被越来越多的用户所接受。

3. 金融服务类网络应用发展紧随市场环境

2015 年上半年网络金融服务类应用发展紧随金融市场变化。伴随着过去一年来国内股市的暴涨，网上炒股的用户规模显著提升，截至 2015 年 6 月，网上炒股的用户规模达到 5628 万，较上年增长了 47.4%。而受到 2015 年上半年宽松货币政策影响，货币基金收益率持续下滑，以及股市带来的用户分流，使得网络余额理财类应用的使用率增长出现停滞。

4. 娱乐类应用整体用户规模保持稳定，使用率涨跌互现

数据显示，娱乐类网络应用的整体用户规模在过去半年中基本保持稳定，除网络文学用户规模略微有所下降外，其他娱乐类应用的用户规模均有增长；在使用率方面，网络文学和网络音乐的用户使用率有所下降，网络视频和网络游戏的使用率略有提升。整体而言，娱乐类应用作为网络应用中最早出现的类型，经过多年发展用户规模和使用率已经逐渐稳定，而在过去半年中，对于新型商业模式的探索成为其发展的主要方向。

表 1 - 4　　　　2014 年 12 月 ~ 2015 年 6 月中国网民对各类网络应用的使用率

应用	2015 年 6 月		2014 年 12 月		半年增长率（%）
	用户规模（万）	网民使用率（%）	用户规模（万）	网民使用率（%）	
即时通信	60626	90.8	58776	90.6	3.1
网络新闻	55467	83.1	51894	80.0	6.9
搜索引擎	53615	80.3	52223	80.5	2.7
网络音乐	48046	72.0	47807	73.7	0.5
博客/个人空间	47457	71.1	46679	72.0	1.7
网络视频	46121	69.1	43298	66.7	6.5
网络游戏	38021	56.9	36585	56.4	3.9
网络购物	37391	56.0	36142	55.7	3.5
微博客	20432	30.6	24884	38.4	- 17.9
网络文学	28467	42.6	29385	45.3	- 3.1
网上支付	35886	53.7	30431	46.9	17.9
电子邮件	24511	36.7	25178	38.8	- 2.6
网上银行	30696	46.0	28214	43.5	8.8
旅行预订	22903	34.3	22173	34.2	3.3
团购	17639	26.4	17267	26.6	2.2
论坛/BBS	12007	18.0	12908	19.9	- 7.0
网上炒股或炒基金	5628	8.4	3819	5.9	47.4
互联网理财	7849	11.8	7849	12.1	0.0

资料来源：第 36 次《中国互联网络发展状况统计报告》。

第三节　从传统产业经济到互联网经济

十二届全国人大三次会议记者会上，在回答《新京报》记者提问时，李克强总理说，最近互联网上流行的一个词叫"风口"，"我想，站在

'互联网＋'的风口顺势而为，会使中国经济飞起来"。总理的一句回答，使"互联网＋"与"风口""顺势而为"等词汇瞬间在中国互联网上火起来，成为舆论关注的焦点。

诚然，今天的互联网已成为一种渗透性因素，其创新加成作用将传统产业经济业态与互联网融合，才造就了今天如此繁荣的互联网经济。

一、经济发展背景的转变

与当今的互联网经济大行其道的时代背景不同，一直以来中国经济都是依靠要素驱动，也就是我们所提到的"传统产业"。今天，传统企业如何面对互联网的挑战，如何向互联网转型，是众多企业家、专家、学者热烈讨论的问题。自习近平总书记 2014 年 8 月 18 日在中央财经领导小组第七次会议上提出创新驱动，中国经济的发展方式出现了转变。

习近平在讲话中指出，改革开放近 40 年来，我国实现了科技水平整体跃升，已经成为具有重要影响力的科技大国，科技创新对经济社会发展的支撑和引领作用日益增强。当前，新一轮科技革命和产业变革正在孕育兴起，全球科技创新呈现出新的发展态势和特征，新技术替代旧技术、智能型技术替代劳动密集型技术趋势明显。我国依靠要素成本优势驱动、大量投入资源和消耗环境的经济发展方式已经难以为继。我们必须增强紧迫感，紧紧抓住机遇，及时确立发展战略，全面增强自主创新能力，掌握新一轮全球科技竞争的战略主动。我们必须认识到，从发展上看，主导国家发展命运的决定性因素是社会生产力和劳动生产率，只有不断推进科技创新，不断解放和发展社会生产力，不断提高劳动生产率，才能实现经济社会持续健康发展①。

从传统产业经济到互联网经济的转变，实际上就是从要素驱动到创新

---

① 李克强. 加快实施创新驱动发展战略，加快推动经济发展方式转变［N］. 人民日报，2014 - 08 - 19.

驱动的过程。在全国政协十二届二次会议记者会上，百度公司董事长兼首席执行官李彦宏曾这样回答记者的问题："从几年前我就开始说互联网会对传统产业产生越来越明显的影响，到去年，我为了让大家更加意识到这个问题的严重性，我用了一个说法，我说互联网在加速淘汰传统产业。之所以这样说，我们看几个不同的行业过去几年发生的变化就会有这样的感觉。大家感觉比较明显的会是零售业，现在电子商务在整个零售当中所占的比例，在中国和美国基本上是一样的。但是在美国，电子商务每年增长速度只有百分之十几，在中国有百分之六十多。这就意味着再过几年，我们每一个人主要买东西的渠道就变成了网上的渠道……我们其实可以把很多传统产业推倒了重来，用互联网的方法再做一遍。所以我觉得互联网是上天赐给中国的一个机会，互联网会使中国变得更强。"①

二、中国的互联网经济时代

（一）中国互联网之 20 年

1994 年 4 月 20 日，中国实现了与国际互联网的全功能连接，从此开启了互联网时代。截至 2014 年的 20 年间，互联网深刻改变着中国人的生活，并成为国民经济发展的重要驱动力（如表 1 - 5 所示）。

表 1 - 5　　　　　　　　中国接入互联网 20 年大事记

时间		事件
1994 年 4 月		中国全功能接入国际互联网，成为国际互联网大家庭中的第 77 个成员
1995 年	1 月	邮电部开始向社会提供互联网接入服务
	5 月	中国第一个互联网接入服务商——瀛海威信息通信公司创立
1996 年 11 月		中国首个网吧"实华开网络咖啡屋"在北京开设

① 童亦弟. 用互联网思维"推倒"传统产业 [N]. 中国建设报，2014 - 03 - 12.

续表

时间		事件
1997 年	4 月	全国信息化工作会议通过"国家信息化'九五'规划和 2000 年远景目标",将中国互联网列入国家信息基础设施建设
	10 月	四大骨干互联网——中国公用计算机互联网、中国科技网、中国教育和科研计算机网、中国金桥信息网实现互联互通
1998 年	3 月	邮电部和电子工业部合并组建信息产业部
	8 月	公安部成立公共信息网络安全监察局,负责组织实施维护计算机网络安全,打击网上犯罪
1999 年	1 月	"政府上网工程"启动,掀起政府网站建设热潮
	7 月	中华网成为首个在美国纳斯达克上市的中国概念网络公司股
2000 年	4~7 月	中国三大门户网站——新浪、网易和搜狐在纳斯达克上市
	10 月	《中共中央关于制定国民经济和社会发展第十个五年计划的建议》指出要大力推进国民经济和社会信息化,以信息化带动工业化
2001 年	5 月	中国互联网协会成立
	12 月	中国十大骨干互联网签署互联互通协议,使网民可以更便捷地进行跨地区访问
2002 年 11 月		中国互联网协会主办的"第一届中国互联网大会暨展示会"在上海召开
2003 年 11 月		国家体育总局批准电子竞技为第 99 个体育项目
2004 年	3 月	中国互联网公司开始自 2000 年以来的第二轮境外上市热潮
	7 月	全国打击淫秽色情网站专项行动开始
2005 年	8 月	百度在纳斯达克上市,创下 2000 年互联网泡沫以来 5 年间纳斯达克 IPO 首发上市日涨幅最高的纪录
	11 月	《国家信息化发展战略(2006~2020 年)》审议通过。当年,博客开始兴起
2006 年	1 月	中国政府门户网站正式开通
	7 月	《信息网络传播权保护条例》开始实施。年底,病毒"熊猫烧香"爆发,数百万台计算机遭到感染和破坏
2007 年 6 月		《电子商务发展"十一五"规划》发布,首次在国家政策层面确立发展电子商务的战略和任务
2008 年	3 月	工业和信息化部设立,成为互联网行业主管部门
	5 月	社交网站迅速发展。截至 6 月,中国网民人数达 2.53 亿,首次跃居世界第一

时间		事件
2009 年	1 月	工信部向中国移动、中国电信和中国联通三大运营商发放 3G 牌照。下半年起，各大门户网站开通或测试微博功能
	12 月	《中华人民共和国侵权责任法》通过，首次规定网络侵权问题及其处理原则
2010 年	1 月	国务院常务会议决定加快推进电信网、广播电视网和互联网三网融合
	6 月	中国人民银行公布《非金融机构支付服务管理办法》，将网络支付纳入监管
2011 年	5 月	国家互联网信息办公室设立。同月，中国人民银行下发首批第三方支付牌照
	11 月	国家发展和改革委员会就宽带接入问题对中国电信和中国联通展开反垄断调查
2012 年	2 月	《物联网"十二五"发展规划》发布
	12 月	《关于加强网络信息保护的决定》通过，决定要求保护个人电子信息、防范垃圾电子信息、确立网络身份管理制度
2013	6 月	阿里巴巴集团推出余额宝业务，此后中国互联网金融蓬勃发展
	12 月	工信部向三大运营商发放 4G 牌照。截至年底，中国网民规模达 6.18 亿
2014 年 2 月		中央网络安全和信息化领导小组成立，中共中央总记记习近平任组长

资料来源：本表根据中国国家互联网信息办公室网站中相关内容整理得到。

（二）从要素驱动到创新驱动：中国经济的未来

第二届世界互联网大会结束不久，《科学美国人》中文版《环球科学》遴选出 2015 年度十大科技热词，其中"乌镇"当之无愧地登顶年度科技热词榜，"互联网+"排名第二。从 2015 年 3 月到 12 月，仅与"互联网+"有关的专著就出版了超过 100 本，网络链接则超过了 1500 万个。更重要的是，这个词汇寄托了中国人对于未来的梦想。中国的社会、经济和文化都将迎来前所未有的重塑。

1. 互联网背景下的商业模式

互联网思维对于商业来说是一次划时代的革命，经济运行核心已经从计划经济的政府和市场经济的厂商转向互联网经济下的顾客。

随着工业经济时代演进到互联网时代，商业模式发生了极大的改变。

在互联网的不确定性下，以往的商业模式被颠覆，传统意义上可依托的壁垒被打破，任何的经验主义都显得苍白无力。黑莓、诺基亚、东芝、摩托罗拉等多家国外著名传统电子厂商被兼并、倒闭的消息接踵而至，而苹果公司成为世界上市值最高的公司，中国的小米公司成立 4 年市值已超百亿美元。无数例子说明，互联网时代的商业模式，需要让消费者参与生产和价值创造，让厂商与消费者连接，厂商与消费者共创价值、分享价值，这样才能够既享有来自厂商供应面的规模经济与范围经济的好处，又享有来自消费者需求面的规模经济与范围经济的好处。如果说商业模式是一个组织在明确外部假设条件、内部资源和能力的前提下，用于整合组织本身、顾客、供应链伙伴、员工、股东或利益相关者来获取超额利润的一种战略创新意图和可实现的结构体系，以及制度安排的集合，那么互联网时代的商业模式是在充满不确定性且边界模糊的互联网下，通过供需双方形成社群平台，以实现其隔离机制来维护组织稳定和实现连接红利的模式群。

互联网的特质驱动了新商业模式的发展：

（1）互联网带来了厂商组织环境的模糊与"混沌"，使厂商的经营处于一种边界模糊、难分内外的环境中。

（2）由于互联网时代环境的不确定性，使得厂商的商业模式具有高度的随机性和不固定性，厂商已经没有坚固的堡垒可以依托和支撑，只能求新求变，一切成功的模式在互联网时代都很难持续。

（3）互联网推动去中心化。如今的互联网已经从少数人建设或机器组织内容然后大众分享转变为共建共享。

（4）互联网时代的商业模式具有极强的不可复制性，没有一模一样的东西，也没有完全相同的商业模式。

2. 互联网时代的传统产业、企业再造

现代通信技术与 PC 等的结合形成了传统互联网，现代通信技术与手机等的结合形成了移动互联网。现在，用户占据手机端移动互联网的时间已大大超过了占据 PC 端传统互联网的时间。在互联网时代，一切都将重新塑造。就商业变化而言：

（1）互联网改变了交易场所。现在，产品供给方和需求方可以跨越空间约束，自由进入电子商务网站等虚拟场所，实现商品线上交易。

（2）互联网拓展了交易时间。过去产品供给方有固定的营业时间，超过这个时间范围，即使需求方有购买需求，商家也会闭门打烊。现在供需双方在电子商务网站，可实现 24 小时不间断的网络交易。

（3）互联网丰富了交易品类。现在，网络空间不仅交易畅销产品、大众产品，而且交易在实体空间里大量存在的所谓滞销产品、小众产品。

（4）互联网加快了交易速度。消费者通过手机、电脑等智能终端接入互联网进入网络购物平台，根据商品历史交易信息和消费者的评价选择商品不仅减少了信息不对称性，而且加快了供需双方的交易速度。

（5）互联网减少了中间环节。现在去中介化、去渠道化，点对点、端到端，直通直达即内去隔热墙、外去中间商，产品从研发、制造到营销、营运各个区段的时间大大缩短。

3. 互联网金融新业态

2015 年 4 月 17 日，国务院总理李克强在国家开发银行和中国工商银行考察并主持召开座谈会时指出，要深入推进金融改革开放，助力实体经济升级发展。"互联网＋金融"作为一种新业态和金融创新的一个重要方面，对实体经济发展无疑将起到重大的推动作用。

如果说金融代表着资金流，那互联网就意味着信息流，两者深度结合则会改变甚至颠覆当前金融运行模式，对实体经济发展将产生较大促进作用。"互联网＋金融"对实体经济的助推作用，不仅体现在网络支付结算带来的快捷、便利和商品交易时间成本的大幅缩短，更重要的是带来了资金融通的高效率，扩大了受众覆盖面，提高了社会资本的流转速度和利用效率。由于我国金融体系是银行主导型的金融垄断，利率市场化还没完成，金融市场效率低下，存在资金配置错位等问题，一方面社会储蓄远远大于投资；另一方面实体经济的巨大融资需求难以满足，尤其是中小企业的融资需求长期得不到有效解决。在网络经济时代，大众创业、小微企业或中小企业的蓬勃发展成为实体经济的一个重要特色，传统金融服务的局限性已无法满足大众创业、小微企业或中小企业的融资需求，制约了实体经济的发展、转型和升级。而"互联网＋金融"可以利用互联网平台的大数据获取中小企业信用行为数据、交易行为数据，从而为中小企业进行信用等级区分，为符合条件的个人或中小企业提供资金融通服务。

在这样的新兴业态下，社会需要建立健全制度框架、建立完善的信用评级数据库、促进银行与互联网金融平台的深度合作，这样才能够更好地支撑互联网金融行业的平稳健康发展。

4. 互联网对旅游业的影响

随着互联网和大数据技术对旅游业影响日益增强，OTA（在线旅游服务商）及广大旅游者利用互联网自发组织的"驴友群"等都对传统以旅行社业为代表的旅游服务商产生了巨大冲击。

经过多年的发展，OTA 在营业收入方面已经有赶超传统旅行社之势。据国家旅游局统计，2013 年我国旅行社业全年收入为 3599 亿元人民币，业务增长率 6.7%，但国内旅游和入境接待出现下降。另据艾瑞网统计，同年我国在线旅游交易额为 2181.2 亿元，增长率达 27.7%，其中，在线机票市场交易规模达 1318.3 亿元，在线酒店市场交易规模达 485.4 亿元，在线度假市场交易规模为 303.0 亿元。而在在线旅游度假市场中，自助游的比重达到 59.5%。除了 OTA 以外，还有数以万计的驴友群，这些驴友群通过互联网组合出游，特别在中短途旅游方面给传统旅行社造成了严重的冲击。随着我国居民可自由支配收入的增长，文化素质的提升其对于旅游的需求也呈现出新的偏好和特点，更注重追求自身的体验和兴趣爱好，自助、个性和休闲成为旅游需求的特征。而这些正是传统旅行社业务所不能达到的。

　　在研究从传统产业经济到互联网经济这一转变过程时，理顺互联网产业和传统产业之间的关系是需要深入思考的。二者究竟如何联系，颠覆还是互补？笔者在此认为，互联网是小车，而各行各业是大马，要想走得更好更远，互联网还要指望各个传统产业对其产生提质增效之功用。

第二章

内蒙古经济发展现状

自内蒙古自治区诞生，内蒙古地区走上了民族平等、民族团结、共同发展、共同繁荣的道路，尤其是在改革开放后，能源、冶金、农畜产品、化工、装备制造和旅游产业等得到了迅速发展，在信息技术和互联网时代下，内蒙古自治区经济将会得到进一步的发展。

第一节　内蒙古传统支柱产业发展历史

自新中国成立和内蒙古自治区的诞生，内蒙古地区结束了被分割统治的局面、民族纷争的历史，走上了民族平等、民族团结、共同发展、共同繁荣的道路，为经济的发展创造了优越的条件。能源、冶金、农畜产品、化工、装备制造和旅游产业等得到了初步发展，为日后的繁荣发展奠定了基础。

改革开放以来，内蒙古自治区经济发展取得长足进步，结构调整成效显著，经济总量不断扩大。农牧业、能源工业、农畜产品加工业、稀土工业、生物高技术产业、草原文化旅游业等逐步形成自己的特色，并成为经济发展的重要支撑。丰富的资源、独具特色的产业结构使内蒙古具有巨大的产业发展潜能。

进入 21 世纪，内蒙古自治区产业结构由 1978 年的"二一三"格局转变为 2014 年的"三二一"格局。自 20 世纪 90 年代以来，第二产业和第三产业成为拉动经济发展的主导产业。"十五"时期以来，内蒙古在产业结构调整的同时，实现了产业体系的基本完善，相继形成能源、冶金建材、化工、机械制造、农畜产品加工和高新技术六大优势产业，占全区规模以上工业增加值的比重达到 90% 以上，形成了以资源开发和重化工为主体的产业格局。[1]

目前，内蒙古自治区经济在经济新常态和互联网经济驱动下，继续进行产业调整和升级，主要提高信息经济在产值中的比例，实现内蒙古自治区经济与全国经济的接轨，缩小与世界经济的差距。

第二节 内蒙古传统支柱产业发展现状

"十一五"期间，内蒙古自治区政府将能源、冶金建材、农畜产品、化工、装备制造和旅游产业作为内蒙古的六大支柱产业。要促进全区工业经济转型升级，就必须提高全区工业经济信息化水平，而六大优势产业是发展的核心。因此，提升工业产业信息化水平，促进经济转型，首先要了解六大支柱产业的经济现状。

一、内蒙古自治区支柱产业发展总特点

改革开放以来，特别是"十一五"时期以来，内蒙古自治区经济运行良好，经济规模不断扩大，制造产能日益提高，产品质量和信息化水平显著提升，区域和国际竞争力进一步增强，较好地满足了内蒙古自治区经济、社会发展需要。钢铁、有色、石化和建材等主要原材料产品技术标

---

① 内蒙古新闻网. http：//every. nmgnews. com. cn/index. php？doc－view－493. html.

准、产业信息化水平基本与国际接轨；航天、发电、轨道交通等重大装备研发生产实现自主化，工程机械、通用装备的可靠性水平不断提高，与国际先进水平的差距进一步缩小；轻工、纺织、家电等消费类产品实现按国际标准组织生产，新产品层出不穷，智能信息化档次不断提高，市场竞争力明显增强；第三代移动通信、数字音视频、基础软件等信息技术产品的主要功能和性能达到或接近国际同类产品水平。[①]

（一）区域竞争力提高

2008 年至 2015 年，内蒙古地区能源、化工、冶金、旅游、装备制造、农畜牧六大优势特色产业，信息化水平不断提高，产能贡献率不断提升，在区域和全国的竞争力不断提高。六大产业创造的产值，占全区规模以上工业经济总量的90%以上。内蒙古自治区经济产值对全国的贡献率，由 2008 年的 2.68% 增长至 2014 年的 6.28%，年均增长率为 0.51%。

例如，优势产业煤化工行业信息化水平不断提高，带来的信心化辐射效应强烈。鄂尔多斯煤制油分公司是目前世界上唯一的现代化煤直接液化工业企业，掌握着煤直接、间接液化及清洁生产的核心技术，并在发达国家拥有多项专利技术。内蒙古是煤炭资源大省，近年来在经济转型探索中，推进结构调整，提升了信息化水平，非煤产业不断发展壮大，活力不断提高。

据统计，目前内蒙古高新技术、装备制造、有色和农畜产品加工业对工业增长的贡献率已经达到47.3%，同比提高 12.6 个百分点。今后，内蒙古将继续加大产业信息化水平，加快传统产业信息升级力度，推进煤炭的延伸转化和清洁高效利用。同时，发展壮大战略性新兴产业，加快发展服务业和现代农牧业，培养新的经济增长点。目前，内蒙古制定了云计算创新发展、推进"互联网＋"、加快发展生产性服务业、发展商业健康保

---

① 中国网.《工业产品质量发展"十二五"规划》发布 ［EB/OL］. http：//www. china. com. cn/economic/txt/2011－11/14/content_23913436. htm, 2011－11－14.

险等政策意见，认定了 28 个自治区级服务业集聚区；旅游业总收入增长 24.1%，软件和信息技术服务业投资增长 30.1%，同时在积极推动绿色低碳循环发展的过程中，内蒙古全区单位工业增加值能耗下降 9.5%，降幅同比增加 4.6 个百分点。

（二）国际化程度提高

内蒙古自治区六大产业信息化水平、技术水平，与世界发达国家基本接轨，国际化程度不断提高。钢铁、有色、石化和建材等主要原材料产品技术标准、信息化水平基本与国际接轨；内蒙古众环有限公司、内蒙古精诚绝缘子有限公司、内蒙古飞鹰汽车齿轮有限责任公司等在国内外同行业处于领先水平。2012 年全区规模以上装备制造业企业 275 户，占全区规模以上工业企业总数的 6.5%，在内蒙古自治区营业收入超百亿元企业中，装备制造企业仅占 2 户。

中俄双方共同签署了《中俄标准化、计量、认证和检验监管常设工作组下第十三次会议纪要》。此次会议对于内蒙古深入了解中俄双方标准化工作、推动参与国际标准化合作事务起到了重要的作用。充分发挥了内蒙古与俄罗斯互通的地缘优势、人文优势、政策优势及口岸优势，深入开展了俄罗斯标准研究工作，促进了标准在经贸合作领域的支撑作用，搭建起中俄标准信息互通渠道，扩大了中俄标准互认步伐，积极推动了中国标准"走出去"。

全区装备制造企业的产品门类主要集中在乘用车、载重汽车、铁路车辆、非公路矿用车等技术性较高的车辆制造，煤、矿机械，工程机械，风电设备制造等几大专业设备。2012 年，呼包鄂地区装备制造业增加值就占到全区装备制造业增加值的近 90%。

（三）自主研发水平提升

航天、发电、轨道交通等重大装备研发生产实现自主化，工程机械、通用装备智能、可靠性水平不断提高，与国际先进水平的差距进一步缩小；乳品加工行业是内蒙古制造业中的优势产业，在国际国内占有举足轻重的地位，内蒙古科技部和农业部进行联合攻关，通过现有成熟技术的集成创新，国外先进技术的引进创新和原创技术的自主创新，在奶业共性关键技术上取得了重大突破，实现产业链全自动化。2014 年，内蒙古全区装机容量达 9235 万千瓦，居全国首位。

（四）本土化程度

2012 年以来，内蒙古自治区六大优势特色产业投资保持稳步增长态势，其中冶金建材、化工、农畜产品加工行业增速均在 38% 以上。内蒙古自治区政府明确提出，"十二五"期间，内蒙古充分利用特色优势资源，重点发展能源、化工、冶金、装备制造、农畜产品加工、高新技术六大优势特色产业，尤其是打造冶金、农畜牧业成为内蒙古自治区特有、不可模仿的产业。

内蒙古矿产资源丰富，拥有大型铁矿、铝矿、稀土等丰富的矿产资源。其中稀土占全世界的 70% 以上，是世界的稀土之都。并且拥有全国十二大钢铁冶金企业之一的包头钢铁公司。包钢依托本土丰富的资源，大力发展不锈钢、有色金属冶炼及压延加工业，凭借其技术进步，带动了内蒙古地区经济的快速发展。同时，内蒙古拥有天然的牧场、广阔的草原、优良品种的牛羊等。优势的资源促进涌现出像伊利、蒙牛、鄂尔多斯、鹿王、草原兴发集团等一批基础比较雄厚、市场竞争力强的国家级畜牧业产业化龙头企业，进行农畜产品加工业的开发，并以总量大、增速快的特点引领全区工业信息化的快速增长。

二、内蒙古自治区六大支柱产业具体发展情况

内蒙古自治区政府将能源、冶金建材、农畜产品、化工、装备制造和旅游业定为内蒙古的六大支柱产业。在促进全区工业经济转型升级、提高全区经济信息质量中，六大优势产业是核心。

（一）能源产业现状分析

能源是人类进步所必需的物质基础，能源发展伴随着人类进步史，能源的利用和发展程度反映着人类文明的进步程度。在调整经济结构、提升经济信息化水平的关键时期，能源产业作为内蒙古自治区经济命脉，调整能源产业发展、提高信息化水平对推动内蒙古自治区整体经济信息化发展具有十分重要的意义。

经过"九五"时期以来的快速发展，依靠内蒙古自治区丰富的煤炭、石油、天然气等资源，能源工业已成为内蒙古经济发展的重要支柱。内蒙古煤炭、电力等常规能源的年产量逐步增长，新能源的开发在探索中螺旋前进。

随着全国经济的快速增长，能源市场需求旺盛，内蒙古能源产业引进技术，信息化快速发展，产能迅速提高。"十五"期间，内蒙古累计新增煤炭生产能力1.5亿吨；新增电力装机1200万千瓦；新增天然气生产能力30亿立方米，实现了天然气开发利用零的突破。煤炭是内蒙古的资源优势之一，煤炭探明储量7000亿吨，全国第一。全区12个盟市有67个旗县市富存煤炭资源，多数煤田为整装煤田，适宜于大规模、机械化开采。与此同时，内蒙古能源输出大幅度增加，能源工业对内蒙古乃至全国经济发展的贡献率不断提高。

近年来，在内蒙古自治区开放能源建设市场政策的鼓励下，吸引了全国各地的能源企业到内蒙古投资建设能源项目，实现了能源工业投资主体的多元化，内蒙古能源工业以前所未有的速度快速发展。

2000年以来，内蒙古自治区的能源开发、利用获得了长足的发展，煤炭、电力等常规能源的产量逐年增长，新能源的开发也在不断地探索中前进，目前已基本形成了以煤炭开发为主、火电为基础，油气资源和新能源全面开发的能源格局。

内蒙古拥有天然丰富的风能、太阳能等新能源，但是没有得到充分的开发利用。因其主要集中于广大的农牧区和偏远的山区，因此风、光资源仅仅局限于解决农牧区居民的生活用电和生产用电，没有形成产业化，这是对大自然禀赋的浪费。再者，新能源的开发缺乏必要的资金投入，自主研发能力不足，发电机、畜电池等主要部件依赖于进口，导致新能源成本过高。另外，粗放式开采，能源浪费严重，生态环境压力巨大。内蒙古存在大量的小煤矿、小型发电站、土炼油厂，技术落后，设备陈旧，机械化、半机械化和手工业生产并存，未能使零散分布资源的价值充分实现。

图 2-1 至图 2-3 三幅趋势图是对内蒙古能源情况的分析。

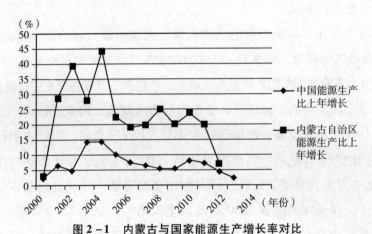

图 2-1　内蒙古与国家能源生产增长率对比

资料来源：国家统计局、内蒙古统计局统计年鉴。

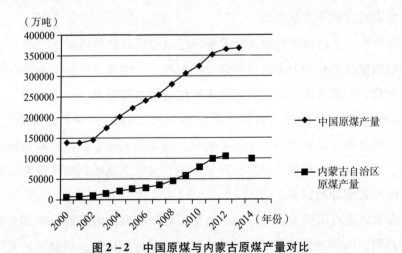

图 2-2　中国原煤与内蒙古原煤产量对比

资料来源：国家统计局、内蒙古统计局统计年鉴。

图 2 - 1 为内蒙古能源生产增长率与中国的对比图，数据截至 2012
年。由图 2 - 1 可知，中国能源生产增长率在 2003 年的时候浮动较大，而
内蒙古在 2001 ~ 2005 年这五年中，浮动比较大，在 2005 年之后趋于平
稳，但是在 2012 年的时候增长率大幅度下降。

图 2 - 2 是中国原煤产量与内蒙古原煤产量的对比，由图 2 - 2 得知，
在 2000 ~ 2014 年原煤产量是逐渐增加的趋势。图 2 - 3 是选取了中国原煤
产量排名前 15 的数据（2000 ~ 2014 年）。由图 2 - 3 中可以看出在 2010
年内蒙古的原煤产量超过煤炭第一省份山西，2012 年时原煤产量超过 1
亿吨的省份只有内蒙古。2014 年，内蒙古原煤产量有所回落。

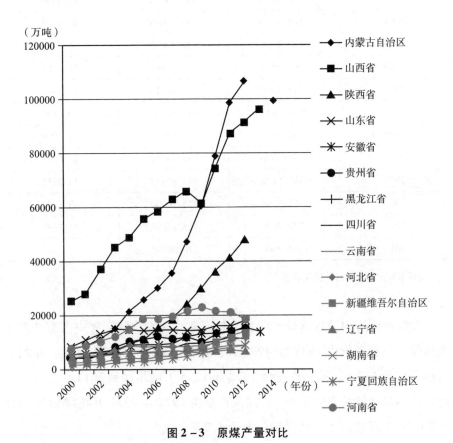

图 2 - 3 原煤产量对比

资料来源：国家统计局、内蒙古统计局统计年鉴。

（二）农畜产品产业情况

内蒙古农畜产品产业状况如表 2 - 1 至表 2 - 2 所示。

表 2 - 1　　　2000 ~ 2014 年内蒙古种植业主要产品产量　　单位：万吨

年份	粮食产量	油料产量	油菜产量
2000	1242.0000	116.40000	30.5000
2001	1239.1000	80.62000	13.0000
2002	1406.7000	108.91170	28.2214
2003	1360.7000	102.30000	25.3000
2004	1505.4000	103.70000	31.3344
2005	1662.2000	122.20000	28.3448
2006	1806.6623	101.14460	23.5309
2007	1811.1000	79.44210	12.8409
2008	2131.3041	117.54000	20.2100
2009	1981.7029	119.62040	22.4000
2010	2158.2000	128.15000	22.4000
2011	2387.5128	133.87645	24.0235
2012	2528.5000	145.10000	30.7000
2013	2773.0000	158.14000	33.7497
2014	2753.0000	170.30000	

资料来源：内蒙古自治区农牧业厅。

　　农牧业作为内蒙古基础产业和支柱产业，在农牧区发展中占有非常重要地位，粮食产量由 1978 年 499 万吨增加至 2014 年 2753 万吨，年均名义增长率为 4.7%。油料产量由 1978 年 12.5 万吨增加到 2014 年 170.3 万吨，年均名义增长率为 7.5%。油菜产量由 1978 年 43.1 万吨增加到 2013 年 33.7497 万吨，年均名义增长率为 4.2%。

表 2 - 2　　　　　　2000 ~ 2014 年内蒙古畜牧业主要产品产量　　　　单位: 万吨

年份	肉类产量	牛奶产量	羊毛产量	羊绒产量
2000	143. 40	79. 8000	6. 8500	0. 3815
2001	149. 60	106. 2400	6. 5300	0. 3999
2002	145. 80	165. 2000	6. 3700	0. 4531
2003	163. 00	308. 0200	7. 5000	0. 5338
2004	201. 97	497. 9000	9. 2000	0. 5956
2005	229. 91	691. 1000	10. 2500	0. 6646
2006	256. 00	869. 2000	10. 5900	0. 6797
2007	206. 50	909. 8400	10. 5300	0. 6689
2008	219. 37	912. 2349	10. 6200	0. 7642
2009	234. 06	903. 1200	12. 0500	0. 7375
2010	238. 71	905. 2000	12. 0000	0. 8104
2011	237. 42	908. 2000	11. 9200	0. 7643
2012	245. 80	910. 2000	11. 6627	0. 7642
2013	244. 96	767. 3000		0. 7901
2014	252. 30	788. 0000		

资料来源: 内蒙古自治区商业厅。

　　畜牧业作为内蒙古自治区特色优势产业, 在内蒙古自治区经济发展中占据举足轻重的地位。畜牧产品自 2000 年至 2016 年, 得到了长足的发展。肉类产量由 2000 年的 143. 4 万吨增加到 2016 年的 2523 万吨, 年均名义增长率为 5. 06% ; 牛奶产量由 2000 年的 79. 84 万吨增加到 2014 年的 788 万吨, 年均名义增长率为 59. 13% ; 羊毛产量由 2000 年的 6. 85 万吨增加到 2012 年的 11. 6627 万吨, 年均名义增长率为 5. 40% ; 羊绒产量由 2000 年的 0. 3815 万吨增加到 2013 年的 0. 7901 万吨, 年均名义增长率为 6. 53% 。

（三）化学工业发展情况

依托资源优势，内蒙古自治区化工产业持续良好发展，资源产能优势高于全国其他资源省份。

就目前行情分析，煤炭销售利润低于煤化工利润。因此，内蒙古自治区以煤炭为原料，生产石油代替产品的现代煤化工产业的积极性很高、项目较多。照目前情况来看，传统煤化工项目成本收益主要取决于国际原油的价格、产量及市场需求量，煤化工项目成本收益比相对较低；新型煤化工技术门槛相对较高，投资也比较大，企业投资风险较大。但在内蒙古的投资者，项目配套的煤炭资源使新型煤化工是大势所趋（见表2－3）。

表2－3　　　　　　　内蒙古现代煤化工示范工程项目

项目类别	项目名称	项目地址	投资额	年产能	技术来源
煤制油	神华集团直接煤制油项目	内蒙古鄂尔多斯	100 亿元	100 万吨煤制油	引进国外技术与自主研发结合
	伊泰集团间接煤制油	内蒙古鄂尔多斯	25 亿元	40 亿立方天然气	自主研发
煤制天然气	大唐国际煤制天然气	内蒙古克什克腾旗	257 亿元	100 万吨煤制油	引进国外技术与自主研发结合
	汇能煤制天然气	内蒙古伊金霍金洛旗	250 亿元	20 亿立方米天然气	自主研发
煤制烯烃	神华煤制烯烃项目	内蒙古包头	170 亿元	180 万吨甲醇60 万吨烯烃	中科院大连化物所
	大唐国际煤制烯烃项目	内蒙古多伦县	180 亿元	甲醇 169 万吨聚丙烯 46 万吨	德国鲁奇技术与部分自主研发
煤制乙醇	丹化科技金煤乙二醇项目	内蒙古乌审旗	430 亿元	300 万吨二甲醇420 万吨甲醇	自主研发

资料来源：吴晶英. 内蒙古煤化工产业发展的问题与思路［J］. 企业研究，2012（18）：181－182.

鄂尔多斯地方政府规定投资 20 亿元配给 1 亿吨煤炭资源，这致使一些央企和地方大型企业进入到鄂尔多斯投资煤化工项目，如淄博矿业、兖州煤业、神华集团及中国烟草等。鄂尔多斯地区的煤炭埋藏比较浅，发热值非常高，低硫分、低灰分。这些企业进入煤化工项目，其目的更多在于煤炭资源。企业为了煤炭资源，即使没有条件，也被迫建设现代煤化工项目。

"十一五"期间，新型煤化工五大示范性工程，在内蒙古取得了突破性进展，除了神华、伊泰两大煤制油项目外，内蒙古煤制天然气、煤制烯烃、煤制甲醇及二甲醚、煤制乙二醇等几十项煤炭转化项目的企业规模与技术装备均已达到国内先进水平，并形成了年产煤制油 140 万吨、煤制甲醇 180 万吨、煤制乙二醇 20 万吨、煤制烯烃 106 万吨的生产能力，煤制甲醇产量位居全国前列，再加上在建和拟建的现代煤化工基地，产能将大大超过内蒙古批准的计划。虽然，现代煤化工产业对资源、环境等方面要求较高，但是内蒙古自治区地方政府出于对市场前景的看好，都希望能够提前进行产业布局调整。

近年来，内蒙古自治区煤化工产业取得了一定的发展成果，但在发展的过程中也存在较大的问题。一是现代煤化工自主技术研发处于小规模试验阶段，刚进入试产的阶段，大规模发展在工程技术方面受到限制；二是现代煤化工资金投资强度大，例如煤制烯烃是石油路线制烯烃投资的两倍以上，投资风险大；三是资源消耗巨大，需要靠近煤资源地，而下游产品市场却都在中东部，运输成本大，安全隐患大；四是煤化工产品的转化率不高，碳排放巨大，生态环境保护矛盾突出。目前，煤制烯烃、煤制油等新型煤化工项目的碳转化率一般在 40% 左右，60% 的碳转化为二氧化碳排放出去，对实现减排目标带来巨大压力。因此，综合考虑资金、技术、环境等多方面的因素，要有计划、有节制、合理地发展现代煤化工产业。

（四）冶金建材情况

内蒙古自治区冶金产业依托资源优势，在钢铁、有色金属、铝等产量居于全国首位，尤其是稀土产业的垄断地位稳不可破。

2014 年，内蒙古共生产钢 1797.74 万吨、10 种有色金属 987.79 万吨，分别增长 20.8% 和 52.2%。在 10 种有色金属中，电解铝的产量达到 102 万吨，同比增长 25.7%。钢铁工业是内蒙古重要的支柱产业，钢铁产量居全国第 10 位，已成为我国各类钢材产品的重要生产基地。当前面临的任务是开发新技术和高附加值产品，调整产品结构，提高技术水平，增强市场竞争力。

稀土是内蒙古具有相对垄断地位的优势产业，工业储量占全国的 85%、占世界的 50% 左右。经过几十年的开发建设，内蒙古稀土工业已具备了相当规模的生产能力，在国内外稀土市场占有重要地位。同时，发展了稀土永磁电机、磁选机、电表阻尼器等大量技术含量较高的稀土产品。目前，全区稀土行业形成固定资产近 15 亿元，从业人员 1.2 万余人，年产值超过 15 亿元，利税达到 2.5 亿元。

由内蒙古有色金属协会、内蒙古机电工业协会、内蒙古自治区建筑金属结构协会主办的"内蒙古冶金工业博览会"不仅展示了中国冶金技术及设备、耐火材料、环境保护技术及设备、冶金设计与咨询服务等，以及大型钢铁企业集团形象展示，而且为从事冶金贸易、咨询服务等业务的企业、应用行业提供了洽谈平台。

据内蒙古经信委消息，2012 年 1~6 月，该区化工、冶金建材、机械装备制造、农畜农产品加工、高新技术和能源六大优势特色产业投资累计完成投资额 2511.99 亿元，同比增长 37.6%，高于全区工业固定资产投资增速 0.4 个百分点，比 2012 年 1~5 月提高了 6.6 个百分点，同比提高 30.8 个百分点；占全区工业固定资产投资比重为 93.1%。其中，2012 年 1~6 月冶金建材行业完成投资 720.89 亿元，同比增长 61.2%，高于全区工业固定资产投资增速 24.0 个百分点，占全区工业固定资产投资的比重为 26.7%，同比提高 4 个百分点。

（五）装备制造业存在较大需求

2014 年，内蒙古自治区按照《内蒙古自治区现代装备制造产业发展规划（2013～2020 年）》，确定的发展目标和发展重点，立足资源、区位和产业基础，出台了系列政策措施，加大扶持力度，现代装备制造产业基地建设成效显著。2014 年，全区装备制造业完成投资 5546.92 亿元，同比增长 16%，占工业固定资产投资的 47%。规模以上装备制造业实现增加值同比增长 16.1%，较上年提高了 6.6 个百分点。呈现的多元化发展特点包括：一是特色专业园区建设猛进。包头市产业园区已形成重车装备、新能源装备、铁等六大主导产业，成为自治区第一个产值超千亿元装备制造园区。鄂尔多斯市产业园区形成了以汽车及零部件生产、煤矿机械制造、新能源设备生产和电子信息为主导的产业集聚区。二是技术水平不断提高。内蒙古北方重工业集团和内蒙古第一机械集团等装备制造龙头企业，已初步实现了工艺参数设计由经验摸索到数值模拟仿真的跨越。三是部分新产品的技术处于国内领先水平。北重集团自主研制生产的 P92 钢管，结束了我国百万千瓦以上火电机组关键材料长期依赖进口的历史；一机集团制出国内首台 280 千瓦永磁同步节能电动机，高速动车组大型铝合金枕梁和抗侧滚扭杆总成系列产品，打破了国外的技术垄断。四是一批重点项目为装备制造业注入了新活力。2013～2017 年，自治区重点建设的装备制造项目将达到 72 个，其中 2014 年新建、续建项目 30 个，总投资 530.9 亿元。

随着内蒙古经济迅速的发展，对装备需求强劲，内蒙古将继续大力发展装备制造业，其中煤炭机械设备、输变电设备、化工机械设备和交通运输等设备将是发展重点。预计到 2020 年实现 8000 亿元的产值。

内蒙古自治区希望保持煤炭在经济发展中的基础作用，但同时因找到不依赖资源的高附加值的产业，且赶上国家要求装备制造业西移，装备自然成为内蒙古摆脱资源性产业的曙光。

装备制造业产业关联度大、产业带动性强，不仅涉及机械加工业，还涉及材料、电子和机械零配件加工等行业，装备制造业的发展将带动一大批相关行业的发展，发挥辐射效应。

2014 年 8 月 25 日，内蒙古自治区人民政府出台了《关于促进原材料产品、装备制造产品销售的若干意见》，为装备制造业稳健发展注入了活力。内蒙古自治区"8337"发展思路提出，把"内蒙古建成现代装备制造业基地"，内蒙古自治区正朝着这一宏伟目标昂首阔步。装备制造业，已经成为内蒙古自治区经济发展的新亮点。

（六）旅游业

内蒙古旅游业，以其不可模仿、不可替代的地方和民族特色，在国内外市场上成为众多旅游者的向往之地，为内蒙古自治区旅游经济发展带来机遇。

"十一五"期间，内蒙古旅游业得到了政府和社会各界的帮助，内蒙古旅游产业取得了良好的成绩，这得益于内蒙古地区旅游资源丰富，自然资源和人文资源种类齐全，独特的内蒙古文化和少数民族地区特色文化，使得内蒙古旅游产品具有极高的价值。

如今，在政府的引导下，内蒙古地区的旅游基础设施不断完善，旅游景区合理的规划，偏远地区的服务得到了极大改善，并且旅游星级饭店星罗棋布，系列设施的健全，使内蒙古地区的旅游产业形成了完整的体系。目前内蒙古地区主打精品旅游景区，如以蒙古遗留文化成吉思汗陵为主组建了众多产业群。

内蒙古把旅游业摆在了优先发展的行列，凭借着西部大开发的优惠政策，加大旅游资金投入，发挥内蒙古旅游资源的优势，通过改善旅游基础设施，注重旅游产品的研发和创新，使得内蒙古旅游业在国民经济中占据显要地位，并实现了以旅游业带动内蒙古经济发展的目标。内蒙古旅游服务建设状况如表 2-4 所示。

表 2 - 4 内蒙古旅游服务建设状况

年份	星级宾馆个数	旅行社总数	国际旅行社个数	国内旅行社个数	旅行社职工人数
2000		88	25	63	1075
2005	202	404	40	364	2051
2009	249	616			5384
2013	322	879	67	792	5167

资料来源：内蒙古自治区旅游局政务网。

从 2000 年起，内蒙古每年都划拨专款用于旅游产品宣传和旅游基础设施建设等，到 2013 年，内蒙古已有景点和景区 368 家，其中包括两家 5 星级景区、51 家 4 星级景区和 105 家 3 星级景区。

截至 2013 年，全区年接待国内旅游总人数达 66130000 人次，旅游总收入 1403.46 亿元，仅在 2010 年，内蒙古接待海外游客达 142.18 万人次，并且旅游外汇收入达 6.12 亿美元，国内旅游者来内蒙古旅游的人次高达 4477.54 万人，据统计，国内旅游收入高达 692.93 亿元，汇总各地区的旅游业收入汇总可知，内蒙古自治区旅游业的总收入达 732.69 亿元，这一数值占国民生产总值的 6.32%（如表 2 - 5 所示）。由此可见，旅游业在国民经济增长中占据重要份额，不愧为我国国民经济发展中的拳头产业。

表 2 - 5 内蒙古自治区旅游业旅游收入情况

年份	国际旅游外汇收入（万美元）	国内旅游收入（万元）	旅游总收入（万元）	人均花费（元/天）
2000	12645	322300	42.76	332.11
2001	13740	513300	62.60	342.89
2002	14935	700000	82.20	303.00
2003	13836	832900	94.74	320.00

年份	国际旅游外汇收入（万美元）	国内旅游收入（万元）	旅游总收入（万元）	人均花费（元/天）
2004	25313	1240900	145.01	340.00
2005	35207	1797200	208.09	263.00
2006	40379	2482400	279.71	393.00
2007	54500	3510100	390.77	410.00
2008	57700	4295000	468.25	477.00
2009	55831	5732200	611.36	500.00
2010	60190	6929200	732.70	520.00
2011	67097	8472800	889.55	560.00
2012	77196	10806500	1128.51	600.00
2013	96229	13437300	1403.46	670.00

资料来源：内蒙古统计年鉴、内蒙古自治区旅游局。

虽然内蒙古旅游业取得了不断地发展，但是仍然存在着一些问题，竞争实力不强，总体呈现疲软状态，缺少骨干企业，主要因为旅游企业一般规模都比较小，而且缺少专业性的人才。另外，粗放型的开发模式是旅游业快速发展的"瓶颈"。由此造成了旅游资源开发不足，缺少创新，景区雷同，交通设施的欠缺，形成不了竞争优势。

第三节　内蒙古传统支柱产业未来规划

2013 年 3 月 19 日，内蒙古自治区为贯彻党的十八大精神和全国两会精神，扎实做好内蒙古自治区各项工作，提出了"8337"的发展思路。"8337"发展思路，着眼于在内蒙古自治区西部率先全面建成小康社会的目标，立足于内蒙古的基本区情，抓住了内蒙古推动科学发展的突破口和着力点，具有很强的针对性和指导性，是内蒙古当前和今后一个时期发展的目标方向，也是产业转型升级、提升信息化水平的指引。

一、能源业——清洁能源输出基地

（一）资源条件

内蒙古自治区煤炭储量超过 8000 亿吨，天然气储量 1.67 万亿立方米，煤层气储量 10 万亿立方米，石油储量 6 亿吨以上，其中煤炭和天然气储量分别居全国第一位和第三位；风能技术可开发量超过 3.8 亿千瓦，占全国一半以上，居全国第一位；光能资源仅次于西藏，居全国第二位。

（二）产业条件

2012 年煤炭产量已达 10.6 亿吨，占全国的比重由 2000 年的 5.5%，提高到 29%，其中外调煤炭 6.6 亿吨，跨省交易量占全国四成以上，煤炭总产量和外调量均居全国首位；全区电力装机 8080 万千瓦，发电量 3341 亿千瓦时，分别居全国第一位和第三位，其中风电装机 1717 万千瓦，居全国第一位；全区外送电量 1337 亿千瓦时，约占全国跨省送电量的 1/5。

（三）市场需求条件

内蒙古自治区能源需求结构加速升级，清洁能源需求急剧增长，为全区电力、天然气等能源发展提供了巨大的市场空间。国家有关规划显示，到 2020 年，内蒙古自治区东中部地区将新增 2.4 亿千瓦电力需求，其中 1.3 亿千瓦需要外送。目前，华北、东北、华东等地与内蒙古自治区签订的送电协议容量超过 2000 万千瓦，天然气供应协议规模超过 300 亿立方米。

（四）建设清洁能源输出基地

一是要围绕"清洁"搞好资源转化。既要大力发展天然气等清洁能源，大力发展风能、太阳能等可再生能源，做足"追风逐日"文章；也要大力推进煤的清洁生产和高效利用，积极发展高水平火电，抓好重点煤电基地建设，着力提高煤炭向清洁能源的转化比例，提高煤炭的就地转化率。

二是要围绕"输出"加强通道建设。积极争取国家优先安排内蒙古自治区电力外送通道建设，加快推进重点煤电基地至华北、华中、东北长距离、大容量、高电压等级输电通道建设，搞好"风电打捆外送"，逐步变"北煤南运"为"北电南送"，解决好"窝电弃风"现象，提高能源输出效率。

三是要围绕"基地"做大产业规模。切实用好差别化产业政策，争取国家优先在内蒙古自治区布局煤炭资源开发、电源点建设、能源外送通道项目，加强同有关省区市的能源供应合作，提高内蒙古自治区能源产品在全国市场的占有率。

二、农畜业——绿色产品生产加工输出基地

（一）耕地和草原优势

内蒙古自治区是农牧业大区，农牧林资源丰富，环境污染较少。全区耕地总面积1.07亿亩，有效灌溉面积4600万亩，人均耕地4.4亩，农业人口人均8亩多，居全国第一位。草原面积13.2亿亩，占全国草原面积的22%，可利用草场面积10.2亿亩，人均占有草场面积全国第一。

（二）农畜产品生产优势

内蒙古自治区粮食总产已进入全国十强，粮食生产连续九年大丰收；畜牧业综合生产能力位居全国五大牧区之首，牧业年度全区牲畜总头数连续8年稳定在1亿头（只）以上，牛奶、羊肉、绵羊毛、山羊绒、向日葵籽等农畜产品产量均保持全国第一位。内蒙古自治区农牧业已具备了年产

500 亿斤粮食、240 万吨肉类、900 万吨牛奶、10 万吨绒毛、50 万吨禽蛋和 10 万吨水产品的综合生产能力，每年可调出商品粮 200 亿斤以上、牛奶 500 万吨、肉类 150 万吨以上。

（三）产业基础

内蒙古自治区拥有一大批设备先进、加工规模大的企业，农畜产品生产加工输出能力逐年稳步提高，农畜产品加工企业增加值占全区规模以上工业增加值的 16%。形成年加工转化牛奶 1000 万吨、肉类 200 万吨、羊绒 2 万多吨、粮油 1400 万吨、马铃薯 360 万吨的生产能力，农畜产品加工率达 52.3%。培育了伊利、蒙牛、小肥羊、科尔沁牛业、鄂尔多斯羊绒等一批知名度较高、市场占有率大的龙头企业和驰名品牌。全区国家级、自治区级农牧业产业化重点龙头企业分别达到 38 家和 403 家，上市公司 9 家。全区现有中国驰名商标 46 件，其中有 35 件来自农畜产品加工业。总体上看，内蒙古自治区牛奶、羊绒、肉羊等部分农畜产品生产加工保持国内领先地位。

（四）发展思路

紧紧抓住国家农牧业各项有利政策，围绕"绿色"创品牌，围绕生产夯基础，围绕加工强龙头，围绕输出扩市场，围绕基地上规模，努力推进农牧业向集约化、规模化、标准化、产业化方向发展，加快建成绿色农畜产品生产加工输出基地，不断提高内蒙古自治区农牧业资源综合开发利用水平。

（五）建设重点

建设绿色农畜产品生产加工输出基地，要依托良好的农牧业资源，大力发展现代农牧业，提高乳、肉、绒、粮油等农畜产品精深加工水平。一是要抓龙头企业带动。制定完善扶持农畜产品生产加工龙头企业的政策措施，鼓励龙头企业在农村牧区建设原料生产加工基地，大力推进农畜产品精深加工和标准生产，推动内蒙古自治区农畜产品加工业不断向餐桌延伸。二是要抓知名品牌创建。依托绿色无污染这一最大优势，深入开展品牌创建活动，切实加强原产地产品及地理标志产品保护，努力培育更多享誉国内外的驰名商标和名牌产品，不断提高产品知名度、增强产业竞争力。三是要抓产品质量监管。农畜产品质量不仅关系产业的兴衰成败，而且关系人民群众的身体健康乃至生命安全。要高度重视、切实加强农畜产品质量安全监管，健全完善法规制度，推行标准化生产和质量安全认证，坚决防止农畜产品质量安全事件的发生。

三、化工业——现代煤化工生产示范基地

（一）优势

从比较优势和现实基础来看，内蒙古自治区煤炭资源丰富特别是低热值煤储量大，水资源匹配条件较好，环境空间容量较大，区位、政策优势明显，非常适合发展煤化工。

（二）战略意义

内蒙古建设现代煤化工基地，具有良好的发展基础。从保障国家能源安全看，内蒙古自治区是能源消费大国，能源资源分布特点是煤炭多、油气少，充分利用相对丰富的煤炭资源，发展现代煤化工产业，实施石油替代战略，是降低石油对外依存度、有效缓解全区石油供需矛盾的现实选择；从推动全区产业转型升级看，煤转电可增值2倍，煤制甲醇可增值约4倍，煤制油可增值8~12倍；一条煤炭深加工循环经济产业链，平均比单纯输出煤和电增值6~10倍。加快发展现代煤化工产业，对于改变内蒙古自治区"一煤独大"的产业格局，提高煤炭资源综合利用的水平和效益，培育新的经济增长点，构建多元化的支柱产业体系，具有重要意义。

（三）立足煤炭资源优势，坚持"两手抓"

要坚持试验示范和产业化发展"两手抓"。一方面，要在继续完善现有示范技术装备的同时，争取国家优先在内蒙古自治区试验示范煤气化、净化、合成等技术及国产化、大型化装备，提高煤炭深加工技术装备水平，不断延伸产业链条，让更多的试验示范技术在内蒙古"生根发芽"。另一方面，试验示范项目成功后，及时跟进后续项目，需要扩大试验示范规模的要继续往下做，抓紧启动建设新的生产线；具备大规模产业化发展的技术和装备要争取国家优先在内蒙古自治区布局建设，防止"只开花不结果"的状况。

四、冶金业——有色金属生产加工新型产业基地

（一）优势

内蒙古自治区铅、锌、铜等有色金属成矿条件好，储量丰富。探明铅储量893万吨、锌储量2270万吨，均居全国第一位；铜储量670万吨，居全国第四位。稀土资源得天独厚，粉煤灰提取氧化铝潜力巨大。全区电力供应充足，还可以就近利用俄蒙有色金属资源，发展有色金属加工业前景广阔。据统计，全区现已形成235万吨电解铝、65万吨电解铜、51万吨锌、24万吨铅的生产能力，具有一定的产业规模，为进一步做大做强奠定了良好基础。

（二）着力点

有色金属加工业要着力在产业延伸升级上下功夫。要大力发展铝电联营，加快推进高铝煤炭资源综合利用，重点发展高精铝、铝型材、铝箔、合金、轮毂、化成箔、铸件等后续加工产品；大力推进铅、锌、铜等有色金属采、选、冶、加一体化建设，加快生产高精铜板、带、箔、管材等高

附加值产品，推动产业高端化、产品终端化。

五、装备业——现代新型产业基地

（一）基础

内蒙古自治区装备制造业虽然规模不大，但发展势头良好，发展潜力很大。一机、二机的重型货车、工程机械、矿山机械、铁路车辆制造在全国具有一定的市场份额和较强的竞争力，一些盟市的汽车、风电设备、化工设备生产也已形成一定规模；全区煤炭产量目前已超过 10 亿吨，其他矿产资源开采量也较大，相应的采掘、洗选、运输设备需求很大。依托现有产业基础，紧扣区内市场需求，内蒙古自治区的现代装备制造业完全能够做大做强。

（二）战略机遇

至 2020 年，是内蒙古自治区现代装备制造产业可大有作为的重要战略机遇期。一是国家实施新一轮西部大开发和振兴东北等老工业基地战略，国务院出台关于进一步促进内蒙古经济社会又好又快发展的若干意见，自治区党委、政府为加快全区工业经济发展，先后出台和正在研究制定的促进全区工业经济健康发展的政策规定，为加快内蒙古自治区现代装备制造产业展提供了良好的政策环境。二是内蒙古自治区经济社会发展已进入加快经济结构调整、扩大工业经济总量、加快转变发展方式的新阶段，运用现代技术装备改造和提升煤炭、电力、化工、农畜产品加工等传统产业，为装备制造业带来了难得的发展机遇。三是内蒙古自治区交通运输设备制造、工程机械、化工机械、煤炭机械、农牧业机械制造以及大型风电设备制造已具备一定的产业基础，为大力发展现代装备制造业提供了有力支撑。四是内蒙古自治区横跨中国西北、华北、东北三个经济区，是环渤海经济圈的腹地，是西部大开发、振兴东北老工业基地的重点地区之一，是两大欧亚大陆桥的桥头堡，利用内蒙古自治区独特的区位优势，积极开拓俄蒙及其他国家和地区的市场，将为全区现代装备制造产业提供广阔的发展空间。

（三）主攻方向

装备制造业要主攻特色领域。装备制造业的领域很广，一定要在具有比较优势的特色领域寻求突破。要依托现有产业基础，重点发展煤机、矿机、风机、化机、重型机械和特种运载车辆等，加快发展模具、关键零部件生产等配套产业，积极支持汽车制造业发展，尽快把装备制造业培育成重要的支柱产业。

六、旅游业——体现草原、北疆的休闲度假基地

（一）战略意义

旅游业是朝阳产业和绿色产业，产业关联度非常大，直接和间接带动的行业有100多个。发展旅游业：一是可以拉动经济增长，优化产业结构，带动社会投资增长；二是可以促进社会消费，有效拉动居民消费，扩大劳动就业，增加居民收入；三是能够促进先进文化的传播，不仅推动传统文化的保护和传承，而且是进行爱国主义教育的重要方式；四是能够促进生态文明建设，旅游增强了人民群众生态保护意识，生态旅游、低碳旅游正在成为旅游消费者的自觉行动；五是可以为国家对外交流做出贡献，成为中国与世界交流的重要桥梁和纽带。总之，旅游业关联性强、带动作用大，是动力产业、民生产业、幸福产业、低碳产业、朝阳产业，是"美丽内蒙古"的形象产业。

（二）产业基础

经过多年的培育发展，内蒙古自治区旅游基础设施明显改善，旅游产

业体系日益完善，2012 年全区旅游业总收入突破 1000 亿元，达到 1128 亿元，已经成为内蒙古自治区新的经济增长点。到 2012 年，全区有一定规模的旅游区（点）600 多处，其中 A 级景区 265 家，4A 级景区 50 家，形成了四条精品旅游线路。全区共有注册旅行社 835 家，星级饭店 320 家。人均 GDP 超过 3000 美元，进入旅游消费需求快速增长阶段，2012 年内蒙古自治区人均 GDP 突破了 1 万美元，内蒙古旅游业已进入加速发展时期。打造草原文化和北疆特色品牌，推动文化产业与旅游产业融合发展，将进一步提升内蒙古的吸引力和影响力，使全区旅游业有一个大的发展。

（三）融合发展

把内蒙古建成体现草原文化、独具北疆特色的旅游观光、休闲度假基地：一是要重点建设一批大型旅游项目。筛选一批特色突出、带动力强、影响力大的大型旅游项目，作为自治区重点推进的旅游重大项目，在政策、规划、资金和融资等方面给予重点支持。二是要培育一批休闲度假类项目。突出内蒙古夏季优越避暑条件，重点培育一批休闲度假类旅游项目，积极推进内蒙古自治区旅游转型升级。按照国家旅游度假区的标准，指导建设一批草原、森林、沙漠、湖泊旅游度假区项目。三是创新发展一批新业态项目。利用内蒙古自治区地域广阔、景观多样的区域特征，大力发展自驾游、观光农牧业、工业旅游和体育旅游等旅游新业态，把内蒙古打造成为中国自驾旅游目的地。四是推进旅游和文化融合发展。精心开发一批高品位的文化旅游景区，开发面向广大游客的旅游演出项目。五是大力推进乡村旅游提档升级。六是积极推进冬秋季旅游提升发展。

第三章

能源产业互联网经济
转型升级研究

第一节　内蒙古能源产业发展现状

能源是内蒙古经济增长和社会发展极其重要的物质基础。改革开放以来，内蒙古能源工业逐步形成了以大中型企业为骨干门类比较齐全、结构比较合理具有民族和地域特色的能源工业经济体系。随着近年来内蒙古重点建设的西电东送、城乡电网改造、煤炭深加工和转换、出口基地、西气东输新能源开发利用、热电联产六大能源工程的开展，能源工业正成为拉动内蒙古自治区经济发展的重要支柱产业。

能源种类繁多，而且经过人类不断的开发与研究，更多新型能源已经开始能够满足人类需求。能源按转换传递过程分类，可以分为一次能源和二次能源。前者即天然能源，指在自然界现有存在的能源，如煤、石油、天然气、水能、风能、核能、海洋能、生物能等。后者指由一次能源加工转换而成的能源产品，如沼气、汽油、柴油、焦炭、煤气、蒸汽、火电、水电、核电、太阳能发电、潮汐发电、波浪发电等。

一、一次能源

（一）煤炭

内蒙古是世界最大的"露天煤矿"之乡，煤炭资源丰富，分布广、储量大、埋藏浅、易开发、煤种全，是中国重要的能源保障基地。其中，霍林河煤矿是中国建成最早的现代化露天煤矿；准格尔煤田是中国最大的露天开采煤田；东胜煤田与陕西神府煤田合称东胜—神府煤田，是世界七大煤田之最。

内蒙古煤矿安全监察局的数据显示，2011~2015年，内蒙古地质找矿工作取得重要进展，全区新增煤炭资源储量484亿吨，2014年内蒙古原煤产量达90808万吨（调度数），同比下降11.9%。经过多年的建设已形成了包括地质勘探、设计、施工、机械制造和科研较完整的煤炭工业体系，煤炭转换、深加工产业也在快速发展并初具规模。

内蒙古共勘查含煤盆地103个，累计探明煤炭储量8080.65亿吨，居全国首位。全区已查明含煤面积12万平方公里，约占全区国土面积的1/10。在探明储量中亿吨以上的整装煤田31处，占全区煤炭资源量的97.38%，一半以上的煤田尚未开发。内蒙古目前有六大煤田和14个主要矿区，六大煤田占全区煤炭保有储量的79%。从地理分布看，内蒙古东部的煤炭资源大致分布在大兴安岭以西，从呼伦贝尔市到锡林郭勒盟的东北——西南向的狭长地带，以褐煤为主。褐煤资源储量占总量的43.28%。煤田规模大、埋藏浅，适宜大规模开采，煤炭变质程度低，其中的胜利、霍林河等煤田是国家目前重要的电煤开发区。内蒙古西部的煤炭资源主要集中在鄂尔多斯市盆地，包括准格尔、东胜、桌子山三大煤田，约占全区保有资源量的54.39%。以长焰煤、不黏煤为主，煤质优良，具有低硫、低灰、高发热量等特点。内蒙古是世界最大"露天煤矿"之乡。中国五大露天煤矿内蒙古有4个，分别为伊敏、霍林河、元宝山和准格尔露天煤矿。霍林河煤矿是我国建成最早的现代化露天煤矿，准格尔煤田是目前全国最大的露天开采煤田。内蒙古东胜煤田与陕西神府煤田合称东胜——神府煤田，是世界七大煤田中最大的一个。2013 年内蒙古煤炭产量达到 10.3 亿吨，居全国第 1 位，占全国的煤炭总量的 28.7%，同比下降 3.4%。近年来内蒙古通过关闭、淘汰、整合等措施，加大对大型煤矿和煤炭企业集团的扶持力度，使得煤矿数量大幅度减少。随着内蒙古煤炭—电力—化工一体化战略实施，围绕煤炭产业，初步形成了"煤—电—化工—建材""煤—电—冶金""煤—电—粉煤灰—氧化铝"等产业链，能源、重化工产业有了较快的发展。内蒙古能源产业逐步由资源生产型向能源重化工型、循环经济型的战略转型。

（二）石油、天然气

内蒙古的油气资源从东至西遍及全区，形成了星罗棋布的含油盆地群体，主要分布在 8 个沉积岩盆地，蕴藏十分丰富。全区石油已探明的储量达 7 亿吨，远景储量为 40 亿吨以上。2013 年内蒙古天然原油产量 192.68 万吨。

内蒙古天然气资源丰富，截至 2009 年，内蒙古自治区已探明天然气产地 23 处，地质储量 10013.95 亿立方米，技术可采储量 5798.26 亿立方米，累计产量 162.8 亿立方米。这 46 处已探明资源主要分布在松辽盆地、鄂尔多斯盆地、二连盆地和海拉尔盆地等。截至 2013 年 11 月，内蒙古 LNG 加气站已建成运营 53 座以上。

内蒙古天然气资源主要集中在鄂尔多斯盆地，整个盆地可采资源量占全国总资源量的 10.5%，也是我国第一个探明地质储量上万亿的大气区。鄂尔多斯盆地北起阴山、南抵秦岭、东至吕梁、西达贺兰山，面积 37 万平方公里，行政区域划属陕、甘、宁、蒙、晋五省区。根据目前的勘探结果表明，鄂尔多斯盆地天然气总资源量约 10.7 万亿立方米，其中，内蒙古自治区境内天然气资源量 4.1 万亿立方米，占全盆地天然气总资源量的 41%。目前鄂尔多斯盆地已有陕西境内的长庆气田和榆林气田，有内蒙古自治区境内的乌审气田、大牛地气田、苏里格气田，其中苏里格气田和乌审气田列入我国 5 个储量超千亿方的大气田之中，苏里格气田储量规模达到 7000 亿立方米，不仅是我国现在规模最大的天然气田，也是我国第一个世界级储量的大气田，预测远景储量达 4 万亿立方米。2013 年内蒙古天然气产量 270.63 亿立方米，比上年增长 4.4%。随着在内蒙古自治区境内勘探开发力度的加大，预计内蒙古自治区境内天然气资源储量将进一步增加。

（三）太阳能资源

内蒙古地处中纬度内陆地区，海拔较高，云量低，全年降水较少，多晴朗天气，以温带大陆性气候为主，日照时间比较长，日照时数在 2600 ~ 3500 小时之间。太阳辐射强，全区年辐射总量在 4830 ~ 7000MJ/m² 之间，仅次于西藏自治区，居全国第 2 位。内蒙古自治区太阳能资源分布自东向西南逐渐增多，以阿拉善盟、巴彦淖尔西部最好。全年之中，4 ~ 9 月日照率与辐射总量都在全年的一半以上，特别是 4 ~ 6 月，这时东南季风尚未推进到内蒙古自治区境内，因此阴云天气少，日照极为充足。

内蒙古太阳能资源的开发与利用还处于初期试验和前期准备阶段。截至 2012 年年末，内蒙古已经建成太阳能资源利用开发的支撑体系，设立了内蒙古太阳能辐射资料的气象基础数据集，研发出了适宜内蒙古太阳能资源开发的资源评估技术指标和评估技术方法，以及太阳能资源估算模型。

（四）风力资源

内蒙古自治区幅员辽阔，风能资源极为丰富，被誉为中国的"风电三峡"。内蒙古自治区可开发风能资源占全国风能资源总量的一半左右，而且风能质量优良。截至 2012 年年末，区域内已经并网发电的风电装机总容量为 625 万千瓦，已建成并网风电场 89 个，风力发电设备装机容量 625 万千瓦，仅 2010 年就新增并网风电场 49 个，增长 124%，风力发电设备新增容量 395 万千瓦，增长 175%。目前内蒙古自治区风力发电设备装机容量约占全区发电设备总容量 5534 万千瓦的 11.35%，占全国风力发电设备总容量 1759 万千瓦的 35.41%。

二、二次能源（主要是电力）

截至 2013 年 12 月底，内蒙古地区 6000 千瓦及以上发电厂装机容量 8446.05 万千瓦，同比增长 7.9%。其中：火电 6375.36 万千瓦，同比增长 6.09%；风电 1848.86 万千瓦，同比增长 9.24%；水电 108 万千瓦，与 2012 年持平；太阳能 113.6 万千瓦，同比增长 545.45%。内蒙古地区 6000 千瓦及以上电厂完成发电量 3620.12 亿千瓦时，同比增长 8.34%。其中，水电 35.72 亿千瓦时，同比增长 23.39%；火电 3210.28 亿千瓦时，同比增长 6.07%；风力发电量 368.37 亿千瓦时，同比增长 29.55%；太阳能发电量 5.67 亿千瓦时，同比增长 298.04%。内蒙古地区全社会用电量完成 2181.90 亿千瓦时，同比增长 8.19%。其中，第一产业用电量 34.10 亿千瓦时，同比增加 3.62%；第二产业 1938.50 亿千瓦时，同比增长 8.01%；第三产业 97.55 亿千瓦时，同比增长 11.43%；城乡居民生活用电 111.76 亿千瓦时，同比增长 10.08%。工业用电 1927.48 亿千瓦时，同比增长 8.05%。内蒙古丰富的资源优势和区位优势为电力产业的发展提供了可靠的保证和条件。

第二节　内蒙古能源产业发展问题分析

一、内蒙古能源产业发展的优势

（一）良好的边贸地缘优势、行政管理优势是呼和浩特发展能源产业的内部条件

呼和浩特在国家对外开放的大格局中居于重要位置。它是我国陆

上、空中通往蒙古国、俄罗斯及东欧诸国的重要桥梁，是我国发展与上述地区经济贸易往来的重要枢纽。呼和浩特在国家西部大开发战略中居于重要地位。它位于国家东部地区与西部地区的结合部是东接首都北京，西连祖国大西北的主要通道，地处"呼包银"经济带的起始端，处在"呼包鄂"金三角的核心地段。同时，它以沿线城市、中心城市、资源富集地区的三大优势占据了中西部发展的有利地位。呼和浩特还是内蒙古中西部地区和辐射冀、晋、陕部分地区面向全国和世界市场的重要商业流通中心。

（二）丰富的煤炭资源，推动了内蒙古能源的发展

内蒙古是我国煤炭资源最富集的地区之一，区域内煤层面积大，分布范围广。全区118.3万平方公里，现已查明含煤面积为12万平方公里，约占全区总面积的10%。全区101个旗县区中，有67个旗县区储存煤炭资源。全区累计探明的保有储量为2317.1亿吨，占全国保有储量的22%。探明储量在1亿吨以上的煤田有19个，100亿吨以上的煤田有6处。其中准格尔煤田储量253亿吨，锡林郭勒胜利煤田214亿吨，呼伦贝尔煤田215亿吨，东胜煤田736亿吨。目前，内蒙古共有各类煤矿1228处，其中国有重点煤矿67处，地方国有煤矿96处，乡镇集体煤矿1065处。形成了乌达、海勃湾、包头、平庄、大雁、扎赉诺尔、霍林河、伊敏、准格尔、神东10个国有重点煤炭生产矿区，以及胜利、白音花、宝日希勒、万利4个国家重点建设矿区。

内蒙古煤炭资源的特点可以概括为：一是资源分布广、总量多；二是种类齐全、品质优良，以低变质烟煤和褐煤为主，低硫优质煤占总储量的70%，低灰、低硫烟煤又占优质煤的60%；三是煤层埋藏浅、厚煤层多、地质构造和水文地质条件相对比较简单、层位稳定、煤田规模大、易开采；四是主要煤系中的共生、伴生矿产资源丰富，为其他矿产资源的综合开发提供了便利。

（三）较高的城市化水平与快速的城市化进程为呼和浩特能源产业的发展提供了源源不断的动力

城市化的进程是衡量社会经济发展的重要指标，也是体现产业发展水平的重要指标。城市化水平与工业化进程有着非常一致的相关性。呼市作为全区级中心城市，以内涵城市化为主的道路在区域极化与扩散过程中发挥着积极作用，带动蒙中经济区域城镇和农村腹地快速城市化。2010 年以来，呼和浩特市地区的城市化水平达到 45.45%，如果按照常住人口指标进行衡量，城市化水平达到 5% 以上。不断推进的城市化进程为内蒙古能源产业的发展提供了空间集聚条件，也为产业发展提供了源源不断的劳动力供给。

二、内蒙古能源产业发展的劣势

（一）煤炭过度开发，市场需求放缓，导致产能过剩和资源浪费

煤炭作为内蒙古的主要能源，储量居全国第一。进入 21 世纪以来，为了满足对煤炭的旺盛需求，煤炭企业及相关企业纷纷在内蒙古抢占煤炭资源，加大资金投入，快速开发建设煤矿，迅速积聚了巨大的煤炭产能。但在全球金融危机和主权危机，以及国内经济放缓和结构调整等一波又一波的冲击下，内需不振，外需疲弱，煤炭供过于求，造成产能过剩，而且这种产能过剩的势头在短期利益的驱动下仍在盲目扩张，造成了极大的浪费，同时也不利于产业结构的优化。因此，根据消费需求和资源条件，必须调整供给结构和需求结构使之互相适应，只有这样，才能使产业结构与市场供求相适应，实现产业结构的高度化与合理化。

（二）能源的发展伴随着巨大的负外部性，不利于经济的可持续发展

能源工业作为内蒙古经济发展的助推器，带来了巨大的宏观效益，同时也产生了巨大的外部性，对环境造成的影响远远超过其他产业。"资源高消耗、污染高排放"的能源工业在内蒙古工业中所占的比重很大，企业为了追求利润最大化不惜以环境污染为代价，虽然实现了短期的利益，但长远来看非常不利于经济的可持续发展。所以，从经济发展的总体目标出发，必须对产业结构进行调整，促使资源从资源密集和重污染产业流向节约型、高效型产业，特别是低污染高产出的高新技术产业，从而实现资源的合理配置，保证经济持续快速的发展。

（三）能源企业缺乏创新导致能源技术落后和能源效率偏低

内蒙古的能源技术与过去相比虽然已经取得了很大进步，但与国内整体水平相比，还有一定的差距。目前，许多大型煤矿综合采掘装备、煤炭液化技术核心装备需要引进，尚不能自主设计制造，可再生能源、清洁能源、替代能源等技术的开发相对滞后，节能降耗、污染治理等技术的应用并不广泛，而这一切归根到底都是由于创新乏力产生的，因此，技术创新是内蒙古能源企业当前所面临的一大挑战，这一挑战也促使产业结构必须调整和转型，以适应当前不同产业部门由于技术水平不同所导致的生产率的差异。

能效为何提不上来？能耗为何降不下来？除了经济技术水平的制约和产业结构不合理等因素的影响以外，究其更深层次的原因，与地方政府的价值取向有关。尽管市场机制已逐渐渗入国民经济的各个领域，但一些政府部门仍未能及时调整思路、转变职能以适应新的形势，在宏观调控背景下，中央政策取向与地方利益取向二者之间出现了偏差，在不正常的政绩观和 GDP 至上的思想指导下，一些地方政府极力追求短期经济效益并各自为政，从而形成了与中央政府长期战略间的协调失灵、利益冲突。

（四）能源市场机制尚不完善，能源体制改革力不从心

受到过度投机、垄断经营等因素的影响，内蒙古部分能源的价格并没有真正反映实体经济的供求关系。尤以稀土的暴涨暴跌为代表，这主要源

于稀土行业中的"乱",即开采乱、出口乱、应用乱、价格乱。治理乱象离不开法律的约束,但由于现行能源法规内容不全面,许多方面还存在法律的盲区甚至空白,从而加大了对稀土行业的管理难度。同样面临困难的还有内蒙古自治区正在开展的"煤改",此次煤改主要是煤矿与煤矿之间的联合整合,以优并劣,以大并小,但由于煤炭企业多为地方政府独资,控股、参股企业少,大部分权益都掌握在央企手中,因此对于兼并过程中的资金重组问题、被整合对象的债务问题等都需要政府花费长时间来协调。

(五) 不合理的能源结构

内蒙古的能源结构一直以煤炭为主,原煤占能源生产和消费的比重长期保持在90%左右,而石油、天然气、水能、风能、太阳能、核能和生物质能等清洁能源的比重很低。一次性能源比重高,再生能源比重低、发展慢,能源结构性矛盾突出。与全国能源消费结构相比,内蒙古原煤占能源消费总量的比重高出全国20.56%,而其他清洁能源消费比重都低于全国平均水平。在科学技术相对落后的情况下,这种以煤为主的低质能源结构其结果是生态环境破坏严重、运输压力大、能源利用效率低。

(六) 脆弱的生态环境

内蒙古生态环境系统整体上比较脆弱。随着能源工业的发展污染物排放不断增加,能源产地的生态环境承受着巨大的压力。内蒙古能源资源大部分分布在生态环境十分脆弱的地区,能源资源的开采、加工、储运以及能源资源的转换过程中对地表、地下和大气都有一定的破坏性,局部地区出现了严重的环境污染和生态破坏,其恶化趋势尚未得到有效控制。大量的二氧化硫、氮氧化物和可挥发的碳氢化合物造成了区域性的环境酸化,近年来一些地方出现了草场农田塌陷、地表水污染、地下水枯竭、地表植被大面积枯死、水土流失和土地荒漠化的现象。目前全区重点监测的 66 条河流中，约 1/2 的河流水质为良好或较轻度污染，1/2 为中度污染或重度污染；湖泊水质多为重度污染。内蒙古草原是祖国北方重要的生态屏障，关系到"三北"地区，特别是京津地区的生态安全。随着工业化进程的加快和能源产业发展，内蒙古生态环境的压力越来越大，经济发展与生态环境的矛盾非常突出，原本脆弱的生态环境更加严重。

（七）匮乏的水资源

能源开发和加工需要消耗大量的水资源，而内蒙古中西部除黄河沿岸可利用部分过境水外，大部分地区水资源紧缺。水资源是内蒙古中西部能源和经济发展的最大制约因素之一。内蒙古煤炭资源富集地区均分布在干旱、半干旱地区，这些地区水土流失和土地荒漠化相当严重，生态环境十分脆弱。内蒙古中西部属于大陆性半干旱地区气候。水资源仅占全区 25%，年降水量普遍少于 300 毫米，年蒸发量在 2000 毫米以上。西部的阿拉善高原年降水量少于 50 毫米，额济纳旗为 37 毫米。根据全国第二次水资源评价资料，锡林郭勒盟每年实际可利用水资源总量为 19.68 亿立方米，地表水资源总量 3.98 亿立方米，其中实际可提供的有效水量仅为 3.1 亿立方米。2012 年全盟用水总量已经接近 3 亿立方米，这也就意味着锡林郭勒根本没有更多水资源来供应新建的能源项目。

三、内蒙古能源产业发展的机遇

（一）国家政策之推动能源革命

2015 年全国能源会议提出，2015 年着力推动能源生产消费革命，促进能源转型升级，努力构建安全、稳定、多元、清洁的现代能源体系。大力推进能源消费革命，着力提高能源效率和节能减排水平，继续深入推进煤电节能减排升级改造，大力提高煤炭清洁高效利用水平。科学论证，认真抓好煤制油、煤制气示范工程建设；大力推进能源供给革命，优化能源结构。大力发展非化石能源，积极发展水电，安全发展核电，大力发展风电、太阳能发电，扎实推进地热能、生物质能发展；大力推进能源技术革命，集中攻关一批前景广阔，但核心技术受制于人、亟待集中力量攻关的重大前沿技术；大力推进能源体制机制创新，着力推进电力、油气和能源价格等重点领域改革，坚持简政放权与加强监管同步，创新能源管理机制。

（二）行业发展新思路之多产业深度融合

新常态下，内蒙古自治区能源化工行业确定了 2015 年的转型思路：做强现代煤化工，同时加快煤基化工与盐碱化工、光伏、新材料等产业深度融合。2015 年内蒙古自治区确定要加快建设能源化工循环产业体系，促进转型升级。一要提升改造传统化工行业，延长产业链，产业向高端化、精细化发展。二要做强现代煤化工。三要推动盐碱化工与煤基化工深度融合。同时，2015 年自治区还将加快构建两条产业链：一条是煤炭—电力—多晶硅—单晶硅—光伏制造循环产业链。另一条是煤炭—电力—稀土新材料产业链。

按照长远规划，到 2020 年，全区煤炭就地转化率将达到 50% 以上，天然气产量达到 800 亿立方米，现代煤化工产值达到煤化工总产值的70%，全面形成以传统产业新型化、新兴产业规模化、支柱产业多元化为特征的现代能源化工产业体系。内蒙古在国内的能源资源优势依旧十分突出，全区电力总装机接近 9000 万千瓦，煤炭产量在 10 亿吨左右，稀土产销量居世界首位。

（三）内蒙古"8337"发展思路

内蒙古"8337"发展思路，着眼于在我国西部地区率先全面建成小康社会的目标，立足于内蒙古欠发达的基本区情，抓住了内蒙古推动科学发展的突破口和着力点，具有很强的针对性和指导性，是内蒙古当前和今后一个时期发展的目标方向和重要遵循。

2015 年，内蒙古能源领域依然以自治区"8337"发展思路为指导，积极适应"新常态"，迎接新挑战，把推动经济结构战略性调整作为转方式的主攻方向，以清洁能源输出基地、现代煤化工生产示范基地为载体，把转方式同优化产业结构、延长资源产业链条相结合，在能源舞台上继续展现内蒙古自信的姿态。

四、内蒙古能源产业发展的威胁

（一）环境约束问题

煤炭是内蒙古乃至整个中国的能源基础，伴随经济的快速发展，煤炭需求量猛增，导致煤炭的过量开采，以煤炭为主的能源消费造成大气污染、水污染和草原退化，生物质能的过度消耗引起生态破坏，生态环境压力越来越大，而环境保护措施比较落后，不能满足可持续发展的要求。在技术创新滞后的前提下，煤炭消费占能源终端消费的比例过大是造成环境污染的主要根源。大部分的大气污染和相当一部分的水污染直接或间接来自煤炭的燃烧与加工。内蒙古的能源消费结构以煤炭为主，其中80％以上是原煤直接燃烧，而目前的煤炭生产消费的技术水平和装备能力还难以适应环境保护的要求，洁净煤技术开发与应用水平落后。由此造成的环境污染问题，已经影响到了国民经济的持续发展和人民群众的生产生活。

对近年来西部地区经济高速增长的一个负面评价，就是源于西部经济增长的环境成本和代价问题。其中比较极端的观点认为，如果扣除环境成本和其他必须支付的社会成本，西部地区经济增长成果竟然微不足道，有些省份以高能耗、高污染为发展模式，其环境污染治理成本最高可达10％，扣除这方面成本的话，实际地方 GDP 很可能是零增长甚至是负增长。即使无须与这种极端价值判断进行争辩，但环境的恶化及经济社会可持续发展的环境支撑问题也是不容忽视和回避的。个别地方政府官员不惜以破坏生态透支资源的方式来发展当地经济，因为政治激励和经济激励决定了地方政府间的竞争，政治激励表现为地方官员的升迁，经济激励表现为地方政府的财政收入。不管是哪种激励，最终都体现在 GDP 上，所以地方政府才会唯 GDP 马首是瞻。

经济的高速增长离不开大量的能源消耗，而高频度、高强度的能源活动对环境必然造成治理成本相当高昂的损害与破坏。而充分考虑到环境容量与质量，就不得不降低能源开发利用的频度和强度，这使促进能源活动、保持环境平衡与经济增长之间形成了"能源—环境—增长"三元悖论。西部地区生态环境的脆弱性决定了其环境容量的稀缺性，即环境效率的不可持续性，并且成为能源开发利用等工业活动和经济增长最为严重的制约因素。造成这种"能源—环境—增长"约束的原因来源于三个方面：从体制上看，环境系统发展的整体性与行政系统的分割性存在矛盾，而地区利益、行业利益、部门利益之争，以及不科学的政绩考核制度所造成的经济绩效攀比体制，使这种矛盾加剧。

（二）企业投融资效率低，资本金来源不足，投资风险约束机制，还有待于建立健全

能源行业属于资金密集型行业，项目投资大，建设周期长，投资回收慢，资金需求量大。内蒙古能源行业资金来源渠道狭窄，资金缺口大，严重影响了能源的勘探开发及能源企业的技术改造。

能源行业资金来源以银行信贷资金为主。据统计，"十五"时期末，我国能源行业的中长期贷款余额达到 13496 亿元，约占全部能源行业总负债的 45%，在我国能源开发的一些重点地区，比如西北地区，中长期能源贷款甚至占到能源工业投资额的 70% 左右。金融资金效益受制于能源产业效益，能源产业效益又受制于金融政策的调整和变化，这种双重制约性既不利于能源产业链的优化升级，也不利于提高信贷资金的使用效率，阻碍了能源企业融资渠道的拓展。

第三节　内蒙古能源产业互联网
经济转型升级路径研究

通过对内蒙古能源产业现状及优劣势分析，发现能源产业虽然是内蒙古地区知名并发展较快的产业，但除了个别企业外，总体的能源产业存在着科技水平含量低，加工增值率低；品牌意识不强，带动能力低；生态环境脆弱，环境威胁严重；融资机制不健全，组织化程度低；服务组织不健全、社会化水平低等问题。通过研究并查阅相应文献资料发现，传统能源产业的科技水平、品牌意识、生态补偿机制、融资机制建设和服务组织水平，以及内蒙古地区的信息不对称水平将正向影响内蒙古能源相关企业互联网经济转型意向。本书将对这两类因素进行详细探讨。

一、影响传统能源产业竞争力的因素

（一）科技领先程度

能源产业科技水平低，是导致内蒙古能源产业竞争力低的重要原因之一。学者韩凤永、张玉丽等在谈及内蒙古能源产业发展的相关问题时，指出内蒙古自治区的能源产业由于科技水平较低，使得内蒙古自治区在能源的生产、存储与运输过程中存在着很多的问题，从而导致能源产业的竞争力较低。通过调查与文献阅读可知，能源产业也存在着生产、存储与运输等科学技术水平低等问题，使得能源产业的产品竞争力低下。

（二）品牌意识

对于内蒙古自治区能源产业竞争力的不足之处，很多学者提出了不同的观点。学者惠建阳在研究能源企业的品牌意识中提出，企业对于能源产品的品牌塑造意识不强，其中品牌的宣传力度不够，以及对能源产品的品牌管理与保护缺乏足够的重视等，都导致了内蒙古自治区能源产业品牌意识的薄弱。

（三）生态补偿机制

学者崔丽芳、李颖超等在研究能源产业对资源开发的生态补偿机制中指出，建立健全矿产资源开发生态补偿机制，不仅对促进矿区生态环境保护、管理、恢复和重建具有重要的现实意义，而且更有助于区域经济的健康、高效、持续发展。

（四）融资机制

学者方良平在内蒙古资本市场融资能力战略性研究中指出，内蒙古自治区经过多年市场经济建设，国民经济取得长足发展。但从地区经济增长结构来看，能源大区的"投资依赖症"仍然比较严重，资本市场的发展已经成为影响和制约内蒙古经济快速增长的关键因素之一。

（五）服务组织建设程度

服务组织不健全，即能源产业相关产品的产前、产中、产后服务滞后，科技、信息、金融、购销、储运等服务组织和中介组织不健全，均影响着内蒙古能源产业进一步的发展。学者周凤翔、穆忠和、刘玉红等在研究能源服务方面指出，能源服务的分类、能源的输送与转运、能源服务市场的准入等方面存在诸多分歧，不利于能源产业的发展。

（六）信息不对称

1. 信息基础设施建设水平

学者胡上华、武永义等在研究能源产业信息不对称的问题与对策中指出，能源产业信息化的基础设施投入不足以及缺乏能源产业信息化人才是影响能源产业信息不对称的重要因素。

2. 信息化人才拥有水平

传统发展方式的能源产业决定着能源产业互联网转型的产业基础。能源信息化有助于能源生态环境的改善，而且还可以提高能源生产经营管理水平、市场效率，资源循环利用效率等；此外，能源信息化建设与能源现代化建设相结合，将会形成"叠加效应"和"倍增效果"。能源产业的信息化水平是互联网经济转型的信息基础，若没有较高的信息化水平，能源产业互联网经济转型是无法完成的。

综上所述，科技领先程度、品牌意识、生态补偿机制、融资机制建设程度、服务组织建设程度等农畜牧业竞争力，以及信息基础设施建设水平、信息化人才拥有水平等信息不对称因素影响着内蒙古能源产业互联网经济转型。现有的文献多数集中在研究能源产业升级与影响因素的相关关系上，但是研究影响因素对产业转型升级的影响程度上，并未根据产业所处的不同阶段分析其影响因素的不同贡献率。因此，本书将着重从量化的角度，深入分析影响内蒙古能源产业经济转型升级的影响因素，并对这些影响因素的交互作用进行讨论，得到推动内蒙古能源产业互联网经济转型升级的路径。

二、问卷设计与模型假设

(一) 问卷设计

由以上文献综述分析可知，影响内蒙古农畜牧业转型升级的主要因素有：科技领先程度、品牌意识、生态补偿机制、融资机制建设程度、服务组织建设程度等能源产业竞争力，以及信息基础设施建设水平、信息化人才拥有水平等信息不对称因素。根据相关文献，编制了调查问卷，问题的回答采用国际通行的李克特 5 点量表（Likert Scale）打分法。"1"代表

"非常不同意","5"代表"非常同意"。该问卷并没有采用李克特7点量表，是因为当选项超过5个时，大多数被访者将会缺乏足够的辨别能力，本调查在调查人员的努力下，共调查能源产业相关政府工作人员100名，大中型能源产业人员50名，能源产业产品加工厂领导30名，以及能源产业销售方领导30名，共发放问卷210份，有效回收200份。

（二）模型假设

能源产业科技水平低，是导致内蒙古能源产业竞争力低的重要原因之一。学者韩凤永、张玉丽等在谈及内蒙古能源产业发展的相关问题时，指出内蒙古自治区的能源产业由于科技水平较低，使得内蒙古自治区在能源的生产、存储与运输过程中存在着很多的问题，从而导致能源产业的竞争力较低。通过调查与文献阅读可知，能源产业也存在着生产、存储与运输等科学技术水平低等问题，使得能源产业的产品竞争力低下。综上所述，提出假设H1。

H1：内蒙古自治区能源产业的科技水平正向影响着传统能源产业的竞争力。

对于内蒙古自治区能源产业竞争力的不足之处，很多学者提出了不同的观点。学者惠建阳在研究能源企业的品牌意识中提出，企业对于能源产品的品牌塑造意识不强，其中对品牌的宣传力度不够，以及对能源产品的品牌管理与保护缺乏足够的重视等，都导致了内蒙古自治区能源产业品牌意识的薄弱。基于此，提出假设H2。

H2：内蒙古自治区能源产业的品牌意识将正向影响着传统能源产业的竞争力。

学者崔丽芳、李颖超等在研究能源产业对资源开发的生态补偿机制中指出，建立健全矿产资源开发生态补偿机制，不仅对促进矿区生态环境保护、管理、恢复和重建具有重要的现实意义，而且更有助于区域经济的健康、高效、持续的发展。因此，提出假设H3。

H3：内蒙古自治区能源产业的生态补偿机制建设正向影响着传统能

源产业的竞争力。

服务组织不健全，即能源产业相关产品的产前、产中、产后服务滞后，科技、信息、金融、购销、储运等服务组织和中介组织不健全，均影响着内蒙古能源产业进一步的发展。学者周凤翱、穆忠和、刘玉红等在研究能源服务方面指出，能源服务的分类、能源的输送与转运、能源服务市场的准入等方面存在诸多分歧，不利于能源产业的发展。因此，提出假设 H4。

H4：内蒙古自治区能源产业的服务组织水平正向影响着传统能源产业的竞争力。

学者方良平在内蒙古资本市场融资能力战略性研究中指出，内蒙古自治区经过多年市场经济建设，国民经济取得了长足的发展。但从地区经济增长结构来看，能源大区的"投资依赖症"仍然比较严重，资本市场的发展已经成为影响和制约内蒙古经济快速增长的关键因素之一。因此，提出假设 H5。

H5：内蒙古自治区能源产业的融资机制正向影响着传统能源产业的竞争力。

学者胡上华、武永义等在研究能源产业信息不对称的问题与对策中指出，能源产业信息化的基础设施投入不足以及缺乏能源产业信息化人才是影响能源产业信息不对称的重要因素。文章中从能源形势、面临的能源问题、能源信息化在解决能源问题过程中的地位与作用入手，分析了能源信息化建设存在的问题，最后提出了解决问题的参考办法，以期为我国提升能源资源领域的信息化水平。因此，提出假设 H6 与假设 H7。

H6：内蒙古自治区能源产业的信息化基础建设正向影响着内蒙古自治区的信息不对称。

H7：内蒙古自治区能源产业的信息化人才拥有量正向影响着内蒙古自治区的信息不对称。

传统能源产业决定着能源产业互联网转型的产业基础，因此传统能源产业的发展水平影响能源产业各部门相关人员对能源产业互联网化的意愿强度。能源产业的信息化水平是互联网经济转型的信息基础，若没有较高的信息化水平，能源产业互联网经济转型是无法完成的。能源产业的创新发展也推动着能源产业互联网经济转型。因此，提出假设 H8、假设 H9。

H8：内蒙古自治区能源产业竞争力正向影响着内蒙古能源产业相关人员的互联网经济转型意向。

H9：内蒙古自治区能源产业的信息不对称正向影响着内蒙古能源产业相关人员的互联网经济转型意向。

基于以上假设，农畜牧业互联网经济转型的影响因素模型如图 3 - 1 所示：

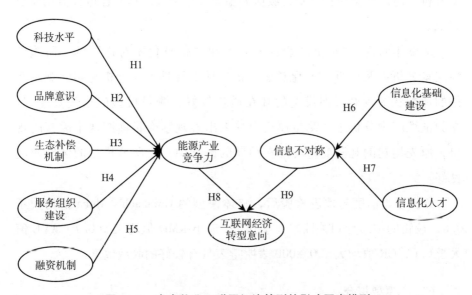

图 3 - 1　农畜牧业互联网经济转型的影响因素模型

三、模型检验与结论

（一）模型检验

根据吴明隆所著的《结构方程模型——AMOS 的操作与应用》中指

出，因素分析主要包括探索性因素分析和验证性因素分析。本书只需要做验证性因子分析即可。验证性因子分析是需要探究量表的因素结构模型是否与调查数据相一致，测量变量是否能够成为潜在变量的测量变量。

本研究将分三个部分对图中模型进行验证性因素分析：第一部分为科技水平、品牌意识、产业风险、生态补偿机制、服务组织建设，以及融资机制；第二部分为信息化基础建设和信息化人才；第三部分为传统产业竞争力、信息不对称与互联网经济转型意向。其中，第一部分、第二部分为一阶验证性因素分析，建立多因素斜交模型，第三部分进行二阶验证性因素分析。通过模型检验可知，载荷 P 值均小于 0.1，模型各拟合值均符合要求。

从整体而言，"传统产业竞争力"和"信息化不对称"的一阶验证性因素分析以及"互联网化意愿"的二阶验证性因素分析与实际观察数据的适配状况较好，即模型的外在质量较好，测量模型的收敛效度好。在验证性因素分析中，测量模型中并未出现观察变量横跨两个因素的现象，原先构建的观测变量均落在预期的因素中，说明该模型的区别效度良好。

数据经过信度与效度检验后，整体模型的 Cronbach's Alpha 值均大于 0.8，校正的项总计相关性均大于 0.7，最小 KMO 值均大于 0.7，AVE 值大于 0.6，CR 值均大于 0.8000 表明量表具有较好的收敛效度。

（二）模型拟合

表 3-1 和表 3-2 显示了测量模型的各项拟合指标，以及测量模型与数据的适配准则。由表中的数据可知，文章提出的模型与测量数据拟合度较好。标准拟合路径如图 3-2 所示。

表 3 - 1   结构性分析拟合指标

拟合指标	适配准则		模型实际值	拟合效果
	较好	良好		
CMIN/DF	2 ~ 3	1 ~ 2	2.276	较好
RMSEA	0.05 ~ 0.08	≤0.05	0.04	良好
GFI	0.8 ~ 0.9	≥0.9	0.912	良好
AGFI	0.8 ~ 0.9	≥0.9	0.90	较好
NFI	0.8 ~ 0.9	≥0.9	0.956	良好
CFI	0.8 ~ 0.9	≥0.9	0.979	良好
IFI	0.8 ~ 0.9	≥0.9	0.977	良好
RFI	0.8 ~ 0.9	≥0.9	0.943	良好

表 3 - 2   假设检验结果

假设	标准估计值	P 值	结论
H1	0.78	***	支持
H2	0.86	***	支持
H3	0.74	**	支持
H4	0.87	***	支持
H5	0.68	**	支持
H6	0.76	**	支持
H7	0.91	***	支持
H8	0.91	***	支持
H9	0.84	**	支持

注：** 表示 $p < 0.01$，*** 表示 $p < 0.001$。

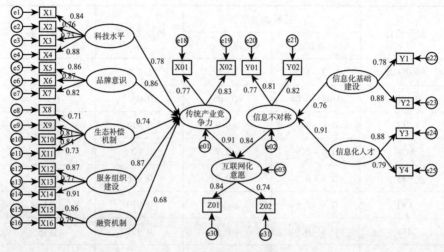

图 3 – 2 标准拟合路径

四、结论

经过实证分析可知，本书提出的 9 个假设均通过了结构方程模型的检验。科技水平、品牌意识、生态补偿机制、服务组织建设和融资机制设将正向显著影响着传统农畜牧产业的竞争力；信息化基础建设和信息化人才将显著正向影响着内蒙古地区信息不对称；传统能源产业的竞争力和内蒙古能源产业信息不对称信息影响能源产业相关人员的互联网经济转型意向。科技水平、品牌意识、生态补偿机制、融资机制和服务组织建设对传统能源产业竞争力的影响因素分别为 0.88、0.86、0.78、0.68 和 0.67，对互联网经济转型意愿的影响分别为 0.7568（0.88 * 0.86）、0.7396（0.86 * 0.86）、0.6708（0.78 * 0.86）、0.5848（0.68 * 0.86）和 0.5762（0.67 * 0.86）。信息化基础建设和信息化人才对内蒙古能源产业信息不对称的影响因素分别为 0.83 和 0.81，对互联网经济转型意愿的影响分别为 0.7055（0.83 * 0.85）和 0.6885（0.81 * 0.85）。由以上分析可知，在能源产业科技水平、品牌意识、生态补偿机制、服务组织建设、融资机制、信息化基础建设和信息化人才建设七个方面进行相关改革，将会最终促使互联网对传统能源产业的经济进行重新整合，使能源产业快速稳健发展。

由图 3-3 可知，受测者认为生态补偿是影响能源产业竞争力的最重要的因素，内蒙古地区的能源产业虽然有很大的地理优势与资源优势，但是与国际上其他拥有相同优势的地区相比，内蒙古地区的科技水平相对较低，并没有挖掘能源产品的深层价值。因此，提高生产者的科技水平，并着重发展具有国际顶尖科技的能源产品，才会让内蒙古能源产业的竞争力增强，从而有更大的决心通过互联网进行更深层次的产业转型。另外，受测者认为品牌意识也是影响内蒙古能源产业竞争力的重要因素。信息化水平与传统产业竞争力对最终受测者的影响因子分别为 0.86 和 0.85，影响水平几乎相同，说明加强信息基础建设与信息化人才的培养与引进是提高受测者互联化意愿的重要因素。

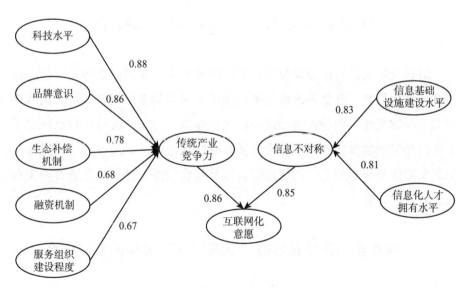

图 3-3　因素作用效果

第四节 内蒙古能源产业互联网
经济转型升级政策建议

一、树立适应"互联网+"能源的观念

"互联网+"时代，能源产业要通过互联网思维完成对自身的改造。目前，能源产业"互联网+"还处在开展电子商务平台阶段。"互联网+"意味着融合、改造和提升，能源行业应利用新的互联网技术去改造提升，形成新的发展模式。政府和企业，要以"互联网+"的思维不断改革创新，使各方面工作更好地适应"互联网+"时代。

二、统筹规划和顶层设计"互联网+"能源发展

结合内蒙古自治区能源分布特点，明确内蒙古互联网能源发展思路以及整体结构框架。互联网能源是多类型用能网络的多层耦合，电力网络是能源互联的枢纽，内蒙古自治区的能源分布条件以及电力行业特点决定了全区的互联网能源模式不能完全照搬现有的理论体系，需要针对内蒙古自治区实际能源分布特点、用能情况，以及社会经济条件，建立适合内蒙古的互联网络体系。

三、构建全面开放包容的"互联网+"能源的发展环境

内蒙古自治区能源产业可以实行互联网准入零负面清单，允许各类互联网主体依法平等进入能源产业。鼓励各类互联网资本和市场主体平等开展市场竞争，依法开展参股并购，支持培育互联网能源龙头企业发展，形

成具有深远影响的内蒙古能源产业的国际品牌，推动互联网基础设施的互联互通，鼓励能源产业人员积极推进能源互联网的转型升级。

四、致力于提升"互联网＋"能源产业科技水平

建立以企业为主、以政府为辅，产学研相结合的"互联网＋"能源产业技术升级机制；支持内蒙古自治区"互联网＋"能源产业转型升级的相关部门的组建；加大对"互联网＋"能源产业新产品、新业态、新模式等创新成果的知识产权保护力度，严厉打击各种侵权假冒行为；支持"互联网＋"能源产业的科技水平的提高。

五、制定与"互联网＋"能源产业发展相适应的标准和政策

研究解决设备与设备、设备与能源网络、设备与通信网络，以及信息与数据间存在的隔离问题，逐步完善互联网中各类型设备、数据接口标准，以及信息传输协议，从而保证互联网中能源流与信息流的互联互通，推动"互联网＋"能源的建设与部署。应逐步放开能源市场、鼓励能源双边交易、发展分布式和清洁能源，加强需求侧管理，通过改革尽快与互联网高效利用可再生能源、强调市场机制和商业模式、以及以用户用能需求为主要导向的特征相契合。同时，制定"互联网＋"能源企业的优惠政策，政府应加大财政支持力度，给予企业适度倾斜和支持，通过财税优惠、简化审批、政策扶持等手段，鼓励企业开展技术研发，促进产学研转化，积极拓展新兴能源信息服务业态，促进"互联网＋"智慧能源发展。最后，积极扶持国家级和省级"互联网＋"智慧能源重点实验室、工程中心，培养多层次、复合型人才，并配合财政、税收、信贷、科技补贴等经济政策，帮助传统能源企业进行"互联网"产业升级。

第四章

冶金产业互联网经济转型升级研究

第一节　内蒙古冶金产业发展现状

一、内蒙古地理状况介绍

介绍内蒙古冶金产业发展现状之前，首先对内蒙古的地理特征进行简要介绍。对内蒙古自治区地理特征的了解将有助于准确认识冶金产业在内蒙古经济发展中的独特地位。内蒙古自治区位于我国的北部，与蒙古国接壤，覆盖东北、华北、西北三个地区，又与新疆、甘肃、山西、辽宁等八个省区接壤，是中国邻省最多的省级行政区之一。内蒙古自治区位于欧亚大陆内部，全区东西跨度达到了 2400 公里，南北跨度达到了 1700 公里。内蒙古自治区的总面积为 118.3 万平方公里，占全国总面积的 12.3%。

二、内蒙古矿产资源介绍

由于内蒙古独特的地理位置，内蒙古的矿产储备丰富，内蒙古的草原、森林和人均耕地面积居全国第一，稀土金属储备居世界首位，煤炭储备 7016 亿吨，居中国第一位，天然气地质储备 7903 亿立方米。事实上，内蒙古自治区是中国发现新矿物最多的省区。自 1958 年以来，中国获得国际上承认的新矿物有 50 余种，其中 10 种发现于内蒙古，包括钡铁钛石、包头矿、黄河矿、索伦石、汞铅矿、兴安石、大青山矿、锡林郭勒矿、二连石、白云鄂博矿。位于包头的白云鄂博矿山是世界上最大的稀土矿山，包头白云鄂博矿山已经探明的稀土氧化物储备占世界稀土总量的 76%，该矿山含矿物 172 种，是世界上含矿物种类最多的矿山。内蒙古自治区已发现各类矿种已经超过 135 种，其中探明储量的矿种有 83 种，储量居中国第一的矿种有 5 种，多种矿种位居前列。内蒙古自治区氧化物总量达到 18065.41 万吨。内蒙古已查明的有色金属、贵金属矿产资源具有明显优势的有 8 种；其中铜矿保有资源储量占全国的 7.44%，居全国第 4 位，累计查明资源储量 686.49 万吨；铅、锌矿产资源保有量分别占全国的 17.99% 和 18.13%，均居全国第 1 位；累计查明铅资源储量 1084.04 万吨、锌资源储量 2268.42 万吨。此外，内蒙古还富有盐、天然碱、石灰石、高岭土、天然石墨、硅石等非金属矿产资源。内蒙古是世界最大的"露天煤矿"之乡，锡林浩特市北郊的胜利煤田，是中国最大的、煤层最厚的褐煤田。煤层一般厚度 200 米以上，最厚处达到了 400 米。该煤田总共含有 11 个煤层，13 个煤组，煤田长 45 公里，宽 15 公里，面积 675 平方公里，已探明储量 159.32 亿吨，保有储量 159.31 亿吨。阿拉善盟二道岭煤矿的太西煤，属低灰、低硫、低磷的优质无烟煤，平均灰分 3.96%，挥发分 6.83%，含硫 0.2% ~ 0.32%。发热量 7645 ~ 7711 大卡/千克，为中国最高。锡林郭勒盟苏尼特右旗查干里门诺尔碱矿，是亚洲天然碱储量最大的碱矿，查干诺尔天然碱化工总厂是中国最大的天然碱开采及深加工联合企业。锡林郭勒盟锡矿储量居中国第一，保有储量 4.67 万吨以上，主要分布在东乌珠穆沁旗、太仆寺旗、镶黄旗的五个矿区。锡林郭勒盟锗储量中国第一。储量 1600 万吨，占中国已探明总储量的 30%。内蒙古萤石储量居亚洲第一，世界第四。乌兰察布市四子王旗查干敖包萤石矿属于特大型萤石矿床，原矿氟化钙平均品位达到熔剂富矿的工业要求。内蒙古石墨的远景储量约为 3 亿~5 亿吨，居中国首位。在西起阿拉善右旗，东至乌兰察布市兴和县长 1000 公里的地带，成矿面积达 3000 平方公里。其中兴和县石墨矿的产品，鳞片大，柔韧性好，是中国三大石墨生产基地之一。内蒙古通辽市是中国最大的铸造砂和玻璃生产用砂基地，天然硅砂储量约为 550 亿吨。呼伦贝尔市莫力达瓦达斡尔族自治旗的宝山玛瑙矿储量 2775 吨，位居中国第一。鄂尔多斯市达拉特旗埋藏着世界罕见的超大型芒硝矿。综上所述，丰富的资源为内蒙古发展有色金属生产加工、新能源、新材料等新型产业提供了重要保障。

三、内蒙古冶金产业介绍

有色金属工业作为内蒙古冶金工业的重要组成部分，经过半个多世纪的建设和发展，已经形成一定规模的采、选、冶、加综合生产体系。有色金属的主要产品为铝、铜、铅、锌等；其中电解铝占内蒙古有色金属产品总量的 70% 以上。内蒙古在铝型材、铝合金、轮毂、化成箔、铸件等铝后加工和高精铜板、铅锌板等有色金属就地加工转化能力不断提高。中铝包头铝业、东方希望铝业、巴彦淖尔市紫金锌冶炼、赤峰库博红烨锌冶炼、中电投霍林河铝业、霍煤鸿骏铝业等一批起点高、技术装备水平高、经济效益好的骨干企业成为内蒙古有色金属工业的重要支撑。内蒙古有色金属工业发展中存在的问题突出表现在"三低"：一是技术装备水平较低。采选企业中大企业少，中小企业多，采选设备陈旧，技术落后，工艺单一，回收率低，污染严重。冶炼企业技术装备达到国内先进水平的不足 60%，达到国际先进水平的不足 20%。二是尾矿资源利用率低。尾矿回收利用水平仅在 10% 左右。三是延伸加工水平低。受技术装备水平低和自主创新能力弱的影响，中小冶炼企业普遍以初级产品为主，深加工不足，加工种类少，高附加值产品更少，企业整体效益较差。内蒙古有色金属工业发展的核心是加快推进资源优势向产业优势转变，在资源富集地区，依托大型骨干企业，建设"探—采—选—冶—加"一体化特色园区。加大技术改造力度，加强自主创新，努力提高采选加工企业的技术装备水平，不断提高加工深度和产业集中度，最大限度地实现优势资源转化增值。在发展重点上，铝产业应该在提升原铝生产能力和装备水平的同时，大力发展铝制品加工业，延伸产业链；积极发展高性能高精铝、铝型材、铝箔、铝合金、铝轮毂、化成箔、压铸件等，支持重点电解铝企业煤电铝一体化发展，积极推进高铝粉煤灰提取氧化铝基地建设。内蒙古应该加快推进铜、铅、锌等有色金属资源重点矿山建设进度，逐步提高冶炼企业资源自给率，支持骨干企业积极参与蒙古国等周边国家资源开发等。依托资源优势和产业基础，重点在包头市、通辽市和鄂尔多斯市打造铝业基地，在巴彦淖尔市、赤峰市、呼伦贝尔市、锡林郭勒盟打造铜、铅、锌冶炼加工基地，逐步形成布局合理、产业集中、分工明确、产业水平较高的新型有色金属工业体系。目前，内蒙古自治区冶金产业依托资源优势，按照集约采选、集中冶炼、规模发展、深度加工的原则，高起点、高标准建设了一批国际国内领先项目，有效推动了冶金工业探、采、选、冶、加一体化发展，促进了冶金产业方式的方向性转变，全区稀土钢、优质钢、特种钢、铝后加工产业规模不断扩大，实现了速度、规模、质量的同步快速增长，内蒙古已成为国家重要的钢铁生产基地和有色金属冶炼加工基地。

四、内蒙古冶金产业发展现状

在钢材、特种钢、不锈钢、铝电一体化等冶金深加工项目的带动下，内蒙古冶金工业生产能力不断提升，项目结构进一步优化。2012 年，内蒙古钢铁产能已超过 2000 万吨，钢轨产能达 150 万吨/年，产能居世界第一，成为我国重要的钢轨、无缝钢管、板材生产基地；十种有色金属冶炼产量占全国总产量的 7.1%，居全国第 6 位。目前，包钢产能占全区产能的 50%，进入我国千万吨级钢铁企业行列。同期，内蒙古自治区有色金属行业建成一批起点高、技术装备水平高、经济效益好的企业，形成了包头铝业、东方希望铝业、霍煤铝业、赤峰金峰铜业等一批以有色金属深加工项目为安身立命之本的大中型企业。这些企业，有的是我国规模较大的合金铝生产企业，有的是高起点、大容量、低污染的大型现代化企业，有的已成为全国性的大型有色金属企业集团。随着一批冶金新建项目和技术改造项目的投产，内蒙古冶金产业的技术装备水平明显提高。目前，新建钢铁、铝业项目工艺技术在同行业领先，电解铝能耗达到国际先进水平，新改建、扩建的铜厂采用富氧底吹炉、奥斯麦特炉和富氧侧吹炉等较先进工艺装备，达到了节能、高效、减排的效果。锌冶炼项目都采用了湿法炼锌工艺，生产指标达到国内先进水平。同时，内蒙古自治区冶金企业通过开发新工艺、新技术，全力推进钢轨等特色优势项目投产，提高了产品的市场竞争力。目前，包钢拥有世界一流水平的冷轧和热轧薄板及宽厚板、无缝钢管、重轨及大型材、线棒生产线，无缝管、高速钢轨等产品开始冲刺高端产品市场。按照内蒙古自治区发展规划，内蒙古作为国家重要的钢铁和有色金属冶炼加工基地的地位将进一步得到巩固。国家实施西部大开发战略以来，内蒙古依托资源优势、区位优势、后发优势和地广人稀优势，推进实施资源转换战略，积极培育引进一大批以煤炭开采、坑口发电、煤焦化、新型煤化工、特色冶金为主的能源重化工项目落地建设，促进了能源、化工、冶金、建材、农畜产品加工等资源型优势特色产业的加快发展。

第二节　内蒙古冶金产业发展问题分析

一、内蒙古冶金产业互联网转型发展意义

21 世纪以云计算、大数据、物联网、移动互联网等为代表的新一代

信息技术在经济社会各行业、各领域广泛应用，互联网在促进各行各业的经济结构调整、产业转型升级中发挥作用明显，信息消费快速增长，互联网经济发展水平得到了全面提升。事实上，互联网已经影响了人们各行各业的生产和生活方式。例如，在工业发展方面，互联网已经渗透到煤炭、电力、冶金、化工、产品加工、装备等重点行业和重点企业，并且互联网在上述领域的推进力度仍然在进一步加深。上述产业已经开展了基于互联网的个性化定制、众包设计、云制造等新型制造模式，互联网的推动形成了基于消费需求动态感知的研发、制造和产业组织方式。互联网作为改变人类生活的工具成为改变内蒙古经济产业的一个重要方向，可以说，内蒙古各行各业的产业因为有了互联网而产生了新的发展方向。那么，一个很自然的问题是：互联网究竟会对内蒙古冶金产业带来什么样的影响，又会使得内蒙古冶金产业出现什么样的结果？为此，本书将会对内蒙古冶金产业互联网经济转型升级路径展开研究，该研究将会指明今后内蒙古冶金产业的发展宏图和预期发展成果。

二、内蒙古互联网环境建设介绍

首先，在优化互联网工作环境方面，内蒙古自治区已经明确以政府补贴或购买服务等方式支持公共场所提供免费无线宽带服务。内蒙古自治区鼓励市场竞争，进一步降低了信息网络资费，提升了宽带网络速率、信息服务质量和资源利用效率，并实行了严格的知识产权保护制度，严厉打击互联网领域知识产权侵权假冒行为，并将侵权、假冒行为纳入社会信用体系。内蒙古自治区建立了网络安全信息运行机制，健全完善了网络安全保障体系，实现了互联网数据资源的安全存储与灾难备份，加快了网络安全保障基础设施智能化和全覆盖，并在电子政务、电子商务、公共服务等领域推广使用了电子签名及 EID（公民网络电子身份标识），鼓励数字证书在互联网上的应用。可见，内蒙古自治区已经为内蒙古互联网与冶金行业的结合提供了基础保证。事实上，内蒙古自治区近年来建设了高速、移动、安全的新一代信息基础设施，推动了宽带网络提速降费和无线局域网络全覆盖；推进了"三网融合"，打造了数字城市；加快了云平台建设，扩大了云计算服务与应用；推动了互联网、云计算、大数据、物联网在经济社会发展各领域广泛应用，建成了若干互联网经济集中区、电子商务集聚区、大宗商品电子交易市场，加快了电子商务示范城市和产业园区的建设，面向中小微企业和农村牧区实施了信息化应用工程。

三、冶金产业互联网发展优势介绍

事实上，"互联网+冶金"的模式正在全国范围内付诸实践中。以钢铁行业为例，2015年4月杭钢股份披露拟以92亿元价格注入钢铁和环保资产，并涉足互联网+电商。为顺应钢铁及有色金属行业销售渠道的升级转型，杭钢股份公司从传统的贸易商向依托互联网技术的电商平台转变。为顺应钢铁行业发展趋势，杭钢股份公司结合现有上市公司下属IT专业公司和宁波钢铁的IT服务基础，以宁波钢铁400万吨产量销售为起点，依托控股股东杭钢集团近千亿金属贸易的支持，以及钢钢网作为战略投资者的合作，使杭钢股份电商平台将获得了供给端和需求端的竞争优势，是国内钢铁企业首次向互联网领域全面转型的一个典型例子。已有研究现状表明，现有的钢铁电商各具优势，但电商与电商之间并没有形成互通，如钢厂成立的电商拥有货源，而贸易商一方拥有客户群体，资讯公司拥有庞大的信息，若可以跨区域、跨钢厂、跨公司做到互通共享，便能使电商平台发展得更强、走得更远。事实上，国家总理李克强在2015年《政府工作报告》对于"互联网+"战略的提出，已彰显互联网战略上升至国家层面，这种模式也应该成功地应用到冶金行业中来，逐渐将互联网的优势与冶金行业的特殊性结合在一起，从而有效提升冶金行业的竞争力和发展程度。在这种政府支撑的背景下，存在产能过剩、恶性竞争、中间贸易商过多、利润率低等诸多问题的冶金行业，亦寄望于借力于信息技术和传统产业的"生态融合"，打造"互联网+

传统冶金行业＝互联网冶金行业"，并希望这一跨界新业态的产生，为冶金行业转型带来新的机遇。对于冶金行业是否能够拥抱互联网，冶金行业要构建这样的现代制造业网络服务平台需要具备五大要素：一是冶金企业需要建立大数据平台，包括原材料、年生产量、贸易中间商等基础数据，必要时还可购买一些用户数据，这些数据都是冶金企业平衡产销量的重要基础；二是以电子商务来代替传统的数量众多的冶金材料交易中间商，可大大减少中间贸易环节边际成本；三是构建物流配送体系，通过相关大数据可以了解用户用料的实际需求，然后按需加工生产，以物流发货配送；四是采取金融配套，通过大数据为用户提供相应的金融服务；五是实现技术研发产业化，可建立一个技术开发网络平台，通过用户数据来分析新产品和新技术需求，然后通过金融支撑服务来选取有能力的供应商提供技术解决方案。

据此，践行"互联网＋冶金"的模式成为国内越来越多的冶金企业正在尝试的一个项目。南钢公司是复星系下唯一的工业制造平台，是全国精品板材生产基地，目前公司正开启新常态下"钢铁＋环保＋互联网电商平台"转型之路。南钢公司公告拟投资 5 亿元设立节能环保投资控股公司，实现公司"钢铁加节能环保"的转型升级发展，此举与杭钢股份可谓有异曲同工之处。另外，在传统行业嫁接移动互联的布局中，复星集团将打造"南钢＋金融＋互联网钢材交易平台＋物流"、推动"南钢＋环保投资＋保险＋租赁"的环保转型。宝钢股份是国内现代化程度最高、最具竞争力的钢铁联合企业之一。太钢不锈公司在互动平台上透露，目前已建立了自己的电子商务平台，能够为客户提供钢材加工物流配送全方位一站式服务。2015 年宝钢股份董事会就批准了《关于投资服务平台公司的议案》，同意与宝钢集团依托互联网、大数据等全新技术手段和强有力的加工配送服务网络，合资设立综合性服务平台公司。打造钢铁服务平台是根据宝钢股份战略转型规划，为实施从制造向服务转型的战略，实践"一体两翼"（钢铁为主体，发展电商及信息产业）的具体安排。此外，早在 2011 年，中天冶金就开始积极对接找钢网，相互合作，共谋发展。如今，中天冶金在网络平台上交易量非常大，且全部是零售给了小微采购商，涵盖几千家客户。钢铁电商可有效地消除钢铁流通过程中的信息不对称，实现扁平化和去中间化，减少了贸易、物流环节，压缩了每吨钢的存货周转天数，随之也就降低了单吨钢的财务成本，从而真正让利于钢厂和终端用户。2015年以来，我国冶金电子商务领域保持着快速发展的态势，中国冶金电子商务已进入质变前期。电商销售比重在逐步增加，截至2015年比重接近10%。2014年，65%的冶金通过非直销（即流通环节实现销售），加上铁矿石、煤炭和大量设备、零件等，如果这些都在电商网站上销售，应该说几万亿元非常轻松，冶金电商的前景非常广阔。2015年1～8月我国累计冶金产量5.43亿吨，同比下滑2.0%，同期冶金消费量为4.77亿吨，同比下降5.5%，下滑幅度超过产量降幅。1～8月大中型冶金企业实现利润总额为亏损180亿元，而上年同期为盈利146亿元。这些都说明我国冶金企业正处于极其困难的时期。

四、内蒙古冶金产业互联网发展途径

那么处于困境中的中国内蒙古冶金企业如何实现转型？互联网将为内蒙古冶金企业转型提供哪些机遇和途径？这是目前内蒙古冶金行业的进一步发展所面临的热议话题。事实上，内蒙古冶金企业在相当长的时期内都将处于低增长、低价格、低效益、环保高压力的新常态，而根本出路就是持续创新发展，包括理念创新、商业模式创新、管理创新和技术创新。工业互联网下内蒙古冶金企业生产流程绿色化和智能化是转型的主线。工业互联网的应用将进一步降低流程制造业的成本、提高效率、推动技术进步、组织变革，形成更广泛的以互联网为基础设施和创新要素的发展新形态。冶金行业通过结构调整，在生产效率、产品成材率等方面都将获得提升。结构调整是一个长期的过程，而且要历经多个阶段，从一些成功的结构调整案例可以看出，政府和企业间的协作对调整的结果起到了重要作用。在进行结构调整过程中，欧洲冶金企业是在企业出现大面积亏损的情况下才真正开始削减产能，由于行动迟缓，导致当地许多冶金企业被欧洲以外的资本所兼并。美国也是在产能过剩导致冶金行业处于盈亏边缘的时候才开始削减产能，这也造成多家冶金企业破产。相比之下，日本冶金企业在尚能确保盈利的情况下就决定投入大量资金，通过设备的集中化和大型化，削减冶金产能，取得了很好效果。因此，从某种意义上来讲，内蒙古冶金业目前正处在一个最坏的时代，也是一个最好的时代。与欧美冶金企业遭遇产能过剩不同的是，内蒙古冶金企业赶上了互联网时代，互联网已经超越工具，成为一种能力，与内蒙古冶金产业结合之后能够赋予传统内蒙古冶金行业新的力量。

五、内蒙古冶金产业互联网发展问题总结

在梳理发展内蒙古冶金产业发展成绩的同时，也必须保持清醒的头脑，并且充分认识到内蒙古冶金产业发展中存在的问题。从长远的发展角度出发，提高内蒙古冶金产业发展的技术优势依然是该行业发展的重点，相应地，内蒙古冶金项目与冶金产业将面临不可忽视的三大技术挑战。

挑战一：对资源的保障能力趋弱，对资源的综合利用率较低。内蒙古冶金资源富集，但由于缺乏配套的共生、伴生和尾矿资源的综合开发利用项目，矿石资源综合利用率普遍偏低。从铁矿资源看，贫矿多、富矿少，且铁矿成分复杂，杂质多，缺乏相应的铁矿石深加工综合利用项目，很多铁矿无法高效利用。此外，近年乱采、滥挖铁矿和不规范的开采造成铁矿资源的大量浪费和资源破坏。从有色金属资源开采来看，采富矿弃贫矿、采易弃难、采主弃次现象普遍存在，有色金属企业"高开采、低利用、高排放"的粗放生产模式未得到根本改变。目前，内蒙古自治区尾矿回收利用水平仅为10%左右，国内同期尾矿回收利用水平为20%～30%，国际尾矿回收利用水平已达到60%～70%。可见，内蒙古自治区尾矿回收利用水平不仅大大低于国际尾矿回收利用水平，也低于国内同期尾矿回收利

用水平。

挑战二：冶金行业结构性矛盾突出，低附加值产品占主导地位。从总体上看，有色金属矿山生产能力与下游冶炼能力比例失衡，并呈扩大趋势。目前，内蒙古自治区有色金属加工能力仅占冶炼能力的40%，其中只有铝深加工能力较强，达到冶炼能力的60%左右；铜、铅、锌深加工能力均较弱，只能达到冶炼能力的20%左右。即使在冶炼阶段，上下游行业结构失衡也日趋严重，除一批新建高起点项目采用国内外先进技术外，规模小、高能耗、工艺技术落后的企业仍占较大比重，提供的基本是原矿、精矿、坯锭类低端产品，深加工度不足。在钢和钢材品种中，内蒙古普通钢和建筑用材比重较大，"十一五"时期末，内蒙古自治区优质钢比例低于全国平均水平近10个百分点。进入"十二五"时期，除包钢等少数规模企业加大了稀土钢、特种钢、精品钢等高技术含量钢材项目的生产投入外，大多数钢企仍以钢筋、大小型材等低附加值项目为主，致使产品结构相互雷同，产能严重过剩，加之冶金产业关联度较低，下游精深加工项目比较少，影响了内蒙古自治区冶金行业竞争力的提高。

挑战三：技术装备发展滞后，节能降耗压力较大。近几年，内蒙古冶金企业技术装备向大型化、高效化、自动化、连续化的环境友好型方向发展，部分工艺装备已接近世界先进水平，但由于内蒙古自治区冶金生产中小企业居多，大部分企业使用的都是20世纪的陈旧设备，技术落后、工艺单一，总体上企业技术装备水平仍偏低，部分大型冶金企业的技术装备也与国内外大中型企业有一定的差距。技术装备水平低在一定程度上影响了全区冶金行业节能降耗效果。"十一五"时期以来，全区冶金行业在清洁生产、污染治理、节能降耗等方面取得了较大的进步，但仍低于国内平均水平，与世界先进水平相比差距依然非常明显。按产品来看，内蒙古自治区铝冶炼加工水平较高，能耗基本达到了国内外先进水平，其中包头铝业已经达到了国际先进水平，其他有色金属如铜、铅、锌等基本符合国家能耗限额标准的限定值，但尚未达到先进值。内蒙古冶金企业在二次能源的回收、污染治理及"三废"的综合利用等方面也存在很大差距。

第三节　内蒙古冶金产业互联网
经济转型升级路径研究

一、假设与模型

本节通过设计调查问卷，对冶金产业从业人员和冶金产业相关管理人员展开调查问卷。由第二节分析可知，影响内蒙古地区冶金产业互联网经济转型的因素分为两大类，一类是传统的冶金产业竞争力较低，另一类是内蒙古大部分地区信息化程度低。冶金产业科技水平低，是导致传统冶金产业竞争力低的重要原因之一。内蒙古自治区的冶金产业由于科技水平较低，使得内蒙古自治区在冶金产品的生产、存储与运输过程存在着很多的问题，从而导致冶金产品的竞争力较低。通过调查问卷可知，冶金产业存在着生产、存储与运输等科学技术水平低等问题，使得冶金产业的产品竞争力低下。综上所述，提出假设 H1。

H1：内蒙古自治区冶金产业的科技水平正向影响着传统形式下冶金产业的竞争力。

对于内蒙古自治区传统的冶金产业竞争力的不足之处，很多学者提出了不同的观点。部分学者在研究内蒙古自治区冶金产品区域品牌的创建与保护中提出，内蒙古自治区对于冶金产品的品牌意识不强，品牌的宣传力度不够而且对冶金产品区域品牌的经营管理与保护缺乏足够的重视。部分学者在研究构建内蒙古优势特色产业可行性分析中也指出内蒙古自治区的冶金产品应该形成产品优势。基于此，提出假设 H2。

H2：内蒙古自治区对冶金产品的品牌意识将正向影响着传统形式下冶金产业的竞争力。

龙头企业的数量是内蒙古自治区冶金产业发展现实存在的问题，部分学者在研究内蒙古冶金产业发展现状、问题与对策中指出，龙头企业的数量与规模对冶金产业的发展有着重要的带动作用。但内蒙古冶金产业中拥有企业规模较大并在国内外有较大影响力的龙头企业数量相对并不够大，主要表现为两个方面：一方面，冶金产业公司规模不够大；另一方面，冶金产业公司的人员构成不够理想。而且冶金产业公司达到全国性甚至世界性的龙头企业数量极少。基于上述事实，我们提出假设 H3。

H3：内蒙古自治区冶金产业的龙头企业数量与规模正向影响着传统形式下冶金产业的竞争力。

冶金产业从业人员专业合作组织的不完善将严重重要影响内蒙古自治区冶金产业的发展。专业化合作组织不完善、产业化内部结构松散等因素使冶金产业相关人员形成"利益共享、风险共担"的共同体，没有建成良好的利益机制。因此，提出假设 H4。

H4：内蒙古自治区冶金产业的利益机制建设正向影响着传统形式下冶金产业的竞争力。

服务组织不健全，即冶金产业相关产品的产前、产中、产后服务滞后，科技、信息、金融、购销、储运等服务组织和中介组织不健全，均影响着内蒙古冶金产业进一步的发展。因此，提出假设 H5。

H5：内蒙古自治区冶金产业的服务组织水平正向影响着传统形式下冶金产业的竞争力。

通过研究内蒙古自治区冶金产业信息化发展的问题与对策中可以得知，冶金产业信息化的基础设施投入不足以及缺乏冶金产业信息化人才是影响内蒙古自治区冶金产业信息化发展的重要因素。冶金产业从业人员信息化意识和利用信息的能力不强、缺乏"因地制宜"的服务等因素，其最终的原因也是因为地区缺乏相应的信息化人才导致的。因此，提出假设 H6 与 H7。

H6：内蒙古自治区冶金产业信息化基础建设正向影响着内蒙古自治区的信息化水平。

H7：内蒙古自治区冶金产业信息化人才拥有量正向影响着内蒙古自

治区的信息化水平。

传统发展方式的冶金产业决定着冶金产业互联网转型的产业基础，因此，传统冶金产业的发展水平影响冶金产业各部门相关人员对冶金产业互联网化的意愿强度。冶金产业的信息化水平是互联网经济转型的信息基础，若没有较高的信息化水平，冶金产业互联网经济转型是无法完成的。因此，提出假设 H8、H9。

H8：内蒙古自治区冶金产业的竞争力正向影响着内蒙古自治区冶金产业相关人员的互联网经济转型意向。

H9：内蒙古自治区冶金产业的信息化水平正向影响着内蒙古自治区冶金产业相关人员的互联网经济转型意向。

基于以上假设，冶金产业互联网经济转型的影响因素模型如图 4 - 1 所示。

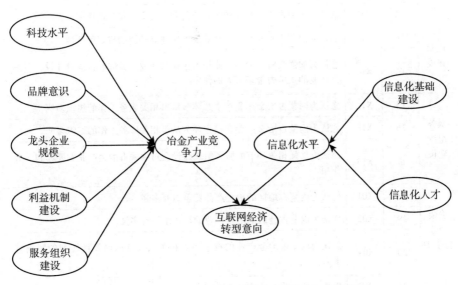

图 4 - 1　冶金产业互联网经济转型的影响因素模型

根据以上模型，并依据冶金产业研究中的理论，最终得到以下调查问卷（如表 4 - 1 所示）。

表4-1　　　　　　　　　　　　　　问卷测量题项

因素	序号	变量	测量项
科技水平	1	X1	您认为内蒙古在冶金产业中科学技术运用水平高吗
	2	X2	您认为内蒙古的冶金产业产销供应链中的科技水平高吗
	3	X3	您认为内蒙古冶金产业基地建设中设备的科技水平高吗
	4	X4	您认为提升内蒙古冶金产业的科技水平对竞争力的提升有多大帮助
品牌意识	5	X5	您认为内蒙古冶金产业在品牌建设上做得怎么样
	6	X6	您认为内蒙古冶金产业现有的知名品牌多吗
	7	X7	您认为建立内蒙古冶金产业知名品牌对竞争力的提升有多大帮助
龙头企业规模	8	X8	您认为内蒙古地区现有的冶金产业龙头企业多吗
	9	X9	您认为内蒙古地区现有的冶金产业龙头企业规模大吗
	10	X10	您认为内蒙古地区现有的龙头企业对冶金产业的带动作用有多大
	11	X11	您认为内蒙古地区加大对龙头企业的建设会给冶金产业带来多大的帮助
利益机制建设	12	X12	您认为内蒙古冶金产业相关企业的利益分配机制建设得怎么样
	13	X13	您认为内蒙古政府对冶金产业发展所建立的激励机制怎么样
	14	X14	您认为加强政府、冶金产业相关企业与从业人员的利益机制建设会对冶金产业的竞争力带来多大的作用
服务组织建设	15	X15	您认为内蒙古冶金产业在生产环节从事相关服务工作的组织多吗
	16	X16	您认为内蒙古冶金产业在销售环节从事相关服务工作的组织多吗
	17	X17	您认为加强相关环节的服务组织建设会对内蒙古冶金产业发展起到多大作用
冶金产业竞争力	18	X01	您认为内蒙古地区的冶金产品竞争力有多强
	19	X02	您认为内蒙古地区的冶金产业的科技水平有多强
	20	X03	您认为内蒙古冶金产业的竞争力对相关人员互联网经济转型的影响有多大
信息化基础建设	21	Y1	您认为信息化基础建设重要吗
	22	Y2	您认为现有冶金产业信息化基础建设到达什么样的程度
	23	Y3	您认为信息化基础建设能对内蒙古地区信息水平提高起到多大作用

因素	序号	变量	测量项
信息化人才	24	Y4	您认为现在冶金产业相关领域信息化人才有多少
	25	Y5	您认为现在冶金产业相关领域信息化人才有多少
	26	Y6	您认为加大冶金产业信息化人才能对内蒙古地区信息化水平提高起到多大作用
信息化水平	27	Y01	您认为内蒙古的冶金产业信息化水平怎么样
	28	Y02	您认为内蒙古的冶金产业信息化水平怎么样
	29	Y03	您认为提高内蒙古冶金产业的信息化水平对相关人员的互联网经济转型有多大影响
转型意愿	30	Z01	您认为内蒙古冶金产业互联网经济转型可行性高吗
	31	Z02	您对内蒙古冶金产业互联网经济转型抱着怎样的态度
	32	Z03	您是否愿意尝试对冶金产业进行互联网经济转型

我们基于表 4－1 中的指标内容编制了调查问卷，问题的回答采用国际通行的李克特 5 点量表（Likert Scale）打分法。"1"代表"非常不同意"，"5"代表"非常同意"。该问卷并没有采用李克特 7 点量表，是因为当选项超过 5 个时，大多数被访者将会缺乏足够的辨别能力，本调查在调查人员的努力下，共调查冶金产业相关政府工作人员 120 名，大中型冶金产业从业人员 40 名，冶金产业产品加工厂领导 40 名，以及冶金产品销售方领导 50 名，共发放问卷 250 份，有效回收 240 份。

二、验证性因素分析

由于本书提出的模型是有相应的理论根据的，因此本书只需要做验证性因子分析即可。验证性因子分析需要探究量表的因素结构模型是否与调查数据相一致，测量变量是否能够成为潜在变量的测量变量。本研究将分三个部分对此模型进行验证性因素分析：第一部分为科技水平、品牌意识、龙头企业规模、龙头企业规模、利益机制建设，以及服务组织建设；

第二部分为信息化基础建设和信息化人才;第三部分为传统产业竞争力、信息化水平和互联网经济转型意向。其中,第一部分和第二部分为一阶验证性因素分析,建立多因素斜交模型,第三部分进行二阶验证性因素分析。

第一部分验证性因素分析(如图4-2所示)及拟合指标(如表4-2所示)情况如下:

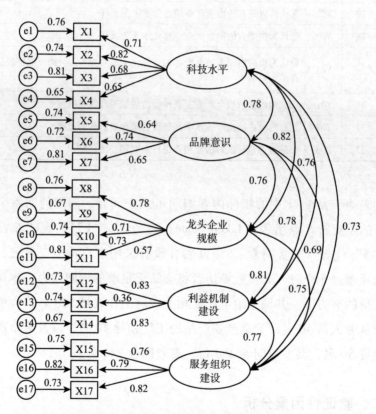

图4-2 第一部分验证性因素分析

分析可知,第一部分的验证性分析并没有出现负的误差变异项,因素负荷量最小为0.549,最大为0.903,均介于0.54~0.96之间,并且各拟合指标值均在可接受范围之内,说明该验证性因素分析模型的基本适配指标达到检验标准。在整体模型适配检验方面,绝对适配值、增值适配指标与简约适配指标值均达到模型的可接受标准，在自由度为 36 时，模型适配度的卡方值为 53.2，显著性概率值 $p = 0.338 > 0.05$，接受虚无假设，表示研究所提的模型与实际数据契合。从整体而言，"传统产业竞争力"的一阶验证性因素分析与实际观察数据的适配状况较好，即模型的外在质量较好，测量模型的收敛效度好。在验证性因素分析中，测量模型中并未出现观察变量横跨两个因素的现象，原先构建的观测变量均落在预期的因素中，说明该模型的区别效度良好。

表 4 - 2　　　　　　　　　　　　第一部分拟合指标

拟合指标	适配准则		模型实际值	拟合效果
	较好	良好		
CMIN/DF	2 ~ 3	1 ~ 2	1.673	良好
RMSEA	0.05 ~ 0.08	≤0.05	0.054	较好
GFI	0.8 ~ 0.9	≥0.9	0.789	良好
AGFI	0.8 ~ 0.9	≥0.9	0.804	较好
NFI	0.8 ~ 0.9	≥0.9	0.869	良好
CFI	0.8 ~ 0.9	≥0.9	0.903	良好
IFI	0.8 ~ 0.9	≥0.9	0.892	良好
RFI	0.8 ~ 0.9	≥0.9	0.884	良好

第二部分验证性因素分析（如图 4 - 3 所示）及拟合指标（如表 4 - 3 所示）情况如下：

分析可知，第一部分的验证性分析并没有出现负的误差变异项，因素负荷量最小为 0.750，最大为 0.930，均介于 0.5 ~ 0.95 之间，并且各拟合指标值均在可接受范围之内，说明该验证性因素分析模型的基本适配指标达到检验标准。在整体模型适配检验方面，绝对适配值、增值适配指标与简约适配指标值均达到模型可接受的标准，在自由度为 36 时，模型适配度的卡方值为 82.4，显著性概率值 $p = 0.331 > 0.05$，接受虚无假设，表示研究所提的模型与实际数据契合。从整体而言，"信息化水平"的一阶验证性因素分析与实际观察数据的适配状况较好，即模型的外在质量较好，测量模型的收敛效度好。在验证性因素分析中，测量模型中并未出现观察变量横跨两个因素的现象，原先构建的观测变量均落在预期的因素中，说明该模型的区别效度良好。

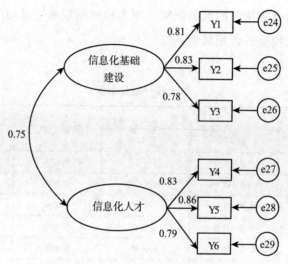

图 4 – 3　第二部分验证性因素分析

表 4 – 3　　　　　　　　　　　第二部分拟合指标

拟合指标	适配准则		模型实际值	拟合效果
	较好	良好		
CMIN/DF	2 ~ 3	1 ~ 2	1.236	良好
RMSEA	0.05 ~ 0.08	≤0.05	0.034	良好
GFI	0.8 ~ 0.9	≥0.9	0.879	良好
AGFI	0.8 ~ 0.9	≥0.9	0.885	较好
NFI	0.8 ~ 0.9	≥0.9	0.923	良好
CFI	0.8 ~ 0.9	≥0.9	0.944	良好
IFI	0.8 ~ 0.9	≥0.9	0.929	良好
RFI	0.8 ~ 0.9	≥0.9	0.974	良好

第三部分验证性因素分析（如图 4 - 4 所示）及拟合指标（如表 4 - 4 所示）情况如下：

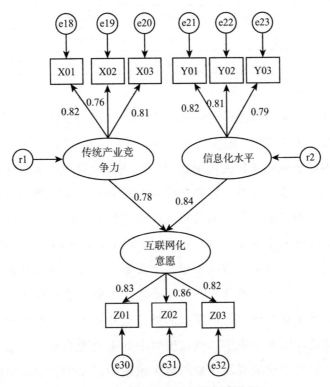

图 4 - 4 第三部分验证性因素分析

表 4 - 4 第三部分拟合指标

拟合指标	适配准则		模型实际值	拟合效果
	较好	良好		
CMIN/DF	2 ~ 3	1 ~ 2	1.64	较好
RMSEA	0.05 ~ 0.08	≤0.05	0.076	较好
GFI	0.8 ~ 0.9	≥0.9	0.873	良好
AGFI	0.8 ~ 0.9	≥0.9	0.922	较好
NFI	0.8 ~ 0.9	≥0.9	0.902	良好

拟合指标	适配准则		模型实际值	拟合效果
	较好	良好		
CFI	0.8～0.9	≥0.9	0.892	良好
IFI	0.8～0.9	≥0.9	0.901	良好
RFI	0.8～0.9	≥0.9	0.887	良好

分析可知，第一部分的验证性分析并没有出现负的误差变异项，因素负荷量最小为 0.778，最大为 0.920，均介于 0.500～0.950 之间，并且各拟合指标值均在可接受范围之内，说明该验证性因素分析模型的基本适配指标达到检验标准。在整体模型适配检验方面，绝对适配值、增值适配指标与简约适配指标值均达到模型可接受的标准，在自由度为 36 时，模型适配度的卡方值为 49.3，显著性概率值 $p = 0.393 > 0.05$，接受虚无假设，表示研究所提的模型与实际数据契合。从整体而言，传统产业竞争力、信息化水平和互联网化意愿的二阶验证性因素分析与实际观察数据的适配状况较好，即模型的外在质量较好，测量模型的收敛效度好。在验证性因素分析中，测量模型中并未出现观察变量横跨两个因素的现象，原先构建的观测变量均落在预期的因素中，说明该模型的区别效度良好。

三、结构性因素分析

（一）信度分析

信度分析，又称为可靠性分析，主要分为内在信度分析和外在信度分析，内在信度主要考察一组问卷问题是否在测量同一个概念，这些问题间是否存在高的内在一致性，内在一致性越高，说明这些问题设计越有意义，统计出的结果可信度越高。外在信度主要是指，在不同的时间对相同

的受测者进行重复调查访问，如果两次调查结果相关性较强，则说明调查
问卷的各个问题概念和内容是清晰的，评价结果是可信的。测试结果如
表4－5所示。

表4－5　　　　　　　　　　信度分析结果

因素	变量	Cronbach's Alpha	校正的项总计相关性
科技水平	X1	0.747	0.813
	X2		0.828
	X3		0.793
	X4		0.802
品牌意识	X5	0.802	0.774
	X6		0.793
	X7		0.769
龙头企业规模	X8	0.875	0.762
	X9		0.793
	X10		0.814
	X11		0.892
利益机制建设	X12	0.842	0.882
	X13		0.737
	X14		0.796
服务组织建设	X15	0.853	0.823
	X16		0.796
	X17		0.825
农畜牧业竞争力	X01	0.876	0.837
	X02		0.821
	X03		0.793
信息化基础建设	Y1	0.783	0.829
	Y2		0.795
	Y3		0.713

因素	变量	Cronbach's Alpha	校正的项总计相关性
信息化人才	Y4	0.812	0.832
	Y5		0.828
	Y6		0.779
信息化水平	Y01	0.876	0.817
	Y02		0.771
	Y03		0.833
互联网经济转型意愿	Z01	0.857	0.796
	Z02		0.823
	Z03		0.794

（二）效度分析

效度分析是指测量工具或者测量手段能够准确地衡量研究者所需测量的问题的程度，测量结果与所需要考察的内容越吻合，则效度越高，越表明测量的结果能够反映研究对象的真实特点，反之亦然。本书主要进行学术界较认可的收敛结构效度分析。收敛效度又称聚合效度，主要是指运用不同测量方法测定同一特质时所得结果的相似程度。因此我们使用 SPSS 对样本进行 KMO 检验，最小 KMO 值为 0.72，均大于 0.7，说明数据较适合做因子分析，因子载荷具有可信度（如表 4 - 6 所示）。再利用因子载荷计算平均变异数抽取量（Average Variance Extracted，AVE）和组和信度（Composite Reliability，CR），其计算公式为（λ_I 为的因子载荷量）：

$$AVE = \frac{\sum \lambda_I^2}{(\sum \lambda_I^2) + (\sum (1 - \lambda_I^2))}$$

$$CR = \frac{(\sum \lambda_I)^2}{(\sum \lambda_I)^2 + (\sum (1 - \lambda_I)^2)}$$

表 4 - 6　　　　　　　　　　　收敛效度分析结果

因素	变量	因子载荷	KMO 值	AVE 值	CR 值
科技水平	X1	0.770	0.8750	0.6533	0.83426
	X2	0.790			
	X3	0.782			
	X4	0.824			
品牌意识	X5	0.743	0.8350	0.6213	0.7864
	X6	0.823			
	X7	0.844			
龙头企业规模	X8	0.779	0.7730	0.6432	0.7739
	X9	0.814			
	X10	0.822			
	X11	0.874			
利益机制建设	X12	0.872	0.7783	0.8023	0.7824
	X13	0.837			
	X14	0.782			
服务组织建设	X15	0.799	0.8340	0.8013	0.8232
	X16	0.803			
	X17	0.921			
农畜牧业竞争力	X01	0.785	0.8030	0.7714	0.8927
	X02	0.823			
	X03	0.903			
信息化基础建设	Y1	0.842	0.8450	0.7889	0.9046
	Y2	0.873			
	Y3	0.832			
信息化人才	Y4	0.843	0.7930	0.7484	0.8454
	Y5	0.894			
	Y6	0.882			
信息化水平	Y01	0.852	0.8040	0.8035	0.8343
	Y02	0.844			
	Y03	0.885			

续表

因素	变量	因子载荷	KMO 值	AVE 值	CR 值
互联网经济转型意愿	Z01	0.932	0.8230	0.7345	0.8457
	Z02	0.842			
	Z03	0.851			

当所有指标在对应变量上的标准负载大于 0.7 时，各变量的平均抽取方差（AVE）大于 0.5，组合信度 CR 大于 0.6，则表明量表具有较好的收敛效度。由表 4 - 6 可知，各指标所对应的变量上的标准负载均大于 0.7，各变量的 AVE 均大于 0.6，组合信度 CR 均大于 0.8，所以可知该量表具有较好的收敛效度。

（三）模型拟合

表 4 - 7 和表 4 - 8 显示了测量模型的各项拟合指标以及测量模型与数据的适配准则。由表中的数据可知，模型与测量数据拟合度较好。标准拟合路径如图 4 - 5 所示。

表 4 - 7 结构性分析拟合指标

拟合指标	适配准则		模型实际值	拟合效果
	较好	良好		
CMIN/DF	2 ~ 3	1 ~ 2	1.36	良好
RMSEA	0.05 ~ 0.08	≤0.05	0.74	良好
GFI	0.8 ~ 0.9	≥0.9	1.92	良好
AGFI	0.8 ~ 0.9	≥0.9	0.79	较好
NFI	0.8 ~ 0.9	≥0.9	1.96	良好
CFI	0.8 ~ 0.9	≥0.9	0.79	良好
IFI	0.8 ~ 0.9	≥0.9	0.93	良好
RFI	0.8 ~ 0.9	≥0.9	1.43	较好

表 4 - 8 假设检验结果

假设	标准估计值	P 值	结论
H1	0.67	**	支持
H2	0.56	***	支持
H3	0.74	***	支持
H4	0.73	***	支持
H5	0.72	***	支持
H6	0.74	**	支持
H7	0.78	**	支持
H8	0.81	**	支持
H9	0.78	***	支持

注：** 表示 p < 0.01，*** 表示 p < 0.001。

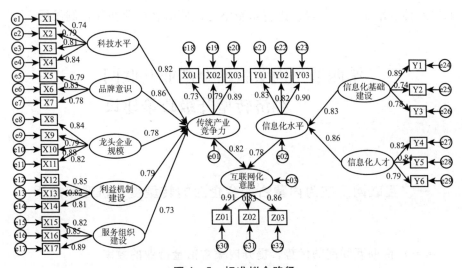

图 4 - 5　标准拟合路径

四、结论

经过实证分析可知，本书提出的 9 个假设均通过了结构方程模型的检验。科技水平、品牌意识、龙头企业规模、利益机制建设和服务组织建设将显著正向影响着传统冶金产业的竞争力；信息化基础建设和信息化人才将显著正向影响着内蒙古自治区信息化水平；传统冶金产业的竞争力和内蒙古地区信息化水平影响冶金产业相关人员的互联网经济转型意向。科技水平、品牌意识、龙头企业规模、利益机制建设和服务组织建设对传统冶金产业竞争力的影响因素分别为 0.67、0.56、0.74、0.73 和 0.72，对互联网经济转型意愿的影响分别为 0.6760（0.74 * 0.78）、0.7336（0.74 * 0.81）、0.7632（0.82 * 0.84）、0.6978（0.72 * 0.83）和 0.7642（0.72 * 0.83）。信息化基础建设和信息化人才对内蒙古自治区信息化水平的影响因素分别为 0.78 和 0.81，对互联网经济转型意愿的影响分别为 0.7864（0.76 * 0.84）和 0.7738（0.77 * 0.84）。由以上分析可知，在冶金产业科技水平、品牌意识、龙头企业规模、利益机制建设、服务组织建设、信息化基础建设和信息化人才建设七个方面进行相关改革，将会最终促使互联网对传统冶金产业的经济进行重新整合，使冶金产业快速稳健发展。

第四节　内蒙古冶金产业互联网经济转型升级政策建议

一、互联网正在为内蒙古冶金企业的转型提供机遇和抓手

（一）借助互联网的优势，提升内蒙古冶金行业的效率

（1）提升内蒙古冶金行业组织和资源配置效率。互联网拉近了内蒙古冶金企业与客户的距离，供需关系更加清晰，有利于内蒙古冶金企业提升组织效率，从而提高资源的配置效率。

（2）提升内蒙古冶金行业研发和技术效率。将互联网技术融入制造工艺技术和内蒙古冶金产品的研发创新中，成为一种既能提高研发效率又

能成为内蒙古冶金产品创新的一大工具。

（3）提升内蒙古冶金行业模式效率。互联网是连接内蒙古冶金产业链各环节的技术工具，是提升内蒙古冶金行业模式效率的重要手段。

（二）借助互联网实现内蒙古冶金行业的服务转型，推动冶金制造向智能化转型

内蒙古冶金企业的服务转型已经成为全内蒙古冶金行业的共识，互联网是助推内蒙古冶金企业服务转型的利器。

（三）借助互联网优势化解内蒙古冶金行业产能过剩的危机

冶金流通领域环节过多的混乱局面造成对真实需求的错误放大，内蒙古冶金行业的资源配置效率过低和错配等都是造成今天产能过剩危机的因素。主要体现在：第一，内蒙古冶金电商的蓬勃发展使内蒙古冶金行业供需形成对应关系，在一定程度上抑制产能过剩。第二，互联网技术在内蒙古冶金全产业链的应用能提高产业内资源的配置效率，实现效率重建，促使低效产能加快退出。第三，互联网能够有效地抑制内蒙古冶金行业的野蛮生长和投机盛行现象，有利于行业化解产能过剩问题。第四，互联网时代，内蒙古冶金市场的封闭被彻底打破，能够真正实现内蒙古冶金行业的优胜劣汰。

内蒙古自治区冶金产业互联网经济转型的事业，旨在大力发展互联网经济，充分发挥互联网在内蒙古冶金产业发展中的战略性、基础性和先导性作用，主动适应内蒙古冶金产业发展的新常态，促进内蒙古冶金产业的发展迈上新台阶。目前，互联网与云计算、大数据、物联网等新一代信息技术不断突破创新、加速应用，深刻改变着冶金生产、市场供给、市场服务和市场消费方式，并以前所未有的力度重塑内蒙古冶金产业。内蒙古自治区冶金产业正处在调整生产结构、加快转型升级的关键时期，推进互联网转型的冶金产业的发展，能够充分发挥互联网在稳增长、调结构、转方式和惠民生中的战略性、基础性和先导性作用，有利于推动内蒙古自治区

互联网冶金产业经济的发展，进而促进内蒙古自治区冶金产业的发展迈上新的台阶。互联网冶金产业经济的发展解决的是如何基于互联网技术快速深入应用和加快实现冶金生产与互联网经济市场的全面嫁接问题，既有发展重点，又有具体的政策举措。内蒙古自治区应该充分利用正在形成的云计算数据中心资源，基于自治区电子政务外网，建立和完善电子政务云中心，将全区各部门信息系统逐步迁移，逐步地扩大应用。

二、转化互联网优势，升级现代冶金产业发展的建议

（一）总体要求

为了大力发展内蒙古互联网冶金产业的发展，应该紧紧围绕内蒙古自治区冶金产业基础建设和工业转型升级需求，以推进两化（信息化和工业化）深度融合为主线，引导内蒙古冶金企业实现生产全流程的互联网转型，推动传统冶金产业实现生产方式、经济模式、产业结构的改造升级，加快信用、物流、安全、大数据分析等工业互联网配套体系建设，推动冶金生产方式和商业模式变革。积极开展智能制造和两化深度融合管理体系贯标工作。互联网是内蒙古自治区新型冶金产业发展的重要基础。基于此，需要积极推动互联网与云计算、大数据、物联网、移动通信等新一代信息技术产业融合发展、产用互动。充分整合内蒙古自治区软件和互联网领域的资源培育若干有特色的互联网冶金产业服务业。支持培育一批为传统冶金行业提供平台服务、软件服务、数据服务等专业服务的互联网服务商，为传统冶金企业量身定制个性化的互联网解决方案，并提供咨询、设计、数据分析挖掘、流程优化、运营管理等服务。针对冶金企业供应链管理，加快物联网技术支撑、公共服务和资源管理平台建设。推动云计算服务在互联网冶金企业领域的商业化运营，支持云计算服务创新和商业模式创新。开展大数据应用，鼓励冶金企业深度加工应用数据库，提供数据挖掘分析、精准营销和商业智能等大数据应用服务。推动移动互联网和各种

终端、行业融合，培育智能终端、软件及应用研发、内容与服务一体的产业链。

（二）政府政策措施支持

主要是围绕促进冶金产业集聚、培育冶金企业、鼓励创新冶金产业、强化市场带动、加强人才支撑、加大资金支持这些方面做好工作。

1. 要在促进冶金产业集聚方面下功夫

规划建设互联网冶金产业经济集中区，对符合条件的冶金生产园区、企业和重点冶金生产项目，在资源、经济等方面给予政策支持。以市场为导向，以企业为主体，以大众创业、万众创新为基础，充分发挥政府引导作用，推动互联网冶金产业的产业集聚。有条件的盟市结合云计算产业园和软件园建设，规划建设与当地经济发展相匹配的互联网冶金产业经济集中区。鼓励各地政府对互联网企业所需工作场所、人才公寓，以及云计算、数据中心等公共资源给予政策支持。在培育冶金生产企业方面，为互联网冶金产业企业的发展提供政策倾斜，从而培养出一批互联网冶金产业企业，对具有较强互联网特色的冶金企业给予政策支持。创新招商模式，推进以数据开发换项目、以平台建设招项目、以投资模式创新引项目，大力引进和推动阿里、百度、腾讯、京东等国内龙头互联网冶金企业优先向内蒙古自治区开放平台接口、数据资源和市场渠道，优先在内蒙古自治区建立培训或创业基地。加强资源整合，以特许经营等方式将公共服务平台、公共信息资源优先委托区内优秀企业运营开发，力争催生一批信息技术行业。在鼓励创新方面，放宽市场准入条件，简化行政审批手续，推进中小内蒙古冶金企业的发展，鼓励中小冶金企业在创新层面上做出贡献。放宽市场准入条件，互联网冶金企业登记注册可实行"先照后证"，支持以知识产权等非货币资产出资形式设立互联网冶金企业，简化互联网冶金企业住所登记手续，允许使用自有、租用的住宅或集中办公区域作为住所（经营场所）办理注册登记，实行"一址多照"。对于中小企业的互联网冶金产业的发展，应该给予政策与资金方面的支持。实施中小企业创业引领计划，搭建中小企业创业创新平台，鼓励和帮助中小型互联网冶金企业创业。对于符合创业扶持政策规定的重点孵化项目，内蒙古自治区应该采取资金资助、融资担保等方式给予支持。举办互联网创新创业大赛，对在内蒙古自治区落地注册企业的获奖项目，应该给予优先的政策与资金方面的资助。鼓励高新技术产业园区、科技企业孵化器、高校和社会性组织创建互联网众创园，支持发展"创客空间""创业咖啡""创新工场"等各种形式的众创空间等创业服务平台，形成大众创业、万众创新的新局面。有条件的地方政府可对众创空间等新型孵化机构的房租、宽带接入、公共软件、开发工具等给予适当财政补贴。在强化市场带动方面，内蒙古自治区应该推行基于云计算和互联网公共服务平台的信息服务外包，鼓励重点扶持的互联网冶金企业购买内蒙古自治区内云计算数据中心服务。发挥政府资金和政策的引导作用，深入推动信息消费业态培育、重大信息消费平台建设。加快制定并落实政府部门采购本地云计算服务商、互联网冶金企业的相关产品和信息服务的政策。普遍推行基于云计算和互联网公共服务平台的信息服务外包，大幅减少政府和企业自建数据中心，逐步推进各部门、各行业信息系统向云计算中心迁移，各级政府可通过各种途径给予支持。

2. 加强人才支撑

内蒙古自治区应该加大对互联网紧缺人才的引进和培养，对有突出贡献的人才及其团队、对创建培训基地的企业给予资金等支持。各级政府要加大对互联网紧缺人才的引进和培养。对于在国内外知名互联网企业或机构有 3 年以上工作经历且担任中高级以上职务的创业人员应该按照企业发展规模和创新水平给予一定的创业资金支持。同时，内蒙古自治区应该建立人才激励机制，对做出突出贡献的高端人才及其团队，内蒙古自治区财政给予其一定数量的经费资助，对团队研发和产业化项目给予优先立项支持，对团队核心成员职称评定、家属就业、子女入学、落户等方面提供绿色通道。内蒙古自治区内各高校要加大互联网行业相关专业人才培养力度，积极调整专业课程结构，加强对计算机专业应用技能型人才的培养，保障互联网冶金行业的人才供给。强化职业教育和技能培训，引导内蒙古自治区一批普通高校和职业技术学院向应用技术院校转型，建立一批实训基地。鼓励互联网、云计算企业设立培训机构，与内蒙古自治区互联网冶金产业相关产业园合作共同设立培训机构或实训基地，或与高校合作建设实训基地，由内蒙古自治区有关部门认定验收后，对这些基地与培训机构给予一定数额的资金支持。在资金支持方面，内蒙古自治区应该运用多种投融资方式，建立冶金产业发展基金，支持互联网冶金经济产业的发展。支持互联网冶金企业申请高新技术企业、生产性服务企业等认定，经认定的冶金企业按规定享受一定的税收优惠政策。调整内蒙古自治区服务业发展引导资金使用方向，支持冶金产业园区和公共服务平台建设、网络运营补助，以及引进优秀人才等。内蒙古自治区应该运用财政补贴、贷款贴息、融资担保和风险补偿等多种方式，鼓励吸引各类金融机构、私募基金和风投资金投资互联网冶金企业。鼓励互联网冶金企业通过贷款、私募债券、集合债券和集合票据等多种方式融资。

3. 加强互联网基础设施建设

在优化互联网冶金产业环境方面主要从提升网络基础、构建诚信体系、保障网络安全、加强宣传培训、强化合理推进五个方面着手。首先，在提升网络基础方面，实施宽带战略，鼓励市场竞争，打破市场垄断。提升宽带网络速率、信息服务质量和资源利用效率。优化资源配置，促进信息基础设施集约化建设和共享。深入实施宽带战略，支撑数字家庭、两化融合、公共服务、智慧城市等深度应用，以政府补贴或购买服务等方式支持公共场所提供免费无线宽带服务。积极争取国家政策，申请建立国家级互联网骨干直联点和区域国际互联网转接点，以及创建宽带示范城市等。鼓励市场竞争，进一步降低信息网络资费，提升宽带网络速率、信息服务质量和资源利用效率。打破网络接入垄断，允许多家电信企业、广电企业，以及其他信息技术企业进入同一住宅小区或办公楼宇或工业园区开展宽带接入，允许云计算服务商、互联网企业利用公路、铁路、石油、天然气、电力、广电等行业富余的通信管道资源承担内蒙古自治区异地灾备网络传输和本地网络接入业务。

4. 构建诚信体系，加强网络信用体系和可信交易保障环境建设

建立社会信用信息平台，加强对信息服务、网络交易行为、产品及服务质量等的监管。加强网络信用体系和可信交易保障环境建设，规范电子认证服务。加快建立社会信用信息平台，规范信用信息的公开和使用，鼓励符合条件的信用服务机构开发信用产品，提供信用评估服务。依法加强对信息服务、网络交易行为、产品及服务质量等的监管，实行严格的知识产权保护制度，严厉打击互联网领域知识产权侵权假冒行为，并将侵权、假冒行为纳入社会信用体系。

5. 保障网络安全

建立健全网络安全运行联动机制和保障体系，坚持网络安全与互联网冶金产业推进同步规划、建设、运行。引进培育国内网络安全品牌和骨干企业，培育支持本土网络安全企业，支持重点行业购买网络安全服务，加强自主可控安全产品的推广应用。建立网络安全信息运行机制，健全完善网络安全保障体系，实现互联网数据资源的安全存储与灾难备份，加快网络安全保障基础设施智能化和全覆盖。建立全区网络安全态势感知、监测预警、应急响应联动机制，推动重点行业和重点领域信息安全风险评估、信息安全等级保护和网络安全与保密检查的制度化、规范化、常态化。坚持网络安全与互联网冶金产业推进同步规划、同步建设、同步运行。在电子政务、电子商务、公共服务等领域推广使用电子签名及 EID（公民网络电子身份标识），鼓励数字证书在互联网上的应用。

6. 加大宣传力度，扩大对外交流

开展业务培训以加强宣传培训。支持举办互联网学术会议、发展论坛、创新沙龙、创业大讲堂等多层次、多形式、多受众的交流活动。组织评选年度互联网优秀企业和领军人物等。主要媒体开辟互联网冶金产业宣传专栏，定期报道先进，树立典型，营造鼓励创新、宽容失败的互联网文化氛围。分类分层开展互联网冶金产业业务培训。另外，在强化合力推进方面，建立内蒙古自治区互联网经济联席会议工作机制，联席会议办公室设在自治区经济和信息化委，联席会议召集人由内蒙古自治区人民政府分管领导担任，联席会议办公室设在内蒙古自治区经济和信息化委。涉及互联网应用和互联网产业发展的重大政策、重大规划、重大项目、资金安排等重大事项要经过联席会议研究审议。

总体来讲，内蒙古冶金产业的发展不是一朝一夕能彻底改变的，需要所有内蒙古自治区的冶金企业与自治区互联网产业的共同发展以促进内蒙古冶金产业的发展。因此，内蒙古自治区应该借助互联网冶金产业的发展契机大力革新，实现对传统冶金产业的巨大变革，从而实现互联网冶金产业经济发展的宏伟目标，促进冶金产业经济对于内蒙古自治区经济发展的贡献。

第五章

化工产业互联网经济
转型升级研究

第一节　内蒙古化工产业发展现状

广义的化工行业作为一个庞大的工业门类，是指从事化学工业生产和开发的企业和单位的总称。化学行业包括化工、炼油、冶金、能源、轻工、石化、环境、医药、环保和军工等部门从事工程设计、精细与日用化工、能源及动力、技术开发、生产技术管理和科学研究等方面的行业。

而狭义的化工行业指化学原料及化学制品制造业，包括基础化学原料制造，肥料制造，农药制造，涂料、油墨、颜料及类似产品制造，合成材料制作，专用化学品制造等。

在内蒙古地区化工产业主要包括煤化工、石化工、氯碱化工等方面，本书将针对这些产业来说明内蒙古自治区的发展现状、运用SWOT分析其优势和劣势、在现阶段发展中经济转型的问题，以及提出解决问题相应的措施。

一、内蒙古煤化工产业概况

（一）内蒙古煤化工产业现状

内蒙古自治区依托优势煤炭资源，以煤焦、电石、合成氨、甲醇等煤化工产品为基础，在传统煤化工领域形成了一定的产业优势。近年来，国家新型煤化工五大示范工程又全部落户内蒙古地区并陆续建成投产，形成了传统和新型煤化工产业并存的局势，成为国内有影响的煤化工产业大区。内蒙古煤化工产业从区域上可以分为 3 块。第 1 块是以呼伦贝尔、霍林河、赤峰克什克腾旗为主的东部煤化工产业基地，依托当地丰富的褐煤资源，以甲醇及其下游产品（包括二甲醚）、煤制天然气、烯烃及化肥等产品为主。第 2 块是以鄂尔多斯和包头为主的中部煤化工基地，产品主要以煤制油、煤制烯烃、二甲醚、天然气及合成氨等产品为主，包括以神华集团煤制油公司为龙头的乌兰木伦项目区、以汇能煤电集团为主的汇能煤化工项目区、以伊东集团为主的准格尔经济开发区，以及以伊泰集团、久泰集团为主的准格尔旗大路煤化工开发区，主要是大规模、高投资强度的新型煤化工项目。第 3 块是以乌海、阿拉善为中心的西部煤炭重化工工业区，依托乌海丰富的焦煤资源，以煤焦化和电石为主，主要工业园区有蒙西工业园区、棋盘井工业园区、乌斯太工业园区等。截至 2010 年年底，内蒙古自治区传统煤化工产品中焦炭产量 2114.15 万吨，占全国总产量的 5.45%；电石产量 411.78 万吨，占全国总产量的 28%；精甲醇 186.52 万吨，占全国总产量的 11.85%；合成氨 70.03 万吨，占全国总产量的 1.4%。新型煤化工产品实际产能分别为：煤制油 140 万吨、煤制天然气 100 亿立方米、煤制乙二醇 20 万吨、煤制烯烃 106 万吨。

内蒙古新型煤化工产业发展举世瞩目，神华鄂尔多斯分公司 108 万吨煤制油项目是全球首套煤直接液化的工业装置，全部采用神华自主开发的工艺技术；内蒙古伊泰集团 16 万吨煤间接液化项目是国内第一套以自主知识产权为主的合成油工业装置；神华包头 60 万煤制烯烃（30 万吨聚乙烯、30 万吨聚丙烯）、大唐多伦 46 万吨聚丙烯煤制烯烃项目，核心技术均为国内自主知识产权的甲醇制烯烃技术，由此奠定了我国在煤制油、煤制烯烃工业化生产领域的国际领先地位。

煤化工是以煤为原料，经过化学加工将煤转化为气体、液体和固体产品或半产品，而后进一步加工成化工和能源产品的过程。近年来我国煤化工规模快速扩大，中国各地在建和拟建的煤化工项目风起云涌。中国石化工业联合会公布的 2011 年上半年行业经济运行数据显示，全国在建和拟建的煤制油项目产能多达 4000 万吨，煤制烯烃产能达 2800 万吨，煤制天然气产能接近 1500 亿立方米，煤制乙二醇产能超过 500 万吨。倘若这些项目全部建成投产，中国将成为世界上产能最大的新型煤化工国家。其实，前些年的煤化工项目中，获得国家发改委正式批复的只占少数，大部分项目都是由各地政府自行批准的，有的项目甚至并未上报，未批先建现象并不鲜见，尤其是一些产能较小的项目。

内蒙古石化产业目前已经跃居地方六大支柱产业行列，成为带动内蒙古自治区经济发展的主力军。2011 年，内蒙古石油和化工行业实现工业总产值 1828.32 亿元，而 2005 年总产值仅为 193.82 亿元；2011 年，内蒙古石化产业总产值占全区国民生产总值的 12.8%，而 2005 年内蒙古石化产业总产值仅占全区国民生产总值的 4.98%。

在内蒙古石化产业构成中，煤化工约占全国总量的 58%、天然气化工约占全国总量的 15%、氯碱化工约占全国总量的 16%。目前，内蒙古已经初步形成了沿黄河、沿交通干线、资源富集地区的以煤化工、氯碱化工、天然气为主的产业格局，特别是，现代煤化工产业已经跃居世界领先水平。国家现代化煤化工五大示范工程全部布局在内蒙古，目前除煤制天然气即将全线投产以外，其余的煤直接液化、煤间接液化、煤制烯烃、煤制乙二醇均已成功投产，并进入商业化运营，同时五大示范工程的工艺技术、生产规模和技术装备都达到世界领先水平。截至 2011 年年底，内蒙古已经初步形成煤制烯烃生产能力 106 万吨，煤制油生产能力 142 万吨，煤制乙二醇生产能力 20 万吨、煤制二甲醚生产能力 20 万吨。

近年来，我国石油消费量飞速增长，对进口依赖日益严重，"富煤贫油少气"的资源富存，催生了与煤相关的化工产业的快速发展。与全国煤化工产业发展趋势一样，内蒙古自治区依托丰富的煤炭资源优势，煤化工产业发展取得了较大的成绩。煤化工产业在快速发展的同时，也积累了一些风险和问题，除产能过剩外，煤化工产业还受到技术路线不成熟、能耗高及水资源短缺等多方面因素的制约，整个行业亟须科学有序发展。

煤化工产业发展中面临的一些主要问题是煤化工以煤炭为基，将煤炭转换为气体、液体和固体产品或半产品并加工成化工、能源产品的工业，也是用煤替代石油转化为各种燃料和化工产品包括焦化、电石化学、煤气化等的过程。煤化工可分为传统煤化工和新型煤化工，传统煤化工包括制造焦炭、合成氨、电石、甲醇等；新型煤化工以生产可替代石油化工的产品为主，如煤制油、煤制气、煤制烯烃、煤制二甲醚等。由于我国能源结构存在"富煤、贫油、少气"的特点，近年来对石油的依赖日重，新型煤化工产品在石油替代和保障国家能源安全方面有着重要的战略意义。由于煤化工产业特点、工艺路线及配套条件的特殊要求，煤化工产业快速发展的过程中，凸显出来的一些问题值得关注。

（二）煤炭资源丰富，发展煤化工具有得天独厚的原料优势

内蒙古是国家重要的能源化工基地，截至目前已探明含煤面积 12 万平方千米，累计探明煤炭储量超过 7000 亿吨，居全国第一位。内蒙古 12 个盟市的 101 个旗县中，有 67 个旗县富存煤炭资源，查明的煤产地共有 442 处。在探明储量中，储量在亿吨级以上的大型、特大型煤田就达 36 处。多数煤田为整装煤田，埋藏浅、煤层厚、赋存稳定、构造简单、煤质优良，适宜于大规模、机械化开采，且相当一部分煤田适合露天开采。全区煤炭品种丰富，适宜发展各类煤化工产业。从 2006 年以来，神华、大唐及中煤等大型能源央企及区外知名能源企业纷纷进驻内蒙古对煤化工产业进行了大笔投资。

1. 内蒙古自治区地广人稀，环境容量相对较大，区位优越，离产品消费市场较近

相比山西，内蒙古地广人稀，具有较大的环境承载容量，发展煤化工项目具有先天优势；相比新疆、宁夏，内蒙古具有区位优势，离京津冀、东北经济圈更近，离华东、华南等化工产品集中消费地距离也较近，运输成本较低。内蒙古中西部一些地区国土空间内居民较少，发展大型化工项目具有较大的环境容量，能最大程度降低化工安全事故损失。内蒙古自治区煤炭分布较广，地理位置优越，是投资大型煤化工项目的较好选择地。

2. 传统煤化工产业蓬勃发展，新型煤化工产业起点高、规模大，产能释放蓄势待发

传统煤化工产业中，煤焦、电石及甲醇等煤化工产品在全国占有一定的市场份额，尤其是电石产量居全国首位，占全国总产量的1/3。以乌海、阿拉善为中心的西部煤炭重化工工业区，近年来围绕煤焦、电石产品通过淘汰落后产能、结构调整及延伸升级产业链，逐步形成了"煤炭—煤焦—煤焦油—其他煤化工产品"和"煤炭—电石—烧碱—PVC"能源化工及精细化工产业集群。

新型煤化工煤制油、煤制烯烃等五大示范工程均在内蒙古落地，这些项目投资额大、工艺设备先进，一些项目规模属于世界级水平，使内蒙古新型煤化工产业站在了很高的起点。神华鄂尔多斯108吨煤制油项目是世界第一套直接法煤制油品装置。大唐克什克腾旗煤制40亿立方米/年天然气项目是世界上最大的煤制天然气装置。通辽市金煤化工20万吨/年乙二醇项目是世界上第一套，也是目前最大的煤基乙二醇装置。

3. 发展煤化工产业具有较强的政策优势

内蒙古自治区属于西部地区，又属于边疆民族地区，既享受国家西部

大开发的优惠政策，又享受一些差异化的民族地区优先措施。2012 年 6 月，国务院又下发了《国务院关于进一步促进内蒙古经济社会又好又快发展的若干意见》（国发〔2011〕21 号，简称《意见》），《意见》政策含金量很高，其中提到"以资源环境承载能力为基础，依据国家规划适度发展煤化工产业，优先布局升级示范项目，适时推进产业化"。为内蒙古地区优先布局大型煤化工项目、加快推进煤炭产业深加工转化提供了强大的政策支持。

4. 传统煤化工产能过剩，新型煤化工投资存在过热现象

传统煤化工产品中，焦炭、电石及甲醇产能都存在一定程度的过剩，二甲醚生产装置也大量闲置。新型煤化工几大示范领域在建和拟建项目较多，据不完全统计，截至 2009 年全国在建和拟建的煤制油项目产能累计高达 4000 万吨以上，煤制天然气项目产能累计达 1500 亿立方米以上，甲醇制烯烃产能累计达 2800 万吨，煤制乙二醇产能达 320 万吨。不少煤炭富集省区都提出要建新型煤化工基地，并且制定了庞大的煤化工发展规划，煤化工建设出现了一定的过热迹象。

5. 部分新型煤化工工艺路线仍然不够成熟可靠，还处于示范过程，能否大规模推广有待进一步观察

煤化工领域如煤制油品，现在成功运营的也仅有间接法工艺的南非的 Sasol 公司。全国新型煤化工五大示范工程煤制油、煤制烯烃、煤制乙二醇、煤制二甲醚、煤制甲烷气均落地内蒙古自治区，但是截至 2012 年为止只有伊泰 16 万吨煤制油和神华包头 60 万吨烯烃项目顺利达产，其余项目仍处于试运行阶段，大规模生产的技术可靠性仍需继续观察。

6. 煤化工产业耗水量巨大，煤炭资源富集地区发展煤化工面临水资源匮乏难题

煤炭资源和水资源在我国呈"逆向分布"，即富煤地区往往水资源短

缺，比如山西、内蒙古、陕西、宁夏、新疆等。我国西部，拥有全国煤炭储量的65%以上，水资源却仅占全国储量的25%。

7. 煤化工产业属高耗能、高排放产业，对节能减排工作带来了巨大的压力，且全过程能源转换效率不高

受技术制约，煤炭在整体产业链中的能源转换效率不高，能源消耗和二氧化碳排放强度均高出全国工业行业平均水平的10倍以上。

8. 煤化工项目投资额巨大、石油价格波动性较大、煤炭价格长期仍将处于低谷

煤化工项目大规模推广面临不确定性因素较多，需科学测算其综合经济效益。新型煤化工项目投资巨大，动辄几百亿，其中大部分投资用于进口大型化工装置，投资回收期较长，不确定性因素较大。

9. 发展煤化工需"因煤制宜"

因为能源转化效率不同，并不是所有煤炭都宜于发展煤化工，不同品种的煤应用于不同的产品链。炼焦煤应优先用于煤焦化，褐煤和煤化程度较低的烟煤应优先用于煤液化，优质和清洁煤炭资源应优先用作发电、民用和工业炉窑的燃料，高硫煤等劣质煤可主要用于煤气化，无烟块煤应优先用于化肥。许多煤炭富集地区蜂拥而上的煤化工项目并没有考虑煤炭资源的分类使用和优化配置。

10. 水资源不足是内蒙古地区发展煤化工项目的最大制约

内蒙古自治区属于水资源贫乏省区，水资源分布不均匀，时空变化大。水资源短缺已成为内蒙古中西部地区发展煤化工项目的最大制约因素。

二、2014年内蒙古石化产业经济运行情况

2014年，内蒙古石化产业克服市场需求不振，部分产品价格低迷等

影响，行业生产、销售正常，市场供需总体稳定，主营业务收入增长，但利润有所下降。石油和化工行业面临成本上升、效益下滑的现实困难。

（一）经济总量有一定上升，利润总额有所下降

2014 年，内蒙古石油和化学工业在国内市场需求不足，在经济下行压力加大的形势下，经济总量总有一定的上升，但亏损企业亏损额较大，行业总体利润有所下降，石油和化工行业形势不容乐观，2014 年内蒙古石油和化学工业总资产达 3137.58 亿元，比上年增长 9.1%；主营业务收入 2486.93 亿元，比上年增长 7.3%；完成利润总额 127.2 亿元，比上年下降 24.8%；亏损企业亏损额达到 100.1 亿元，比上年增长 113.9%。化学工业资产总计 2551.34 亿元，比上年增长 9.3%；主营业务收入 1454.49 亿元，比上年增长 8.3%；实现利润总额 19.24 亿元，比上年下降 69.3%；亏损企业亏损额 96.77 亿元，比上年增长 116.1%。

（二）主要化工产品产量继续保持增长，三大石化产品领跑全国

2014 年，全区甲醇产量 6473 万吨，比上年增长 7.6%，占全国总产量的 17.3%，位居全国第一。电石产量 840.4 万吨，比上年增长 19.7%，占全国总产量的 33%，位居全国第一。聚氯乙烯、尿素增速较快，聚氯乙烯产量 314.2 万吨，比上年增长 36.7%，占全国总产量的 19.3%，位居全国第二；尿素产量 410.7 万吨，比上年增长 91%，占全国总产量的 56%，位居全国第六。单晶硅产量 9498274 公斤，比上年增长 43.8%，占全国总产量的 19.3%，位居全国第二，产能规模保持全国第一。多晶硅产量 8192565 公斤，增长 1%，占全国总产量 4.2%，位居全国第八。

三、内蒙古自治区氯碱化工产业发展现状

近年来，在全球能源价格居高不下的背景下，对资源和能源依赖程度较强的氯碱生产企业为了谋求更好、更快的发展，将发展重点逐步转移到

了自然资源储量丰富的西部地区，内蒙古自治区氯碱化工产业迅速崛起，主要呈现以下特点：

（一）产能迅速提升

内蒙古自治区已建成氯碱生产企业 8 家，烧碱产能 256 万吨，2011 年烧碱产量 174.9 万吨。PVC 产能 295 万吨，比 2005 年增长 5.7 倍，占全国总产能的 14.3%。2011 年产量 140.6 万吨，列在新疆、天津之后，位居全国第三。在建氯碱项目 8 项，烧碱产能 360 万吨，PVC 产能 390 万吨。氯碱生产企业平均生产规模 30 万吨，已呈现出加速向规模化发展的态势。

（二）大型生产装置增多

由于烧碱和聚氯乙烯属于基本化工原料，依靠大规模生产装置创造规模效益已经成为企业增强市场竞争力的一个非常重要的手段。内蒙古自治区依托西部地区丰富的煤炭、石灰石资源，以及西部大开发政策的实施，已建成或正在建设一批大型氯碱项目，如亿利资源集团有限公司年产 50 万吨 PVC 及配套项目，中谷矿业有限公司年产 60 万吨 PVC 及配套项目，鄂尔多斯市君正能源化工有限公司年产 60 万吨 PVC 及配套项目等，这些大型氯碱项目的建设将加速内蒙古自治区氯碱行业向规模化发展。

（三）装置技术水平提高

内蒙古自治区氯碱化工行业生产工艺技术装备水平居国内前列。烧碱生产均采用离子膜法生产工艺。内蒙古亿利资源集团有限公司电解槽采用世界最先进的意大利伍迪公司复极式自然循环电解槽，氯化氢合成采用日产 100 吨大型二合一石墨合成炉。内蒙古宜化化工有限公司采用国内领先的氯工程大型零极距电解槽技术，鄂尔多斯市君正能源化工有限公司 PVC 聚合装置采用 143 立方米大型聚合釜，电石项目采用国内最大的 80000KVA 炉型。鄂尔多斯氯碱化工借鉴意大利弗卡斯技术建成的利用电石炉气煅烧石灰双梁式汽烧窑装置属于国内首创。

（四）氯碱化工行业产业链已初步形成

"小三角"地区依托当地丰富的氯气、烧碱、纯碱、盐酸、硫酸等原辅材料，进一步延伸产业链，建设了一批染料中间体、医药中间体、农药中间体等下游精细化学品项目，如内蒙古腾龙生物精细化工有限公司氯乙酸、甘氨酸、亚磷酸二甲酯、三氯化磷、氯乙酰氯、伯酰胺、硫磷酯、氯乙酸甲酯、2，4－二氯苯氧乙酸等农药中间体项目，乌海市利康生物高科技有限公司氯代异氢尿酸、医药级腐植酸、三氯蔗糖、促进剂 DZ、氰尿酸、生态肥料、PVC 助剂项目，内蒙古紫光化工黄血盐、苯胺基乙腈、丙二酸酯、三聚氯氰等功能化学品项目，内蒙古东孚精细化学品有限公司三氯乙酰氯、三氯吡啶醇钠等氯系列产品项目等。

已建成 PVC 深加工项目 3 个，分别是海亮塑胶 8 万吨 PVC 管材、型材项目，乌海市盛远塑胶有限责任公司年产 8 万吨 PVC 软制品压延膜项目，内蒙古亿利塑业有限责任公司一期 20 万吨高端 PVC 型材、管材加工项目。

第二节 内蒙古化工产业发展问题分析

一、内蒙古自治区氯碱化工行业发展优势

内蒙古自治区氯碱化工行业重点布局在乌海—乌斯太—棋盘井（蒙西）沿黄河"小三角"地区，目前已形成以聚氯乙烯、烧碱、金属钠及其氯气深加工产品为主的氯碱化工产业，成为全国最大的电石法聚氯乙烯生产地。

（一）资源优势

石灰石资源丰富，乌海市优质石灰石储量达 200 亿吨，是少有的整装矿区。有较好的原盐来源，阿拉善湖盐资源非常丰富，现已发现湖盐产地 35 处，其中探明资源储量的产地 16 处，吉兰泰盐湖总储量达 1.6 亿吨，年开采量约 150 万吨，距乌海 350 公里的陕西榆林岩盐总量占全国的 26%。"小三角"区域发电装机容量已达 840 万千瓦，有各电压等级变电站 30 余座，变电总容量 600 余万千瓦，与蒙西电网通过双回 500 千伏和 220 千伏线路联网。"小三角"地区是国内氯碱化工原材料综合配套优势最突出的地区。

（二）基础优势

"小三角"地区 PVC 现有产能 160 万吨，远景规划总产能达到 500 多万吨。我国最大塑料交易所（广州塑料交易所 PVC 交易量占全国 27%）在乌海市已建成年产双 30 万吨 PVC、烧碱项目，同时在乌海建设西北塑料交割仓。利用其便利的销售渠道和便捷的信息通道，形成产品及价格的整体优势，为"小三角"地区 PVC 销售创造良好的条件和畅通的渠道。

二、内蒙古自治区氯碱化工行业存在问题

（一）氯碱行业产需失衡，市场竞争激烈，产品价格下跌，企业经济效益下滑

2012 年国内烧碱和 PVC 计划新增产能分别是 877.5 万吨和 498 万吨，烧碱和 PVC 的总产能达到 3800 万吨和 2400 万吨，产能已是需求的一倍，供大于求的形势非常严峻，而下游制品企业目前的需求依然很疲弱。以 PVC 为例，随着房地产市场的降温，PVC 消费量下降明显，在宏观经济及房地产市场继续走弱的情况下，PVC 市场处于步步下滑的发展趋势。

国内重点消费地区的电石法 PVC 从国庆节后至目前的平均跌幅中，高者达到了 170~200 元/吨，一般也达到了 100~200 元/吨。由于 PVC 价格持续走跌，内蒙古自治区有些企业销售价格在成本线下。加之 PVC 消费区域仍集中在东部地区，"西货东进""北货南下"的长途跋涉需要大量的运力和高昂的运费成本，利润空间被进一步压缩，目前内蒙古自治区部分氯碱企业处于亏损状态。

（二）产品品种单一，产业链条延伸不充分

内蒙古自治区氯碱化工行业主要以资源、能源价格优势和单一大宗产品获得经济效益，较多企业仍为传统的氯碱—电石法 PVC 简单生产模式，产品结构单一，产业链条短。市场需求量大的有机氯产品、高档产品、专用产品、深加工、高附加值产品规模小。虽然陆续引进和建设了一批氯碱化工的下游产品生产项目，但精细化工产品比例小，开发力度不够。聚氯乙烯产品通用牌号多，专用树脂少，低附加值产品多，高附加值产品少。氯碱化工行业大量初级产品直接外销的态势依旧未从根本上得以改变。

（三）缺乏高新技术人才和成熟技术

化学工业是技术密集型产业，科技含量与技术层次要求高。目前，内蒙古自治区氯碱企业自身没有研究机构，科研投入很少，自主创新能力弱，基本停留在项目建设时期引进的生产工艺和技术上，对延伸产品链条和自主开发下游产品缺少成熟技术和高新技术人才。

三、氯碱化工行业发展趋势分析

氯碱是传统化工行业，其发展已进入成熟期，市场供应充足，技术相对稳定，竞争比较激烈。从世界氯碱化工发展的态势来看，集约化和高科技将成为未来氯碱化工企业生存和竞争的关键所在。今后一段时期，内蒙古自治区氯碱化工行业仍将面临产能释放、能源价格上涨和市场增长放缓

等诸多挑战，在高速发展过程中累积下来的产业布局、产品结构等诸多问题也将制约行业发展，行业仍处于艰难的调整时期，部分缺乏竞争力的企业和装置将在残酷的市场竞争中面临淘汰的局面。"十二五"时期，政策、市场等多个层面引导氯碱化工行业逐步摆脱了单纯以追求规模扩张为目的的增长方式，进入了以"产业结构调整、提升行业增长质量"为核心的新的历史发展阶段。企业兼并重组，高附加值新产品制造技术的研发推广、先进生产工艺的广泛应用等将成为这一阶段氯碱行业发展的新趋势。

第三节 内蒙古化工产业互联网
经济转型升级路径研究

近年来，随着科技的进步和我国经济的发展，工业增长的不断加速和生活水平的不断提高进一步加大了我国对能源的需求，而在这些能源中，石油化工产业扮演着不可或缺的重要角色，石油化工行业一直以固有的线下交易模式发展着。其规模过于分散、行业集中度偏低、整个产业链偏长等问题使得其交易方式愈发与时代需求相脱节。如今，在互联网的浪潮下，石油化工行业转型和亟待创新已经成为迎合当下经济时代发展的重中之重。

工信部和发改委联合起草的"互联网＋"指导文件《国务院关于积极推进"互联网＋"行动的指导意见》（以下简称《意见》）于2015年7月公布。前述工信部内部人士称，这是一个偏宏观和长期的指导性方案，工信部正在制订更为具体和更具操作性的实施方案。

"互联网＋"就是"互联网＋各个传统行业"，是指利用信息通信技术及互联网平台，让互联网与传统行业进行深度融合，创造新的发展生态。

把传统化工业与互联网相结合，是传统行业在互联网基础上的升华，使两者互相融会贯通，产生更大的效率，从而实现"1＋1≥2"的效果，而不是简单地堆砌在一起，那样只是优化部分结构；要想把传统的化工行业和互联网很好地结合起来还需要制订培育新业态、新模式的行动计划，其内容一方面强调化工行业的经济转型，另外还包括对大数据、工业云等多种新兴业态的支持。所以，我们要在深刻理解"互联网＋"本质和充分认识能源问题的基础上，站在更高层面，以更广角度去思考。

一、"互联网＋"的本质

"互联网＋"本质上解决了一个问题，那就是效率问题！所谓互联网思维，实际上是基于"解决效率问题"的本质衍生出来的思维方式。用户思维提升了产品功能性和用户体验效率，迭代思维提升了产品更新效率，简约思维提升了核心功能使用效率，平台思维提升了各方参与衔接效率，跨界思维实际上就是高效率整合低效率！互联网的打法正是基于这种思维模式，降维打击，提高效率，实现独大。腾讯游戏打败任天堂是打掉了游戏硬件的维度，小米电视打击夏普、康佳打掉的是高毛利维度，360超越瑞星、江民打掉的是收费维度！如若再放眼 O2O、P2P、B2B、C2B 等商业模式，更是如此。

二、化工的理解

一是从化工内涵来看。"化工，即化学工业，普及人类生活的方方面面。在现代生活中，几乎随时随地都离不开化工产品，从衣、食、住、行等物质生活到文化艺术、娱乐等精神生活，都需要化工产品为之服务。有些化工产品在人类发展历史中，起着划时代的重要作用。它们的生产和应用，甚至代表着人类文明的一定历史阶段。凡运用化学方法改变物质组成或结构或合成新物质的，都属于化学生产技术，也就是化学工艺，所得的产品被称为化学品或化工产品"。在内蒙古地区，化工产业主要包括煤化工、氯碱化工、石油化工等方面。

二是从化工供应链来看。如果构建端到端的化工供应视角，其过程应是化工—传输—终端用户。

三是从具体内蒙古自治区化工发展前景来看。2011 年 6 月，国务院出台了《关于进一步促进内蒙古经济社会又好又快发展的若干意见》。此后，内蒙古确立了今后一段时期的重点发展战略，其定位就是要充分发挥资源丰富、靠近市场、基础较好的优势，做大做强特色优势产业，建设国家重要的能源基地、新型化工基地等。同时，内蒙古积极调整产业结构，以"依托而不依赖资源"为目标，由过去的以煤炭、矿产等资源型产业为主导，转变为资源型产业和非资源型产业协调发展，大力发展非资源型产业，鼓励在化工、新能源、高新技术等非资源型产业打造特色产业集群，构建多元发展、多极支撑的高端能源化工产业体系。

三、化工互联网的定位

一些化工企业觉得互联网离他们还很远，一些化工企业认为做一个企业网站或在淘宝开个网店就算是"互联网＋"了。"互联网＋"到底是什么？企业能做些什么？又该从何做起？业内绝大多数化工企业依然感到茫然不知所措。

而事实上，"互联网＋"对于化工企业的改造并不会像消费品零售行业那样翻天覆地，也绝非做个网站、开个网店那么简单。业内专家表示，"互联网＋化工"的核心将会围绕电子商务、互联网金融服务、智能制造、数字工厂等展开，随着互联网战略的推进，还会有诸如协同创新、重构产业生态环境等更为广泛和深入的推动力不断地被挖掘出来。

四、拥抱"互联网＋化工"建立创新思维

"当前，化工行业进入了新常态。受到国内外发展环境的影响，内蒙

古地区化工行业面临着产能过剩、成本上升、效益下滑、资源环境约束加大和创新能力不足等多重挑战,这些因素将长期影响行业的发展,亟须研究多种应对方式来推动产业的可持续发展。而'互联网+化工'、智能制造等新型信息技术的快速发展,为化工产业化解产业发展矛盾、实现转型升级、提升企业竞争力提供了一个重要手段。"下面以吉林市的化工企业为例。

吉林市经济技术开发区管委会副主任徐有吉表示,吉林是中国"一五"期间建立的老化工基地,目前已经形成了石油化工、合成材料、精细化工和生物化工在内的生产制造体系,化工产业基础扎实。但从长远的发展来看,在新一轮科技革命和产业变革中,如果企业不能主动适应新的发展环境,用"互联网+化工"的思维来改造传统的化工产业,最终将会面临被淘汰的命运。

吉林市工业和信息化局副局长曲博认为,在我国经济进入新常态的形势下,加强对"互联网+化工"的认知,树立新型的互联网新思维最为重要。只有用"互联网+化工"的新思维指导企业的生产经营,传统的化工企业才能获得新的发展动力,否则在这场信息革命的浪潮中就会被淘汰出局。而这种互联网的思维恰恰是企业所欠缺的。

吉林乾力化工有限公司是一家处理有机硅共沸物的环保型企业,经过3年的规划建设,年处理量2000吨的生产装置于上年建成投产,试生产成功,目前企业的生产即将步入正轨。但此时,公司总经理刘清国却开始犯难,目前公司还没有找到合适的销售人员。"公司刚开始发展,规模还不大,各方面的开支都要节省。而由生产环节省下来的一点钱,常常会被营销环节吃掉。销售环节猫腻太多了,三角债问题严重,企业在营销上的投入非常高。"

刘清国遇到的困难并非个案,目前在化工企业中普遍存在,有些问题还十分突出。比如销售回扣、商业贿赂、三角债等几乎是每家化工企业都无法回避的。不合法、不正常的销售行为不仅增加了企业的销售成本,同时也破坏了公平竞争的市场环境,扰乱了市场秩序。而基于互联网的电子商务平台的出现，有望为化工企业产品采购与销售搭建一个公开透明的交易平台，让生产企业摆脱非正常销售带来的困扰，提高营销效率，降低销售成本。

摩贝集团（MOLBASE）CEO常东亮表示："电商模式最大的优势在于改善和提高采购效率。它可以简化供应链环节，将产品流通环节的利润留给了生产企业和最终用户，供需双方都会从中受益。通过类似于'美团'的团购和集采模式，采购企业可以降低成本，而且也有助于供应商保持一个合理的库存水平，进而提高了企业资金利用效率。同时，电商平台集中和汇集了大量的市场信息，方便实现公开、公平、公正的电子商务交易。而公开透明的采购信息又可以有效阻断灰色交易，为企业提供一个公平竞争的市场环境。另外，互联网还具有信息传播范围广、速度快的特点，这有助于诚信企业快速树立品牌效应。"

在了解了化学品电商的基本情况后，刘清国表示，公司会尽快与电商平台运营商接洽，通过电商来推广销售自己的产品。徐有吉也表示："目前在吉林市经济技术开发区内的50多家化工企业中，已经有一半的企业对化学品电商产生了浓厚的兴趣，希望尝试一下这种新型的营销模式。"

然而，有别于普通的大众消费品的电子商务，化学品电商的建设要复杂得多。作为一家专业的化学品电商服务平台的负责人，常东亮对此有着深刻的理解："化工行业不仅产品多、链条长、企业分散、基础化学品产能过剩，而且产品品种庞杂、数量众多、规格型号复杂，加上原料价格变化迅速，市场供求变化大，客户对产品纯度和质量要求多样等，都使得化学品的网上交易更为复杂。目前大多数的化学品交易还是通过线下渠道完成，而线下交易的突出问题就是信息传递的不对称，导致产品交易效率极其低下，交易成本高，生产商无法精准把握市场动向。"

而随着互联网技术的进步，以及专业团队针对性的研发，化学品电商平台也相继面世。从2014年开始，包括农药、化肥在内的农资电商平台，以汽车市场为目标的车用化工品O2O平台相继问世，面向精细化学品的专业电商平台也迅速崛起。截至 2015 年，摩贝集团的电商平台客户已经超过 1.8 万家，月交易额超亿元，服务的企业数量月均 1500 家以上。

据了解，电商模式从根本上改变了传统的采购营销模式，扩大了市场的选择范围，而且突破了地域的限制，实现了信息的快速传递和广泛共享。化学品的电商平台正在重塑化工产业供应链的新格局。化学品电商不仅在供应链的整合上发挥了重要作用，而且也是解决产能过剩的重要手段之一。化学品交易平台能够及时准确地提供供需双方的实时信息，平台采集的大数据，还可以让企业与市场紧密相连，指导企业制定生产计划乃至项目规划。借助化学品电商平台，互联网在优化资源及其他生产要素配置上的优势也凸显出来，有助于化工行业通过市场手段解决产能过剩问题。

借助化学品电商平台，长期困扰中小企业发展的融资难的"瓶颈"也有望被打破。兴业证券股份有限公司研究所首席化工行业研究员郑方镳表示，有别于传统贷款必须提供房产证、土地证、股权或担保人等，电商平台的贷款门槛更低、更便捷。电商平台通过客户的在线交易情况，通过大数据分析，可以准确地把握企业的信誉和可靠度，在控制贷款风险方面比银行更有把握，放贷也就更便捷、更容易。依托电商平台提供的企业交易的大数据，企业的信誉评价体系比现有的银行业评价体系更加完善、可靠，银行业也会愿意参与其中提供更多的金融服务。

五、问卷设计与模型假设

由以上文献综述分析可知，影响内蒙古化工行业转型升级的主要因素有：科技水平、环境因素、油价因素、金融服务、国家政策、信息不对称、专业技术人才等因素，根据相关文献，编制了调查问卷，问题的回答采用国际通行的李克特 5 点量表（Likert Scale）打分法。"1"代表"非常不同意"，"5"代表"非常同意"。该问卷并没有采用李克特 7 点量表，是因为当选项超过 5 个时，大多数被访者将会缺乏足够的辨别能力，本调查在调查人员的努力下，共调查化工行业相关政府工作人员100名，大中型化工行业人员50名，化工行业产品加工厂领导30名，以及化工产品销售方领导30名，共发放问卷210份，有效回收200份。

（一）模型假设

传统化工行业的科技水平较低，是导致传统化工行业竞争力低的重要原因之一。以煤化工为例，煤化工技术不成熟，产品同质化现象比较突出，内蒙古自治区现代煤化工相关技术成熟度低，大规模工程化运营经验不足，技术风险较高，制约着煤炭产业转型升级发展。虽然内蒙古现代煤化工项目大多是国家确定的示范工程，采用了当今世界最先进的工艺技术和装备。但这些工艺仍然处于试验阶段，尚需经过工业示范试验才能逐步改进、完善、成熟。综上所述，提出假设H1。

H1：内蒙古自治区传统化工行业科技水平较低正向影响着化工行业的竞争力。

水资源匮乏及节能减排目标影响项目落地。煤化工属于高耗能、高污染、高排放行业，受制于水资源和污染排放等环境承载力。主要表现在：一方面水资源匮乏。每吨煤化工产品需耗水至少5吨，而内蒙古是水资源相对短缺的地区，同时水资源利用效率低，是一个工程性和资源性缺水不均衡地区；另一方面是污染物排放大。煤化工是排放较大的产业，煤直接液化制油、煤间接液化制油、煤制烯烃和煤制乙二醇，吨产品碳排放分别为5.8吨、6.1吨、11.1吨和5.6吨，煤制天然气是千标准立方米4.8吨CO_2排放量，在节能减排任务艰巨、国家污染物总量控制日益严格的环境下，二氧化碳排放问题制约了内蒙古现代煤化工的扩容。综上所述，我们提出假设H2。

H2：内蒙古自治区水资源短缺和大量污染物排放正向影响着化工行业的竞争力。

现代化工专业人才、技术规范和标准缺失是影响内蒙古化工行业竞争力的重要原因之一。许多煤化工技术仍然处于示范阶段，需要大量的人才，不仅是研发、设计人才缺乏，在运营和管理上高素质的人才也很稀缺，就连现场操作工人也需要较长的时间培训。同时，由于煤化工产品、煤制燃料的质量和物化性质与传统石油基能源化工产品有所不同，需要相应的使用标准和规范。但目前由于标准缺失，煤化工产品的生产、销售和使用也受到不利影响。由此，提出假设 H3。

H3：内蒙古自治区现代化工专业人才、技术规范和标准缺失正向影响着化工行业的竞争力。

近年来，中东地区的油气资源国不断致力于向下游延伸石化产业链，投资建设了多套大型石化生产装置。同时，美国页岩气革命不仅改变了美国能源供应和石化行业的前景，而且影响着全球能源产业结构。与此同时，全球性油价下跌，无疑对我国的煤化工产业带来了新的冲击。煤制油、煤制甲醇、煤制烯烃、煤制乙二醇等项目面对海外产品的竞争也值得关注。综上所述，提出假设 H4。

H4：油价下降、石化类低成本产品正向影响着内蒙古自治区化工行业的竞争力。

现代煤化工的金融服务相对滞后，一是金融服务供求关系长期失衡，内在创新动力不足。一方面，现代煤化工企业的金融需求呈不断上升和快速扩大趋势；另一方面，内蒙古自治区金融服务供给不足的问题仍然存在。近几年，银行行为控制风险，信贷产品多为满足企业流动性需求的保证性贷款，条件要求严格，而对企业发展中所需要的中长期贷款则相对不足，同时金融服务质量和效率低下。煤化工项目一般投资较大，所申请数量也较大，但金融机构分支机构在授权上受到了限制，每笔贷款都需要层层报批，手续烦琐，环节多，时间长。内蒙古地区属于边远落后地区，区域金融体系缺乏竞争性。金融产品和服务相对缺乏，风险管理手段和工具欠缺。二是信贷支持现代煤化工经济发展的机构性矛盾仍然突出。目前是，传统煤炭行业相对资金过剩，现代煤化工项目的资金则明显不足，而且这些项目是国家产业政策较为鼓励的项目，信贷支持的结构性失衡不仅不利于清洁煤炭产业的发展，同时会加大传统污染型煤炭产业的资金沉淀和资源浪费，对产业结构的调整和升级具有不利影响。综上所述，我们提出假设 H5。

H5：对现代煤化工的金融服务相对滞后正向影响着内蒙古化工行业的竞争力。

H6：市场上供求关系不顺畅造成的信息不对称正向影响着内蒙古自治区化工行业的竞争力。

H7：国家给予的政策支持力度正向影响着内蒙古自治区化工行业的竞争力。

H8：化工行业需要大规模的投资，资金回收周期时间长所造成的产业风险负向影响着内蒙古自治区化工行业的竞争力。

H9：化工行业的自主知识产权和创新能力正向影响着内蒙古自治区的化工行业的竞争力。

基于以上假设，化工行业互联网经济转型的影响因素模型如图 5 - 1 所示：

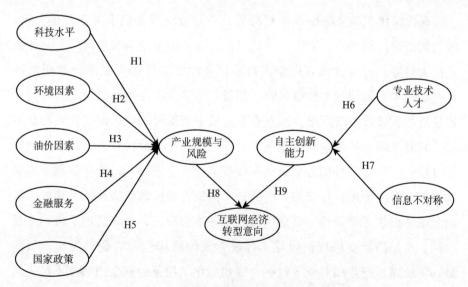

图 5 - 1 化工行业互联网经济转型的影响因素模型

（二）模型检验与结论

1. 模型检验

根据吴明隆所著的《结构方程模型——AMOS 的操作与应用》中指出，因素分析主要包括探索性因素分析和验证性因素分析。由于提出的图 5 - 1 模型是有相应的理论根据的，因此本书只需要做验证性因子分析即可。验证性因子分析是需要探究量表的因素结构模型是否与调查数据相一致，测量变量是否能够成为潜在变量的测量变量。

本书将分三个部分对此模型进行验证性因素分析：第一部分为科技水平、品牌意识、龙头企业规模、龙头企业规模、利益机制建设，以及服务组织建设；第二部分为信息化基础建设和信息化人才；第三部分为传统产业竞争力、信息化水平和互联网经济转型意向。其中，第一部分和第二部分为一阶验证性因素分析，建立多因素斜交模型，第三部分进行二阶验证性因素分析。

从整体而言，"传统产业竞争力"和"信息化水平"的一阶验证性因素分析，以及"互联网化意愿"的二阶验证性因素分析与实际观察数据的适配状况较好，即模型的外在质量较好，测量模型的收敛效度好。在验证性因素分析中，测量模型中并未出现观察变量横跨两个因素的现象，原先构建的观测变量均落在预期的因素中，说明该模型的区别效度良好。

数据经过信度与效度检验后，整体模型的 Cronbach's Alpha 值均大于 0.8，校正的项总计相关性均大于 0.7，最小 KMO 值均大于 0.7，AVE 值大于 0.6，CR 值均大于 0.8，表明量表具有较好的收敛效度。

2. 模型拟合

表 5 - 1 和表 5 - 2 显示了测量模型的各项拟合指标以及测量模型与数

据的适配准则。由表中的数据可知，提出的模型与测量数据拟合度较好。如图 5 - 2 所示。

表 5 - 1 结构性分析拟合指标

拟合指标	适配准则		模型实际值	拟合效果
	较好	良好		
CMIN/DF	2 ~ 3	1 ~ 2	2.276	较好
RMSEA	0.05 ~ 0.08	≤0.05	0.04	良好
GFI	0.8 ~ 0.9	≥0.9	0.912	良好
AGFI	0.8 ~ 0.9	≥0.9	0.90	较好
NFI	0.8 ~ 0.9	≥0.9	0.956	良好
CFI	0.8 ~ 0.9	≥0.9	0.979	良好
IFI	0.8 ~ 0.9	≥0.9	0.977	良好
RFI	0.8 ~ 0.9	≥0.9	0.943	良好

表 5 - 2 假设检验结果

假设	标准估计值	P 值	结论
H1	0.78	***	支持
H2	0.76	***	支持
H3	0.84	**	支持
H4	0.77	***	支持
H5	0.67	**	支持
H6	0.76	**	支持
H7	0.81	***	支持
H8	0.83	***	支持
H9	0.84	**	支持

注：** 表示 $p < 0.01$，*** 表示 $p < 0.001$。

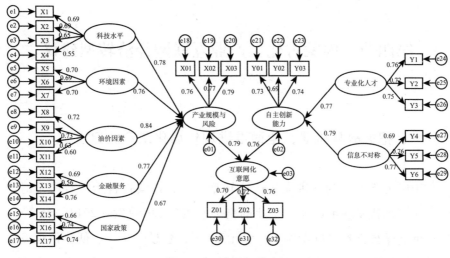

图 5 - 2　标准拟合路径

（三）结论

经过实证分析可知，本书提出的 9 个假设均通过了结构方程模型的检验。科技水平、环境因素、油价因素、金融服务和国家政策将正向显著影响着化工产业的竞争力；信息化基础建设和信息化人才将显著正向影响着内蒙古地区信息化水平；传统农畜牧产业的竞争力和内蒙古农畜牧地区信息化水平影响农畜牧相关人员的互联网经济转型意向。科技水平、环境因素、油价因素、金融服务和国家政策对传统化工产业竞争力的影响因素分别为 0.78、0.76、0.84、0.77 和 0.67，对互联网经济转型意愿的影响分别为 0.6474（0.78 * 0.83）、0.6308（0.76 * 0.83）、0.6972（0.84 * 0.83）、0.6391（0.77 * 0.83）和 0.5561（0.67 * 0.83）。信息不对称和专业化人才对内蒙古自治区传统化工产业的影响因素分别为 0.76 和 0.81，对互联网经济转型意愿的影响分别为 0.6384（0.76 * 0.84）和 0.6804（0.81 * 0.84）。由以上分析可知，在化工产业科技水平、环境因素、油价因素、金融服务、国家政策、信息不对称和专业化人才七个方面进行相关改革，将会最终促使互联网对传统化工业的经济进行重新整合，使化工产业快速稳健的发展。

第四节 内蒙古化工产业互联网经济转型建议

一、把握战略机遇，全面推进现代煤化工产业建设

2014 年 5 月，为促进煤炭产业转型升级，内蒙古自治区政府及时出台《关于加快发展重点煤炭企业的指导意见》（内政发〔2014〕55 号），鼓励重点煤炭企业"以煤为基、多元发展"，建设煤化工、低热值煤发电等煤炭转化项目和煤炭分质利用、煤机制造、煤炭物流项目。在重点煤炭相关项目建设审批，以及土地等相关要素供给上，应予以优先保障。鼓励重点煤炭企业建立技术研发中心，提高自主创新和媒体技术装备水平，加快煤炭工业的现代化、信息化、集约化、规模化发展。国务院专门部署，实施煤炭资源税改革，从 2014 年 12 月 1 日起，在全国将煤炭资源税由从量计征改为从价计征，税率由省政府在规定幅度内确定，同时对煤炭收费基金进一步清理，确保不增加企业整体负担。当前，内蒙古要用好用足各项产业扶持政策，紧紧抓住国家深入西部大开发、振兴东北老工业基地和国家大力支持内蒙古发展的战略机遇，以现有产业为基础，以化工园区为载体，以基础化工原料为基点，依托资源优势，调整产业结构，延伸产业链条。以高端化、大型化、规模化、循环化、一体化为导向，建设几个大型的煤化工产业集群、煤加工洁净化和产品精细化的现代煤化工产品链条及大型煤化工产业集团，重点推进煤制油、煤制二甲醚、煤制烯烃、煤制乙二醇、煤制天然气等现代煤化工示范项目产业化进程。

二、加强节能降耗，加快现代煤化工技术升级

内蒙古地区发展现代煤化工应坚持"符合国情，技术先进，经济合

理，环境友好"四原则，在继续完善现代煤化工试验示范项目的同时，全面做好煤炭深加工关键技术和国产化、大型化装备的试验示范工作。广大科技工作者通过技术进步，加快现代煤化工技术升级完善，提高煤转化的技术指标；煤炭企业上马煤化工项目，要在建立新工艺、新技术上，淘汰不符合行业标准入条件的项目，严格环评、安全生产审批。防止低水平、高污染、高耗能、高危害项目落地。要循环发展煤化工，现代煤化工应纳入循环经济体里统筹规划，实现煤、气、电化等综合发展。建立煤化工生态工业集群，将煤化工与建材、材料、发电废热利用不用产业的工艺技术集成联产，形成资源和能源的循环利用系统，最大限度地降低能耗、节约资源，减少对环境的污染和生态破坏。

三、合理有效布局，化解现代煤化工环境约束

对于水资源匮乏及草原生态环保等"瓶颈"问题，下一步内蒙古地区现代煤化工基地建设，将在新建、扩建项目中采取坚持量水而行的发展原则，大力推进水权置换，重点推广高科技含量的节水新技术、新工艺和新设备，提高水资源利用率。同时适当调整产业布局，在内蒙古地区水资源比较丰富的东部地区布局煤化工项目。在加强草原生态环保、控制污染物排放方面，内蒙古将加大项目的环评价力度，严格执行"三同时"制度，强化监督，切实从源头预防控制环境污染。加快产业聚集，延伸产业链，建立煤化工生态工业集群，减少对环境的污染和生态破坏，实现现代煤化工产业的"减量化、资源化、再利用"目标。

四、完善金融服务，提高现代煤化工支持效率

一是改进金融机构信贷管理模式。金融机构要进一步加大授权授信力度，增强支持现代煤化工经济的信贷供给能力，改善各家总行对内蒙古地区分支行审贷授权过小的现状，满足内蒙古地区煤炭产业转型升级发展所

需要的合理资金需求。二是优化煤炭产业信贷投放结构。金融机构要密切关注煤炭行业的政策调整、供求状况和价格变化，充分把握煤炭经济运行发展趋势，加大对煤炭市场分析研究和监测反映的力度适时调整信贷策略，不断创新业务品种，合理确定授信，继续支持符合贷款条件的煤炭企业健康发展。三是充分发挥金融部门的行业优势，完善金融配套服务，提升工作效率。灵活运用各种金融工具，提供结算、汇兑、转账和财务管理等多种金融服务，提升现代煤化工产业金融服务效率。转变经营理念，树立服务意识。积极发展地方性金融组织，鼓励外地银行在当地增设分支机构，弥补国有商业银行因信贷不足所造成的信贷缺口及外部竞争压力所形成的低效率。四是拓宽金融渠道，加大直接融资比例。现代煤化工企业要积极开拓新的融资渠道，通过发行企业短期融资券，缓解流动资金压力。同时，企业可充分利用证券市场作为中长期融资平台，以期获得强大的资金支持，实现企业的跨越式发展，通过采取发行债券和股票等方式，拓宽企业直接融资渠道，加大直接融资比例，改变直接融资与间接融资的比例失调局面，改善煤炭企业财务结构，实现煤炭企业的可持续发展。

第六章

机械制造产业互联网
经济转型升级研究

第一节　内蒙古机械制造产业发展现状

机械制造业又称机械工业，是指为国民经济各行业制造基础装备的战略性产业。高度发达的机械制造业既是实现工业化发展的必要条件，又是衡量一国（或地区）国际竞争力的重要标志，更是决定国家在经济全球化进程中国际分工地位的关键因素。内蒙古"8337"发展战略明确提出，作为内蒙古六大支柱产业之一的机械制造业，将发展成为现代化高端制造业，拉动内蒙古整体经济发展。

根据国家统计局颁布的中国产业标准分类，中国官方统计部门界定的"制造业"的范围主要是《国民经济行业分类与代码（GB/T 4754—2002）》中的门类 C，含 30 个大类，即 C1310～4320，169 个中类，482 个小类。制造业是一种对制造资源（物料、能源、设备、工具、资金、技术、信息和人力等）依据市场需求进行改造，转化为可供人们使用和利用的大型工具、工业品与生活消费产品的行业。

机械制造业是从事各种动力机械、起重运输机械、农业机械、冶金矿山机械、化工机械、纺织机械、机床、工具、仪器、仪表及其他机械设备等生产的行业。机械制造业为整个国民经济提供技术装备，是国家重要的支柱产业。根据国家统计局颁布的中国产业标准分类，机械制造业主要包括：金属制品业；通用设备制造业；专用设备制造业；汽车制造业；铁路，船舶，航空航天和其他运输设备制造业；电气机械和器材制造业；计算机通信和其他电子设备制造业；仪器仪表制造业八大类（如图6－1所示）。因此，本书主要从这八大类进行深入分析。

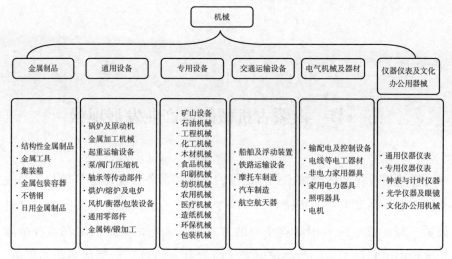

图6－1　机械制造业分类

资料来源：国家统计局网站。

一、内蒙古机械制造业发展历程

内蒙古机械制造业起步较早，但一直以来存在发展速度慢、产业规模小、品牌影响力弱、技术层次低，始终伴随着高投入、低产出、高能耗、低效率等问题，全要素生产率低下。机械制造业作为内蒙古六大优势产业之一，应加速产业转型升级，建设现代机械制造业基地，以培育内蒙古新的经济增长点。

1947 年内蒙古自治区成立时，当时内蒙古的工业基础是狭小的手工业作坊。内蒙古农牧业机械工业是从生产改良农具、新式农具开始的，主要有改良农具和半机械化农牧机具。同时，内蒙古自治区也开始布点建设现代化农牧业机械制造厂。

"一五"时期，国家发展建设的老工业基地，当时全国 156 个项目中的 5 个放在了内蒙古包头市，包钢、一机厂、二机厂、一电厂、二电厂的建立，奠定了内蒙古机械工业的基础。

"二五"时期，是内蒙古农牧业机械制造业发展的重要阶段。1959 年 4 月，中央提出"农业的根本出路在于机械化"。这个战略思想的提出和实践，推动了农牧业机械生产的发展。在此期间，内蒙古机械制造业主要生产各类大中小型农牧机械，研究的半机械化的农牧业机具的生产也有了进一步发展。并开始研究和实验风力提水和发电机械。

"三五"和"四五"时期，是内蒙古农牧业机械工业高速度的发展阶段。这个阶段主要发展各种农业机械产品，并且产量大幅度增长。至 1978 年，内蒙古初步建成了较为完备的制造业体系；从 1979 年开始，改革农牧业经济体制，开始实行"包产到户"，农牧业机械用量骤减，农牧业机械工业出现了萧条状态。工业机械制造业亟待发展。改革开放后至 20 世纪 90 年代初，以轻型制造业为主的行业迅猛发展，各类制造行业逐步齐全，机械制造业在整个工业中占据了主导地位，尤其在内蒙古包头市，机械制造业占据工业 GDP 的 80%。

"十一五"期间，内蒙古机械制造业得到快速发展，通过引进、培育大型企业为载体和成套技术为支撑的方式初步形成了集群化发展的模式。

"十二五"期间，《内蒙古装备制造业"十二五"规划》中将机械制造业作为未来内蒙古经济增长的重要动力。主要取得如下成就：一是自 2013 年起，内蒙古加大机械制造技术攻关，在"十二五"期末，形成 60 个销售收入超 100 亿元的主导产业突出、承接产业转移目标明确、规模较大、链条较长、协作配套水平较高的产业集群，形成工业经济的新增长点；二是截至"十二五"期末，呼和浩特、包头和鄂尔多斯三大装备制造业园区已初具规模，集群效应初步显现；三是"十二五"期间，内蒙古自治区引进更多国外、区外装备制造企业来内蒙古建立生产基地。2013年，内蒙古"8337"发展规划纲要明确提出，机械制造业作为内蒙古六大支柱产业之一将带动内蒙古经济大力向前发展；2014年，内蒙古为贯彻落实《国务院关于进一步促进内蒙古经济社会又好又快发展的若干意见》（国发〔2011〕21号），提出《内蒙古自治区现代装备制造产业发展规划（2013～2020年）》，努力把内蒙古建设成为我国现代装备制造产业基地，并进一步提出支持内蒙古现代装备制造产业加快发展的若干意见。上述一系列政策规划的提出为内蒙古自治区在"十三五"期间推动机械制造业发展奠定了良好的政策基础。

2016年作为"十三五"的开局之年，国家及内蒙古自治区一系列政策规划的出台，为内蒙古机械制造业的发展带来了新的契机。《中国制造2025》，标志着我国实施制造强国战略第一个十年的行动纲领，是我国制造业发展和制造产业升级的最高指导文件，该文件的出台为我国制造业的发展带来了新的机遇。

二、内蒙古经济发展总体情况

（一）基本概况

发展先进机械制造业需要引领科技创新，尤其是重大机械技术的研发需要大量资金支持，内蒙古自治区整体经济发展水平将直接影响内蒙古机械制造业的发展水平。2014年，内蒙古 GDP 为 17770 亿元，较上年增长7.8%；人均 GDP 为 71046 元，较上年增长 5.3%（如表 6-1 所示）。

2004～2014 年内蒙古 GDP 呈现逐年上升趋势，2014 年较 2004 年，内蒙古 GDP 总值增长了近 5 倍，2014 年较 2009 年内蒙古 GDP 总值增长了 2 倍，内蒙古 GDP 大幅度增长，为机械制造业发展奠定了良好的基础（如图 6-2 所示）。

表 6 – 1　　　　　　2004～2014 年内蒙古 GDP 及人均 GDP

年份	GDP（亿元）	人均生产总值（元）
2004	3041.07	12728
2005	3905.03	16285
2006	4944.25	20523
2007	6423.18	26521
2008	8496.20	34869
2009	9740.25	39735
2010	11672.00	47347
2011	14359.88	57974
2012	15880.58	63886
2013	16832.38	67498
2014	17770.00	71046

资料来源：2005～2015 年《内蒙古统计年鉴》。

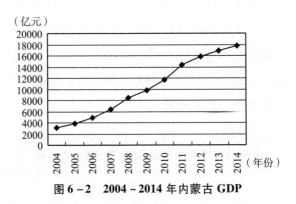

图 6 – 2　2004～2014 年内蒙古 GDP

资料来源：2005～2015 年《内蒙古统计年鉴》。

　　如图 6 – 3 所示，2004～2014 年内蒙古人均 GDP 呈逐年上升趋势，2014 年，内蒙古人均 GDP 为 71046 元，为全国人均 GDP 的 1.5 倍。2014 年较 2013 年增长了 5.3%。说明内蒙古整体经济发展势头良好。

图 6 - 3   2004~2014 年内蒙古人均 GDP

资料来源：2005~2015 年《内蒙古统计年鉴》。

（二）产业结构

1. 内蒙古三次产业总量及占比情况

总体来看，2004~2014 年内蒙古地区的人均 GDP 有较大提高，内蒙古地区产业结构发生了根本性变化，第一产业比重持续下降，工业比重逐年增加，第三产业所占比重逐年下降。如表 6 - 2 所示，截至 2013 年，内蒙古三次产业占比分别为：9.5%、54%、36.5%，全国平均水平为 10%、44%、46%，内蒙古第三产业所占比重较低。

表 6 - 2 　　　　　　　2004~2013 年内蒙古 GDP 及三次产业结构

年份	生产总值（亿元）	第一产业		第二产业		第三产业	
		绝对值	占比（%）	绝对值	占比（%）	绝对值	占比（%）
2004	3041.07	522.80	17.2	1248.27	41.0	1270.00	41.8
2005	3905.03	589.56	15.1	1773.21	45.4	1542.26	39.5
2006	4944.25	634.94	12.8	2374.96	48.1	1934.35	39.1
2007	6423.18	762.10	11.9	3193.67	49.7	2467.41	38.4
2008	8496.20	907.95	10.7	4376.19	51.5	3212.06	37.8

年份	生产总值 （亿元）	第一产业		第二产业		第三产业	
		绝对值	占比（%）	绝对值	占比（%）	绝对值	占比（%）
2009	9740.25	929.60	9.5	5114.00	52.5	3696.65	38.0
2010	11672.00	1095.28	9.4	6367.69	54.5	4209.02	36.1
2011	14359.88	1306.30	9.1	8037.69	56.0	5015.89	34.9
2012	15880.58	1448.58	9.1	8801.50	55.4	5630.50	35.5
2013	16832.38	1599.41	9.5	9084.19	54.0	6148.78	36.5

资料来源：2005~2014 年《内蒙古统计年鉴》。

内蒙古第三产业在 GDP 中所占的比重及增速，远远低于国内四大城市。因此，内蒙古未来需要大力发展第三产业（如表6-3 所示）。

表6-3　　　　　　　　2013 年国内四大中心城市产业结构情况

指标名称		广州市	北京市	上海市	深圳市
三次产业 比例（%）	第一产业	1.5	0.8	0.6	0.04
	第二产业	33.9	22.3	37.2	43.43
	第三产业	64.6	76.9	62.2	56.53
三次产业 增速（%）	第一产业	2.7	3	-2.9	-19.8
	第二产业	9.2	8.1	6.1	9.0
	第三产业	13.3	7.6	8.8	11.7

资料来源：广州市、北京市、上海市、深圳市统计局。

2. 内蒙古第三产业增速逐年走低，比重持续下降

如图6-4 所示，2004~2013 年内蒙古第三产业在 GDP 中所占的比重逐年下降，从 2004 年的 41.8% 下降到 2013 年的 36.5%，发展第三产业将为内蒙古整体经济发展带来新的活力。

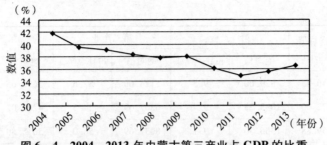

图 6 - 4   2004 ~ 2013 年内蒙古第三产业占 GDP 的比重

资料来源：2005 ~ 2014 年《内蒙古统计年鉴》。

3. 内蒙古第三产业在全国总量位次保持稳定，增速位次后移明显

自 1992 年全国第三产业普查以来，内蒙古第三产业增加值增速一直保持在 12% 以上，其中增速最低年份的 1996 年，也达到 12.3%。1990 ~ 2010 年，全区第三产业增加值年均增速高达 14.8%，与 GDP 年均 14.0% 的速度基本保持同步增长，协调发展。但从 2010 年开始，全区第三产业发展速度明显回落，并呈逐年下滑态势，增速自 2012 年上半年跌破 10% 以来，逐年持续下跌，2013 年全区第三产业增加值的增速跌至 7.1%，进入 2014 年以来，第三产业增加值仅 6.7%，增速继续走低（如表 6 - 4 所示）。

表 6 - 4   2004 ~ 2014 年来内蒙古第三产业在全国的增速和位次

年份	全国第三产业总量（亿元）	内蒙古第三产业总量（亿元）	内蒙古第三产业总量全国位次	全国第三产业增速（%）	内蒙古第三产业增速（%）	内蒙古第三产业增速全国位次
2004	64561.29	1270.00	19	10.1	22.0	1
2005	74919.28	1542.26	20	12.2	18.1	1
2006	88554.88	1934.35	16	14.1	15.9	4
2007	111351.95	2467.41	16	16.0	16.0	8
2008	131339.99	3212.06	15	10.4	15.8	1
2009	148038.04	3696.65	14	9.6	15.0	3
2010	173595.98	4209.03	15	9.8	12.4	8

续表

年份	全国第三产业总量（亿元）	内蒙古第三产业总量（亿元）	内蒙古第三产业总量全国位次	全国第三产业增速（%）	内蒙古第三产业增速（%）	内蒙古第三产业增速全国位次
2011	205205.02	5015.89	15	9.4	12.4	8
2012	231934.48	5630.50	15	8.1	10.0	19
2013	262203.79	6148.78	16	8.3	7.1	31
2014	306739	6922.55	16	8.1	6.7	31

资料来源：2005~2014 年《中国统计年鉴》。

2004~2014 年期间，内蒙古第三产业总量和增速在全国的位次较高，说明这 10 年内蒙古第三产业总量在全国一直居于中游水平，即使增速有明显回落，但总量上全国仍处稳固地位。

4. 内蒙古生产性服务业在第三产业中的发展情况

生产性服务业是一种为保持工业生产过程的连续性，促进工业技术进步、产业升级和生产效率，提供的保障服务行业。生产性服务业主要包括交通运输，仓储和邮政业，信息传输，计算机服务和软件业，金融业，租赁和商务服务业，科学研究、技术服务和地质勘查业，它是与制造业直接相关的配套服务业，是从制造业内部生产服务部门独立发展起来的新兴产业，本身并不向消费者提供直接的、独立的服务效用。它依附于制造业企业而存在，贯穿于企业生产的上游、中游和下游诸环节中，以人力资本和知识资本作为主要投入，把日益专业化的人力资本和知识资本引进制造业，是第二、第三产业加速融合的关键环节。发达国家的产业结构普遍存在"两个70%"现象，即服务业占 GDP 的 70%、生产性服务业占服务业的 70%，而内蒙古服务业占国内生产总值比重及生产性服务业占服务业的比重均不足 40%，差距十分明显，除交通运输、仓储和邮政业外，其余各个门类都较为薄弱，由此决定了内蒙古服务业整体竞争力的低下和结构的非优化，内蒙古应加快发展生产性服务业，提升其现代化水平（如表 6 - 5 所示）。

表 6 - 5　　　　2004 ~ 2013 年内蒙古生产性服务业占第三产业比重　　　　单位：%

年份	交通运输、仓储和邮政业	信息传输、计算机服务和软件业	金融业	租赁和商务服务业	科学研究、技术服务和地质勘查业	占第三产业比重
2004	23.9	4.6	4.4	2.3	1.6	36.8
2005	23.5	4.2	4.4	2.3	1.6	36
2006	23.3	3.8	5.7	2.2	1.5	36.5
2007	23.5	3.4	6.3	2.1	1.5	36.8
2008	21.7	3.3	6.8	2.9	1.6	36.3
2009	20.9	3.2	7.9	2.8	1.6	36.4
2010	20.8	3.1	8.2	7.3	1.5	40.9
2011	20.7	2.9	8.9	3.5	1.5	37.5
2012	21.1	2.8	8.9	3.6	1.5	37.9
2013	21.2	2.7	9.2	3.8	1.5	38.4

资料来源：2005 ~ 2014 年《内蒙古统计年鉴》。

总之，加快制造业与服务业的协同发展，推动商业模式创新和业态创新，促进生产型制造向服务型制造转变，大力发展与制造业紧密相关的生产性服务业，推动服务功能区和服务平台建设，是促进内蒙古机械制造业转型升级的保障和动力。

（三）规模布局

制造业规模，是一个国家或地区制造业发展规模和水平的体现，大力发展机械制造业将标志着内蒙古迈入多元发展的产业体系。在经济快速发展进程中，内蒙古自治区政府加大政策、金融扶持力度，推动机械制造业快速发展。各盟市优化调整产业结构力度，积极推进产业转型升级，内蒙古机械制造业的投资项目不断增多，项目的引进、开工和投产速度不断加快。在政府的大力支持下，大批民营机械制造企业也逐渐成长壮大，目前内蒙古的机械制造业正处于快速发展时期。近几年，机械制造业的迅速发展为内蒙古解决了就业、交通及节能减排等众多问题。2008 年，内蒙古自治区机械制造业完成固定资产投资 169 亿元，同比增长 63%，全区规模以上机械制造业超过 200 家，吸纳就业人口达 8 万余人，产值达到 410 亿元，增加值达 136 亿元，利税达 15 亿元。到 2013 年，内蒙古自治区机械制造领域的工业销售产值已突破 1478 亿元，同比增长 22.4%，吸纳就业人口达 10 万余人，工业占比和利润也得到了显著提升。

内蒙古根据《内蒙古自治区现代装备制造产业发展规划（2013～2020 年)》确定了发展目标和发展重点，立足资源、区位和产业基础的实际，并出台一系列政策措施，尤其是加大了扶持力度，使得现代装备制造产业基地建设成效显著。2014 年，全区装备制造业完成投资 5546.92 亿元，同比增长 16%，占工业固定资产投资的 47%。规模以上装备制造业实现增加值同比增长 16.1%，较上年提高 6.6 个百分点。

1. 总体规模

机械制造业总体规模反映了一个地区机械制造业发展的总体水平。所以本书选用内蒙古自治区 2009～2013 年机械制造业的总产值、增加值、资产总量和从业人数 4 个指标来测度现阶段内蒙古机械制造业的总体发展水平（如表 6－6 所示）。

随着我国经济的发展和产业结构的调整，机械制造行业在国民经济中的地位也不断改变。2009～2013 年内蒙古机械制造业总产值稳步增长（如图 6－5 所示）。2013 年机械制造业总产值占内蒙古 GDP 的 8.7%，机械制造业行业增加值呈现先上升后下降的趋势，在 2013 年达到 270 亿元。资产总量呈现逐年上升的趋势，2013 年达到 1390.4 亿元。行业吸纳就业人员数量较稳定，2013 年共吸纳 10.34 万人就业。

表 6 – 6　　　　　　2009～2013 年内蒙古机械制造业的总量水平　　　　单位：亿元

年份	总产值	增加值	资产总量	从业人数（万人）
2009	886.14	375.82	760.20	10.42
2010	1067.16	181.02	1011.97	11.70
2011	1261.45	194.29	1028.46	10.52
2012	1208.72	– 52.73	1120.74	10.40
2013	1478.72	270.00	1390.40	10.34

资料来源：《中国工业统计年鉴》《内蒙古统计年鉴》。

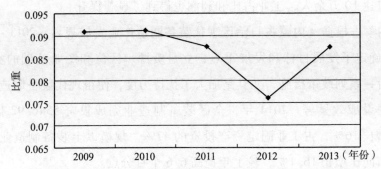

图 6 – 5　2009～2013 年内蒙古机械制造业总产值占 GDP 比重

资料来源：2009～2014 年《中国工业统计年鉴》。

2. 各子行业发展情况

内蒙古机械制造业各子行业的发展情况，反映出内蒙古机械制造业行业细类的发展平衡程度。从表 6 – 7 可以看出，金属制品、汽车制造业，以及电气机械及器材制造业三个子行业的比重比较高，2013 年这三个子行业占整个机械行业的 64.7%，2012 年这三个子行业占整个机械行业的 71.0%。其中，通用设备制造业、专用设备制造业、计算机、通信和其他电子制造业、仪器仪表制造业所占比例呈稳健增长趋势。总之，金属制品、汽车制造业，以及电气机械及器材制造业已经成为内蒙古机械制造业的优势子行业。

表 6 - 7　　　　　　内蒙古机械制造业子行业工业总产值变化　　　　单位：亿元

行业	2009 年	2010 年	2011 年	2012 年	2013 年
金属制品	94.53	155.7	153.17	447.72	438.08
通用设备	152.05	164.26	233.3	156.49	200.92
专用设备	259.58	221.29	256.91	117.30	189.41
汽车制造业	—	—	—	269.03	206.44
铁路、船舶、航空航天和其他运输	168.88	282.72	312.06	37.39	42.88
电气机械和器材	107.6	187.16	252.02	252.17	311.63
计算机、通信和其他电子	101.19	52.76	52.82	81.17	83.74
仪器仪表	2.31	3.27	1.17	3.94	5.62

资料来源：《2014 年中国工业统计年鉴》。

3. 港澳台、外商资本投资情况

如表 6 - 8、图 6 - 6 所示，2009 ~ 2010 年随着内蒙古机械制造业港澳

表 6 - 8　　　　2009 ~ 2013 年港澳台、外商资本与实收资本的占比情况　　单位：亿元

项目	2009 年	2010 年	2011 年	2012 年	2013 年
实收资本	133.53	166.05	185.18	202.11	221.21
港澳台、外商资本	7.13	10.61	10.05	7.23	5.89
占比	5.30%	6.40%	5.40%	3.60%	2.70%

资料来源：2009 ~ 2013 年《中国工业统计年鉴》。

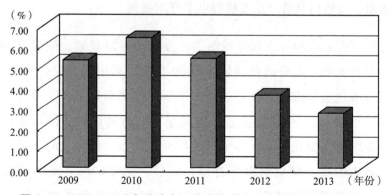

图 6 - 6　2009 ~ 2013 年港澳台、外商资本在实收资本中的占比情况

资料来源：2009 ~ 2013 年《中国工业统计年鉴》。

台、外商资本额的迅猛增长，与实收资本的占比呈现出了上升趋势。但好景不长，由于 2011～2013 年内蒙古机械制造业的港澳台、外商资本额逐年减少，导致与实收资本的占比又出现了下降态势，这说明港澳台、外商资本的数量是内蒙古机械制造业产业转型升级的动力。

第二节　内蒙古机械制造产业发展问题分析

通过对内蒙古机械制造业产业优、劣势、机遇及威胁的深入分析，为进一步探寻内蒙古机械制造业产业转型升级的影响因素，提供研究依据。

一、优势

机械制造业快速发展需具备三个条件：一是核心要素能够廉价且大量供应；二是与产业升级相适应的基础设施配套完善；三是新旧制度能够降低产业升级的成本。从这三个维度来看，内蒙古在发展机械制造业方面有如下优势：

（一）内蒙古自治区上游原材料工业发达，煤电水运供给充足，土地资源丰富，为机械制造产业发展提供了坚实基础

首先，内蒙古拥有支撑机械制造业发展的能源基础。截至 2014 年，内蒙古累计查明煤炭资源存储量逾 8000 亿吨，居中国首位。内蒙古铅、锌、铜等有色金属成矿条件好，储量丰富。探明铅储量 893 万吨、锌储量 2270 万吨，均居全国第 1 位；铜储量 670 万吨，居全国第 4 位。包头的白云鄂博大型铁矿是世界罕见的以铁、稀土、铌为主的多金属共生矿，该矿山的稀土储量居世界首位，而钪、铕等矿产资源储量也很丰富，还可以就近利用俄蒙有色金属资源，发展有色金属加工业前景广阔。冶金资源能够为内蒙古发展机械制造业提供多品种、多规格且廉价

的原辅材料。此外，截至 2013 年，内蒙古可供电量为 2181.91 亿千瓦时，居全国首位。上述能源基础为内蒙古机械制造业的发展奠定了良好的物质基础。

其次，内蒙古自治区掌握了发展机械制造业的技术优势。内蒙古拥有五大类国家重要的煤化工战略技术储备项目，掌握了 100 多项煤炭加工利用专利技术，已形成 140 万吨煤制油、106 万吨煤制烯烃、520 万吨煤制甲醇、20 万吨煤制乙二醇、13.3 亿立方米煤制天然气生产能力。一机、二机的重型货车、工程机械、矿山机械、铁路车辆制造在全国具有一定的市场份额和较强的竞争力，一些盟市的汽车、风电设备、化工设备生产也已形成一定规模，具备了大规模产业化发展的技术基础和条件。

（二）内蒙古自治区下游交通、矿采、电力等机械装备需求量大，为机械制造业提供了较大的市场空间

内蒙古是全国重要的能源基地，随着煤矿、风力发电产业的大力推进，将为机械制造业提供良好的发展前景。

第一，物流量的大幅度增加，为发展公路、铁路运输所需的载重汽车、铁路车辆等运输设备带来了发展机会。内蒙古及周边的山西、陕西、宁夏、甘肃等地，均是以资源型经济为主导的地区，每年有大量的煤、焦炭、金属材料、农畜产品、铁矿石、氧化铝、水泥等大宗物产需要运进运出，仅内蒙古每年的货物周转量就达到 2000 多亿吨公里。丰富且大进大出的物产资源必然会拉动公路交通运输设备制造、物流事业的蓬勃发展。

第二，内蒙古近年来充分发挥比较优势，借助国家西部大开发的有利时机，经济建设快速发展，全区固定资产投资、GDP、工业增加值、城镇居民人均可支配收入增速连续两年位列全国第一。一大批项目的实施，为发展矿山采掘设备、矿用汽车、工程机械、电站及输变电设备、管道石化设备、环保设备等创造了难得的市场机遇。

第三，内蒙古煤炭产量目前已超过 10 亿吨，其他矿产资源开采量也较大，相应的采掘、洗选、运输设备需求很大。依托现有产业基础，紧扣内蒙古内市场需求，现代机械制造业完全能够做大做强。

（三）内蒙古自治区利用龙头企业，完善机械制造业产业升级所需的基础设施配套

内蒙古机械制造业基础条件较为成熟，其中内蒙古包头市在国家"一五"期间就成为我国重工业发展基地，原因有三点：

一是内蒙古一机集团和北方重工业集团是机械制造行业的主力军。这两大军工企业制造设备精良，科研技术力量雄厚，工艺水平先进，现代化管理手段齐全，并且形成了一批核心产业，可以带动内蒙古机械制造业的发展。

二是部分新产品新技术处于国内领先地位。北重集团自主研制生产的P92 钢管，结束了我国百万千瓦以上火电机组关键材料长期依赖进口的历史；一机集团研制出国内首台 280 千瓦永磁同步节能电动机，高速动车组大型铝合金枕梁和抗侧滚扭杆总成系列产品，打破了国外的技术垄断；3.6 万吨黑色金属垂直挤压机是世界最大、国内首套重型垂直挤压设备，被列为国家新时期十大技术装备之一；大吨位电动轮非公路矿用自卸车、1800 吨精锻机、井下救生舱、防暴运输设备、百米线控掘进机、核磁共振影像系统、AP1000 三代核燃料元件等填补了国家空白或达到了行业领先水平。

三是成立机械制造业企业科技示范园区，提高了企业技术创新能力。内蒙古包头市作为内蒙古自治区制造业发展的重要基地，在能力创新及科技示范方面起到了很好的表率作用：包头市拥有院士工作站 13 家，创新型装备制造企业达到 42 家，拥有 2 个国家级和 9 个自治区级企业技术中心、8 个自治区级以上工程研究中心和 8 个企业研发中心，数量均居内蒙古首位；2013 年，规模以上装备制造企业研发投入 15.11 亿元，占到主营业务收入的 2.03%；包头先后引进了中国科学院、北京大学、浙江大学、上海交通大学在包头设立研发中心或研究院，其中北京大学包头研究院设立了 12 个研究所，浙江大学包头研究院确立了 18 个研发中心和 1 个技术服务平台，注册成立 3 个产业化公司，在整个机械制造业发展过程中已初步形成产学研相结合，龙头企业带动的完善系统。

二、劣势

（一）内蒙古机械制造业自主创新能力较差

创新是企业成长和获利的关键性驱动因素，是企业获得永久性竞争优势的主要来源，但同时创新也是一个高投入、高风险的经济活动。内蒙古机械制造业在自主创新方面存在以下问题：第一，未建立完善的创新机制，导致行业自主创新动力不足；第二，产学研脱节，产学研合作机制作用还没有很好地发挥，一线企业与科研院所的合作不够紧密，科技成果转化率低；第三，科研经费不足，行业在研发创新方面的投入较少；第四，高素质专业技术人才缺乏，学校培养与企业需求脱节。从全国范围来看，内蒙古传统产业基础扎实，但产业低端化特征明显，处于全国机械制造业价值链的低端，这就要求企业必须通过创新来提高竞争力。

（二）内蒙古机械制造业高端人才缺乏

随着内蒙古机械制造业的快速发展，形成了一定的人才和技术优势，劳动力总量呈稳步上升趋势，人才的供给结构进一步优化。但是高端关键人才仍然紧缺，人才结构与产业结构发展不协调的问题十分突出。内蒙古机械制造业的劳动力资源供给表现出整体文化技术素质偏低、高级人才与普通劳工比例失衡的特点。虽然拥有从事科学研究的工作者比较多，但科技工作者和高端管理占总劳动力人口的比重却不高。由此可见，内蒙古机械制造行业高级技能人才不管是在总量上，还是在素质和结构上都无法满足企业快速发展的需要。

（三）内蒙古机械制造业资源整合能力不足

受客观原因制约，内蒙古机械制造业产业内部尚未建立明确的市场分工和完整的配套协作体系，内蒙古地区间机械制造业发展不平衡，企业间协作关系较弱，配套能力不足，专业化分工落后，除包头外的大部分城市基础零部件和基础工艺配套企业缺乏、水平不高，龙头企业和支柱产业带动作用不强。

（四）精细化管理能力较弱

长久以来，我国作为世界人口大国，劳动力成本优势为我国制造业企业从低端迅速嵌入全球价值链提供了诸多便利。然而，随着计划生育政策的不断实施和人口老龄化现象的加剧，我国的人口红利正在逐步消失。同时，随着人均教育成本的提升，加工贸易上的劳动力优势进一步被削弱。这就要求机械制造业企业在成本控制方面应从管理流程、技术升级等方面进行成本控制。

（五）产业协同发展程度较低

近年来，虽然内蒙古机械制造业得到了较快发展，已经形成许多较有竞争力的行业及其相关产业链，逐渐成为内蒙古工业发展的重要支柱，但是围绕这些制造企业及其产业链的现代制造服务业却发展滞后，效率低下，附加值不高，在国民经济中的比重明显偏低，由前面分析可知，内蒙古生产性服务业占第三产业比重较小，而且主要集中在传统的交通运输、仓储和邮政业，不仅影响了服务业对国民经济的贡献，而且已成为约束制造业竞争力的重要因素。

（六）"两化"融合程度较低

随着世界各国加快了工业化向信息化转变的步伐，我国的信息基础设施建设也处于日益完善的状态。尤其是国内少数民族自治区，例如内蒙古信息化与工业化的融合虽处起步阶段，但该领域取得的成绩显著。

三、机遇

"新常态"作为中央对我国经济发展阶段的战略性判断，深刻揭示了我国经济发展阶段的新变化。在此背景下，国务院又出台了《"互联网＋"行动计划》，给整个内蒙古自治区机械制造业产业转型升级带来了新的机遇。

（一）产业变革引领内蒙古制造业发展新契机

首先，新一轮科技革命和产业变革与我国加快转变经济发展方式形成历史性交会，国际产业分工格局进入重塑阶段，新理念、新技术、新方式启动期有很多空白点，在某种程度上为全球提供了新的起跑线，也为中国的发展提供了契机。其次，新的供需，发达国家"再工业化"与正在兴起的新一轮工业革命有机结合，向我们展现了不同于传统流水线、集中化机器大生产的全新生产方式、生产要素、组织模式，必将创造新的市场和供需，这些都是我国可以大展身手之处。再次，发达国家"去工业化"和"再工业化"为我们提供了经验教训。发达国家过度"去工业化"及发展高风险、高杠杆的金融业务，导致实体经济与虚拟经济脱节，我国充分汲取其教训，借鉴其"再工业化"发展战略中具有前瞻性、符合发展大势的政策措施，根据不同类型行业的特点，有重点、有差别地推进结构优化升级，通过突破研发、设计、营销网络、品牌和供应链管理等制约产业结构升级的关键环节，完全有可能加快改造提升制造业。

（二）政策扶持创造内蒙古制造业发展新环境

近年来，为促进内蒙古自治区装备制造业快速发展，内蒙古自治区着重采取了以下工作：一是强化政策扶持引导。全区在推动装备制造业发展的过程中，不断强化对装备制造业的政策扶持和引导，认真研究制定中长期发展规划，协调落实重大政策措施，为促进装备制造业发展创造了良好条件。2013年以来，内蒙古自治区先后制定出台了《内蒙古自治区现代装备制造产业发展规划（2013～2020年)》（内政办发〔2013〕86号）、《内蒙古自治区人民政府关于进一步支持现代装备制造业加快发展的若干意见》（内政发〔2014〕59号）、《内蒙古自治区装备制造业发展专项资金管理办法》（内财工〔2014〕887号）、《内蒙古自治区首台（套）重大技术装备认定管理暂行办法》等政策文件，在财税金融、技术创新、市场推广、发展环境、土地使用和资源配置等方面加大了支持力度，引导全区装备制造企业加快调整优化产业结构，推动产业多元、产业延伸、产业升级。二是加大资金扶持力度。设立了装备制造业发展专项资金，每年财政拿出6000万元专项扶持装备工业发展。2014年，完成了装备制造业发展专项资金项目的申报和评审确定工作，共支持14个装备制造项目、11个农牧业机械制造项目。

（三）"一带一路"战略开创内蒙古制造业发展新格局

内蒙古内连八省，外接俄蒙，具有独特的区位优势。与此同时，西部大开发战略、振兴东北等老工业基地战略、中原崛起战略、中俄蒙经贸合作战略及"一带一路"倡议的深入实施，为内蒙古制造业走出区门提供了广阔的市场舞台。"草原丝绸之路"作为"一带一路"的一部分，是中俄蒙实现经济交流的重要通道。内蒙古作为中国与蒙古国和俄罗斯交界的省份拥有众多的对外口岸，这将为内蒙古机械制造业发展带来新的需求增长点，内蒙古制造业发展完全可以在巩固国内市场需求的基础上，利用满洲里和二连浩特等口岸扩宽国际市场，进而实现制造业的进一步发展。

（四）"互联网＋"推动内蒙古制造业转型升级新动力

"互联网＋"承载通用技术的新型制造设备的先进性，可以提升制造业的生产效率，新型制造系统改变既有的生产方式，从而带动制造业价值链的升级。"互联网＋"与制造业融合后，将会为产业开启新的"设计空间"，为我国制造业的效率提升和价值创造带来新的机遇。

一是引领机械制造业产品的智能化和网络化。"硬件＋软件＋网络互联"正成为制造业产品的基本构成，日益呈现出个性化和差异化趋势。例如，消费领域的智能手机、可穿戴设备、智能家电、智能家居，工业领域的智能机器人、智能专用设备，以及新型传感器、视觉识别装置等组件，智能化和网络互联功能不断增强。智能产品能够通过网络实时和厂商、第三方服务提供商或上层智能控制平台等通信，拓展产品功能和延伸服务需求。

二是推动机械制造业生产和管理流程智能化。企业内部制造流程将整合至一个数字化、网络化和智能化平台，生产过程中的各种机器设备和数据信息互联互通，为优化决策提供支持，极大提升生产效率。制造业的柔性进一步提高，使得大规模定制在经济上可行，消费者的个性化需求能够得到充分满足。

三是推动机械制造业企业组织关系的变革。企业组织呈现出扁平化趋势，不同层面的数据和信息均能够通过网络系统便捷地进行传递，使得企业能够对市场变化作出快速响应。企业间组织趋于模块化，数据信息快速传递，最大限度地降低了信息成本，重塑了产业价值链。

四是推动内蒙古制造业企业服务化转型。制造过程高度数字化，产品数据全生命周期集成使得大数据应用到服务价值链环节。企业通过互联网及时获取消费者需求从而实现服务型制造，"私人定制""按需定制""网络定制"等服务模式将更加普遍。

四、挑战

内蒙古机械制造业的升级进程缓慢，说明内蒙古机械制造业发展将面临全球化竞争的加剧、处于全国价值链的低端、产业转型升级与环境污染的矛盾等一系列挑战。

（一） 全球化进程加剧了内蒙古机械制造业的行业竞争

制造资源的优化配置逐渐由区域向一国乃至全世界范围扩展，价值链和产业链中与制造密切相关的各个环节间的全球化分工协作也日益成为各制造企业赢得市场竞争的主要发展战略。这就使得内蒙古的机械制造业发展水平必须置于全球价值链中衡量其所处的位置，参与全球范围内的竞争，要求内蒙古机械制造业发展过程中要以国际化标准衡量自身的优劣势。由此可见，制造全球化是国际企业优化资源配置、产业结构调整的需要，是规模经济的需要，生产在全球组织，竞争也在全球展开，但同时经济全球化也是内蒙古未来机械制造业发展的一大威胁。

（二） 内蒙古机械制造业产业链低端面临的困境

从上述一系列数据来看，内蒙古机械制造业在全国制造业中的占比很小，而且产品多以高投入低附加值的初级产品居多，缺乏自主研发产品及高端产品，这成为未来内蒙古机械制造业产业升级的一大瓶颈。内蒙古机械制造业未来发展过程中如何提升其竞争力，走什么样的路径能使自己发展成为高端现代化的制造业，成为当下内蒙古机械制造业发展必须解决的问题。内蒙古机械制造业要在全国产业分工中占据竞争优势，一方面必须优化现有的产业结构，建立符合国际产业发展趋势的产业结构，大力发展高附加值、高效益的新兴产业；另一方面要在全国产业价值链中抢占高技术和高附加值生产环节，加强优势产业的技术含量，对传统的劳动密集型产业进行技术改造，实现优势产业结构自身的升级。

（三） 内蒙古机械制造业产业转型升级与环境污染的矛盾

随着国内环保指令的不断增加，内蒙古"三高一低"（高投入、高消耗、高污染、低成本）的发展模式难以持续，已经直接影响到当前内蒙古制造业的发展。2015 年出台的《中国制造 2025》明确提出我国制造业绿色发展目标，我国要加快制造业绿色改造升级。所谓绿色制造，就是一个综合考虑环境影响和资源消耗的现代制造模式，其目标是使产品从设计、制造、包装、运输、使用到报废处理的整个生命周期中，对环境负面影响最小，资源利用率最高，并使企业经济效益和社会效益协调优化。全面推进钢铁、有色、化工、建材、轻工、印染等传统制造业绿色改造，大力研发推广余热余压回收、水循环利用、重金属污染减量化、有毒有害原料替代、废渣资源化、脱硫脱硝除尘等绿色工艺技术装备，加快应用清洁高效铸造、锻压、焊接、表面处理、切削等加工工艺，实现绿色生产。加强绿色产品研发应用，推广轻量化、低功耗、易回收等技术工艺，持续提升电机、锅炉、内燃机及电器等终端用能产品能效水平，加快淘汰落后机电产品和技术。积极引领新兴产业高起点绿色发展，大幅降低电子信息产品生产、使用能耗及限用物质含量，建设绿色数据中心和绿色基站，大力促进新材料、新能源、高端装备、生物产业绿色低碳发展。《中国制造2015》对未来5~10年机械制造业发展的多项指标进行了量化（如表6-9所示）。

表6-9 2020年和2025年制造业主要指标

类别	指标	2013年	2015年	2020年	2025年
绿色发展	规模以上单位工业增加值能耗下降幅度	—	—	比2015年下降18%	比2015年下降34%
	单位工业增加值二氧化碳排放量下降幅度	—	—	比2015年下降22%	比2015年下降40%
	单位工业增加值用水量下降幅度	—	—	比2015年下降23%	比2015年下降41%
	工业固体废物综合利用率（%）	62	65	73	79

资料来源：《中国制造2025》。

由以上数据可知，我国到2025年规模以上单位工业增加值能耗下降幅度比 2015 年下降 34%。过去内蒙古机械制造业一直是高能耗、低产出、高投入、低效率，未来制造业绿色发展目标将为内蒙古自治区制造业发展带来新的挑战。

（四）信息网络建设对内蒙古机械制造业转型升级的影响

一是人才储备严重不足。传感设备、智能装备和数据服务是"互联网 +"的核心要素，我国需要在这些方面加快发展步伐。我国多数制造业企业对大数据、云计算和物联网等技术在工业领域应用开发能力较弱，与提供技术解决方案的信息技术企业合作不紧密。而制造技术将是更为复杂的技术体系，"互联网 +"与制造业的深度融合需要跨学科的高端人才辅助才能得以实现。目前，我国先进制造技术人才与软件系统集成人才是相割裂的，即往往存在懂制造技术的人员不懂软件控制，而懂软件控制的人员不懂制造技术，对两者融合有深刻理解的复合型高端人才极为稀缺。内蒙古机械制造业互联网经济转型升级过程中面临的上述问题十分严重。

二是内蒙古网络基础设施薄弱。实施"互联网 +"与制造业深度融合，迫切需要加快建立能够承载海量数据交换的高质量网络基础设施。目前，国内制造业企业内部网络基础设施较弱，离建立符合互联互通要求的实时、高效、灵活网络的差距仍然很大。国内宽带互联网络也需要进行大规模的升级，以满足制造业新模式、新业态下对在线设计、营销和服务等的各种需求。"互联网 +"与制造业深度融合后，全产业链都将实现数字化管理，需要高度安全的网络环境，以确保知识产权和商业机密等数据信息安全。目前，我国能够为工业互联网络提供系统和设备保护的具有自主知识产权的安全解决方案的供应商并不多。网络安全核心技术、安全芯片和关键网络控制设备受制于人，进一步放大了信息安全的风险。我国机械制造业面临的上述问题同样束缚着内蒙古机械制造业互联网经济转型升级。

第三节　内蒙古机械制造产业互联网
经济转型升级路径研究

通过上述对内蒙古机械制造业现状及优劣势分析，发现内蒙古制造业整体水平处于机械制造产业的低端，内蒙古机械制造业发展过程中存在总体规模较大、产品低端、产品附加值较低、缺乏竞争力等一系列问题。然而，随着国家政策的扶持、外商引资的加大、法律环境的完善、企业技术的逐渐创新、企业不断引入高端人才，将帮助内蒙古机械制造业由资源密集型向技术密集型转移，并逐步发展成为现代高端机械制造业。

综观国内外学术界对机械制造业转型升级的相关研究，认为影响机械制造产业转型升级的因素可分为企业内部因素和企业外部因素两类。其中，企业内部因素含有技术创新、企业资本、人力资源。企业外部因素包括外商投资、法律环境、政策支持。本节将对这两类因素进行详细探讨。

一、企业内部因素

（一）技术创新

21 世纪前，傅家骥（1998）提出技术创新是影响产业升级和结构转换的主要因素。4 年后，张耀辉（2002）再次验证了产业升级的基础是创新。随着研究的逐步深入，中国学者刘政（2010）提出自主创新是提升产业技术水平、促进企业转型升级的关键，产业转型升级离不开技术创新。吴丰华、刘瑞明（2013）基于中国省际面板数据的实证研究运用1997～2011 年全国 30 个省份的平衡面板数据进行实证分析，发现产业升级可以通过微观需求拉动效应、中观地区协同效应、宏观国际贸易效应带动企业、地区、国家三个层面的自主创新。1 年后，辛倬语（2014）运用主成分分析法对我国各地区装备制造业及细类产业竞争力水平进行评价，认为内蒙古装备制造业及细类产业竞争力依然较弱，并且指出以创新为驱动实现产业升级是提升内蒙古装备制造业竞争力的必然选择。总之，技术创新是促进产业转型升级的关键因素，企业应通过产学研相结合来带动企业技术创新。

（二）企业资本

机械制造业属于"外部融资依赖度较高"的产业，目前国内多数研究主要集中于融资问题。何立胜、鲍颖（2005）着重阐述了资本、劳动力、技术三大要素对产业升级的重要影响，认为发展中国家在发展经济和产业结构过程中最缺乏的就是资本要素，资金供给不足将严重影响产业结构的高度化进程。两年后，王兵、颜鹏飞（2007）通过对 17 个 APEC 国家的考察，发现资本积累是各国经济增长趋同的重要因素。段一群（2009）等人利用国内机械制造产业 1998 ~ 2006 年的面板数据，构建了反映国内金融体系与机械产业增长率之间关系的模型，指出跨国资本对中国机械制造龙头企业觊觎已久，国内重大技术机械的发展升级一直面临资金匮乏的"瓶颈"，迫切需要我国金融系统的大力支持。戴稳胜（2013）等人认为我国机械制造业产业升级面临着战略性兼并重组成本、重大技术攻关成本、引进和消化技术成本等成本压力，资金短缺仍然使许多机械企业在高速发展时捉襟见肘。贺俊（2014）则提出 2010 年中国大陆企业的基础研究占总基础研究投入的比重仅 4.33%，同期美国该比例高达 25%。总之，我国机械制造业在发展过程中普遍存在融资难、资金投入不足的问题，这也是制约我国机械制造业转型升级的关键因素之一。

（三）人力资源

人力资源是促进产业结构演进的引擎（Winter，2000；王一鸣、王君，2005；宋典等，2011）。人力资源对企业创新和转型升级具有非常重要的意义。菊莲（2007）认为现阶段我国人才结构的主要特点是人才向第三产业过度集中，未来经济和社会发展对人才需求将进一步增强。张涛、张若雪（2009）提出中国产业结构水平较低、升级缓慢的根本原因是我国劳动力绝对数量较大和相对素质较差，导致我国经济发展陷入一种低技术均衡状态。黄文正（2011）将人力资本积累与产业结构升级联系起来，运用模型分析发现人力资本积累的技术吸收和创新促进了产业结构升级。李平等人（2012）构建了人力资本系统与产业结构系统的耦合模型，实证分析了国际智力回流与产业结构升级的相关性关系。结果表明，国际智力回流对中国产业结构升级具有较明显的促进作用。郭玉屏（2013）通过问卷调查的方式，对宁波机械制造业企业高层管理人员的年龄、学历和国际化视野进行了研究，发现管理者的社会阅历和知识储备是机械制造企业应对产业转型升级的重要因素。张其仔（2014）从"雁阵理论"出发对中国大陆的产业转移问题进行了系统的分析和阐述，认为劳动力成本的区域间差异不断扩大，相比于东部地区，中西部地区工资相对较低，满足机械制造业发展的条件，而中部、西部地区所具有的一定人才储备增强了承接产业转移的经济合理性。总之，人力资源与制造业结构转型升级存在相互制约又相互促进的关系。内蒙古作为西部地区已经具备了机械制造业产业升级的人力成本优势和劳动力数量积累。

二、企业外部因素

（一）外商投资

20世纪80年代以来，随着科技进步和跨国公司全球范围的资源调整，FDI的产业领域不断扩大，多数国内外学者认为，FDI通过增加资本供给、增强外贸、技术溢出和优化市场结构，间接推动了东道国产业结构的优化和升级。卡米拉（Camilla，2002）从出口产品结构角度针对波兰FDI对产业结构的影响进行研究，发现FDI对产业结构有正面促进作用。

国外学者（Gabor，2002）以罗马尼亚地区为研究对象，从东道国市场结构角度研究了 FDI 对产业结构的影响，提出 FDI 与东道国产业机构呈正相关关系。（Jaehwa，2008）选用 25 个国家的数据，以产品结构、进出口为研究视角，分析了 FDI 对产业结构的影响，认为 FDI 优化了东道国的市场结构、促进了制造业生产力集聚、调整了产业结构。然而，国内学者文东伟等（2009）、陈立泰等（2012）的研究发现，FDI 显著地促进了中国出口产品的竞争力，从而推动了产业结构的升级。高远东等人（2010）运用面板协调理论和动态最小二乘法模型，研究了 1985~2006 年东部、中部、西部地区 FDI 的长期影响和短期的修正机制，提出各区域 FDI 对产业结构变动具有长期影响和显著差异，短期除东部地区外该影响均不显著。总之，FDI 对促进产业升级会产生长期均衡关系，上述研究没有从实证的角度具体量化 FDI 增加对产业升级的具体贡献，以及产业处于价值链低端时，FDI 是否对产业转型升级具有重要作用。

（二）法律环境

李明德（2014）认为在解决专利保护问题方面，应当坚持专利权为私权的基本理念，我国当下《专利法》突出行政管理部门的作用，会阻碍企业和个人的创新。总之，目前国内大多数文献都集中于，产业专利权行政干预过度所导致的创新乏力，阻碍了产业转型升级，缺乏在促进产业转型升级方面相关立法的研究。

（三）政策支持

政策支持主要表现在科技经费支持、政府采购、税收优惠政策等方面。王章豹、吴庆（2006）认为中国装备制造业的自主创新是一个综合的大系统，需要政府的宏观调控政策。王广凤、肖春华（2007）系统性地分析了我国装备制造业的战略属性和跨国公司并购我国装备制造企业的动因及效益，指出政府应出台相关扶持政策，鼓励装备制造业的外资并购。向一波、郑春芳（2013）认为政府促进装备制造业发展的作用主要表现在财政政策和货币政策，一方面利用政府采购来扩大装备制造产品的国内市场需求；另一方面通过调节收入分配的政策引导高级人才向装备制造业产业流入。江飞涛（2014）重点探讨了政府驱动投资的工业发展模式的可持续性问题，提出实现工业经济增长方式与增长动力机制转换关键在于处理好市场与政府的关系，政府的过度干预会导致事与愿违。总之，在机械制造业发展过程中，政府应协调好政策干预与市场机制发挥作用的关系，政府政策进行宏观把握，微观应由市场自动调节。

综上所述，企业技术创新程度、企业资本积累程度、企业人力资源整合能力、外商投资情况、法律完善程度、政策支持力度是影响内蒙古机械制造业转型升级的关键因素。现有文献多数集中在研究制造业产业升级与影响因素的相关关系上，在研究影响因素对产业转型升级的影响程度上，并未根据产业所处的不同阶段分析其影响因素的不同贡献率。因此，本节将从内蒙古机械制造业所处的产业价值链低端出发，结合内蒙古机械制造业低附加值高能耗的实际情况，深入分析内蒙古机械制造业互联网经济转型升级影响因素的重要程度，并对这些影响因素的交互作用进行讨论，得到推动内蒙古机械制造业互联网经济转型升级的路径。

三、问卷设计与模型假设

（一）问卷设计

综述分析上述文献，得出影响内蒙古机械制造业转型升级的因素主要有：企业技术创新程度、企业资本积累程度、企业人力资源整合能力、外商投资情况、法律完善程度、政策支持力度。本书调查问卷将采用国际通行的李克特5点量表（Likert Scale）打分法进行内容编制，"1"代表"非常不同意"，"5"代表"非常同意"。

通过对内蒙古第一机械集团有限公司的部分管理人员，发放调查问卷进行预测试，调查得知企业信息网络建设程度是促进内蒙古机械制造业互联网经济转型升级的一个重要因素。因此，修改和调整调研问卷的题项，再次对内蒙古第一机械集团有限公司的基层从业人员重新展开问卷调研工作。共发放问卷230份，有效回收200份，收回率87%。

（二）模型假设

学者王威、綦良群（2013）基于区域装备制造业产业结构优化理论分析，发现技术创新对内蒙古机械制造业转型升级呈正相关关系。1年后，贺俊（2014）也提出了相似的结论。因此，内蒙古机械制造业企业技术创新程度是内蒙古机械制造业互联网经济转型升级的重要因素之一，提出假设H1。

H1：内蒙古自治区机械制造业企业技术创新程度正向影响着内蒙古自治区机械制造业互联网经济转型的升级能力。

学者段一群（2009）等人提出跨国资本对中国机械制造龙头企业觊觎已久，国内重大技术机械的发展升级一直面临资金匮乏的"瓶颈"，迫切需要我国金融系统的大力支持。戴稳胜（2013）等人认为我国机械制造业产业升级面临着战略性兼并重组成本、重大技术攻关成本、引进和消化技术成本等成本压力，资金短缺仍然使许多机械企业在高速发展时捉襟见肘。鉴于此，内蒙古机械制造业企业资本积累程度是内蒙古机械制造业互联网经济转型升级的重要因素之一，提出假设H2。

H2：内蒙古自治区机械制造业企业资本积累程度正向影响着内蒙古自治区机械制造业互联网经济转型的升级能力。

学者李平等人（2012）构建了人力资本系统与产业结构系统的耦合模型，实证分析了国际智力回流与产业结构升级的相关性关系。结果表明，国际智力回流对中国产业结构升级具有较明显的促进作用。郭玉屏（2013）通过问卷调查的方式，对宁波机械制造业企业高层管理人员的年龄、学历和国际化视野进行了研究，发现管理者的社会阅历和知识储备是机械制造企业应对产业转型升级的重要因素。因此，内蒙古机械制造业企业人力资源整合能力是内蒙古机械制造业互联网经济转型升级的重要因素之一，提出假设H3。

　　H3：内蒙古自治区机械制造业企业人力资源整合能力正向影响着内蒙古自治区机械制造业互联网经济转型的升级能力。

　　学者高远东等人（2010）提出 FDI 对机械制造业结构变动具有长期影响和显著差异，短期除东部地区外该影响均不显著。孙韩钧（2012）通过实证得出机械制造业结构高度与利用外资情况之间存在着长期均衡关系。因此，内蒙古机械制造业外商投资情况是内蒙古机械制造业互联网经济转型升级的重要因素之一，本书提出假设 H4。

　　H4：内蒙古自治区机械制造业外商投资情况正向影响着内蒙古自治区机械制造业互联网经济转型的升级能力。

　　李明德（2014）认为在解决专利保护问题方面，应当坚持专利权为私权的基本理念，我国当下《专利法》突出行政管理部门的作用，会阻碍企业和个人的创新。因此，内蒙古机械制造业法律完善程度是内蒙古机械制造业互联网经济转型升级的重要因素之一，提出假设 H5。

　　H5：内蒙古自治区机械制造业法律完善程度正向影响着内蒙古自治区机械制造业互联网经济转型的升级能力。

　　学者向一波、郑春芳（2013）认为政府促进装备制造业发展的作用主要表现在财政政策和货币政策，一方面利用政府采购来扩大装备制造产品的国内市场需求；另一方面通过调节收入分配的政策引导高级人才向装备制造业产业流入。江飞涛（2014）重点探讨了政府驱动投资的工业发展模式的可持续性问题，提出实现工业经济增长方式与增长动力机制的转换关键在于处理好市场与政府的关系，政府的过度干预会导致事与愿违。因此，内蒙古机械制造业政策支持力度是内蒙古机械制造业互联网经济转型升级的重要因素之一，提出假设 H6。

　　H6：内蒙古自治区机械制造业政策支持力度正向影响着内蒙古自治区机械制造业互联网经济转型的升级能力。

　　内蒙古机械制造业企业信息网络建设程度是企业从生产—流通—消费过程中，提质高效的关键点，同时也是互联网经济转型的起步期，企业没有建设一套完整的信息网络，将无法实现互联网经济的转型升级。因此，内蒙古机械制造业企业信息网络建设程度是内蒙古机械制造业互联网经济转型升级的重要因素之一，提出假设 H7。

H7：内蒙古自治区机械制造业企业信息网络建设程度正向影响着内蒙古自治区机械制造业互联网经济转型的升级能力。

基于以上假设，内蒙古机械制造业互联网经济转型的影响因素模型如图 6 – 7 所示。

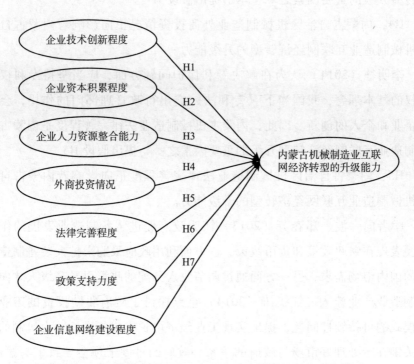

图 6 – 7　内蒙古机械制造业互联网经济转型的影响因素模型

四、模型检验与结论

（一）模型检验

根据吴明隆所著的《结构方程模型——AMOS 的操作与应用》中指

出，模型检验主要分为测量模型检验和结构模型检验两部分。其中，通过对企业技术创新程度、企业资本积累程度、企业人力资源整合能力、外商投资情况、法律完善程度、政策支持力度、企业信息网络建设程度进行验证性因素分析，发现除企业资本积累程度和法律完善程度外，其他五个外生潜变量的相关系数均大于0.5，说明这五个因素可以作为外因潜在变量。

　　除内蒙古机械制造业现有的一些大型企业外，多数中小型机械制造业企业正处于成长期，企业资金链不强，导致企业资本积累并不能显著影响企业互联网经济的转型升级，所以删除"企业资本积累程度"。另外，当今我国法律虽逐年完善，但通过实地调研访谈发现，"法律完善程度"不能对内蒙古机械制造业企业开展互联网经济转型升级行为带来显著影响，故予以删除。

　　由于部分可测变量的题项与对应潜变量之间出现拟合不好的情况，各项指标均不达标，所以予以删除处理。经过两轮的验证性因素分析，本书剔除了企业资本积累程度和法律完善程度两个外生潜变量，同时也删除了对应于企业人力资源整合能力、外商投资情况和企业信息网络建设程度的三个题项，所有潜变量与测量题项之间基本通过 CMIN/DF、RMSEA、GFI 等八项拟合指标检验（如表 6 - 10 所示）。

表 6 - 10　　　　　　　　　测量模型的拟合度检验

拟合指标	适配准则		修正模型	拟合效果
	可接受	良好		
CMIN/DF	2 ~ 3	1 ~ 2	1.371	良好
RMSEA	0.05 ~ 0.08	≤0.05	0.07	可接受
GFI	0.8 ~ 0.9	≥0.9	0.913	良好
AGFI	0.8 ~ 0.9	≥0.9	0.805	可接受
NFI	0.8 ~ 0.9	≥0.9	0.926	良好
CFI	0.8 ~ 0.9	≥0.9	0.95	良好
IFI	0.8 ~ 0.9	≥0.9	0.835	可接受
RFI	0.8 ~ 0.9	≥0.9	0.921	良好

此外，依据吴明隆（2009）提出各变量的平均抽取方差（AVE）大于 0.5，组合信度 CR 大于 0.6，表明测量模型具有较好的收敛效度。通过对修正模型的检验，发现各测量题项所对应的潜变量标准负载均大于 0.7，各潜变量的 AVE 均大于 0.6，组合信度 CR 均大于 0.8，得出修正模型具有较好的收敛效度。

在结构模型检验方面，模型基于验证性因子分析的基础上，对整个结构方程模型进行检验。企业技术创新程度、企业人力资源整合能力、外商投资情况、政策支持力度、企业信息网络建设程度五个外生潜变量，与内蒙古机械制造业互联网经济转型的升级能力，这个内生潜变量之间的各路径系数（如图 6-8 所示）。模型假设检验的基本情况（如表 6-11 所示）。

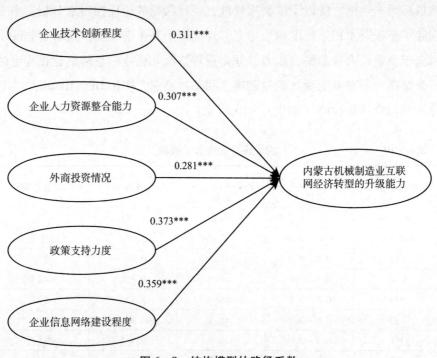

图 6-8　结构模型的路径系数

表 6-11　　　　　　　　　　结构模型的假设检验

假设	标准化路径系数	T 值（C. R.）	是否支持
H1	0.311	2.693***	支持
H2	0.307	2.609***	支持
H3	0.281	2.571**	支持
H4	0.373	2.702***	支持
H5	0.359	2.719***	支持

注：* p < 0.05，** p < 0.01，*** p < 0.005。

（二）模型结论

由实证分析可知，本书提出的 7 个假设中只有 5 个假设均通过结构方程模型的检验。因此研究表明，内蒙古机械制造业需要采取企业技术创新、企业人力资源整合、外商投资、政策支持、企业信息网络建设 5 种途径，才能推动内蒙古机械制造业互联网经济转型升级的前进步伐，从而助推内蒙古互联网经济平稳发展。

第四节　内蒙古机械制造产业互联网经济转型升级政策建议

内蒙古机械制造业在未来发展过程中，应采取技术创新、企业人力资源整合、外商投资、政策支持、企业信息网络建设这 5 种途径，促进内蒙古机械制造业互联网经济转型升级。

一、增强自主创新能力

完善以企业为主体、市场为导向、政产学研用相结合的制造业创新体系。围绕产业链部署创新链，围绕创新链配置资源链，加强关键核心技术攻关，加速科技成果产业化，提高关键环节和重点领域的创新能力。在内蒙古机械制造业转型升级的初级阶段，要注重自主创新能力对机械制造业互联网经济转型升级的带动。科技进步和技术创新是转变行业增长方式、有效提高产业增长质量和速度的重要途径，对全要素生产率水平的提高具有直接的促进作用，自主创新能力的有效增强是推动产业前沿技术进步的关键因素。一是应继续加大对内蒙古地区机械制造业的科研投入力度。众所周知，科技投入是科学研究和技术创新的重要基础，是推动前沿技术进步的基本要素，是技术进步和生产率提高的根本保证。在加大财政对技术创新和科技投入支持力度的同时，各级政府可以考虑建立相关的激励投融资制度，采取有效措施对政府资金及民间资金进行合理引导，吸引各类资金科学有序地投向内蒙古机械制造业产业发展领域。各级政府部门应引导制造业相关企业从战略的高度出发，在促进企业发展的合理范围内加大科研投入，保证企业技术创新的资金需求。二是要注重产学研的结合，为内蒙古机械制造业的产业发展营造良好的技术进步条件。企业是创新主体，企业的创新能力是整个机械制造业技术创新的基础。一方面加强内蒙古地区的机械制造业相关企业备独自承担技术创新的能力；另一方面必须与高校和科研机构合作，强化官产学研的合作机制，鼓励科研机构、高等院校和企业与先进省区进行合资合作及交流，共同设立研发机构，加大研发投入，加强对企业的技术支持，在引进技术和消化吸收结合的基础上，提高企业自主研发能力及产业化。三是推动机械制造业研发设计的网络化协同发展。网络协同研发设计变得可行和更加容易，研发设计部门和生产制造部门的界面信息进一步整合，实现研发设计与生产制造的协同，客户可以通过网络参与在线设计融入个性化需求。因此，"互联网＋"与制造业在研发价值链环节的融合和应用，能够大大缩短研发设计周期。另外，从创新的方式来看，内蒙古地区机械制造业企业应根据不同发展阶段，针对不同产品和不同的技术领域分别采取自主创新、模仿创新和合作创新 3 种不同的模式，扬长避短，实现技术创新与技术改造相结合，自主创新与模仿创新、合作创新相结合，从根本上提高内蒙古机械制造企业的技术研发能力。

二、加强高端人才引进

在内蒙古机械制造业转型升级的成长阶段，要加强高端人才队伍建设。随着内蒙古机械制造业的快速发展，人才尤其是高端人才将会是第一战略性资源。制造技术将是更为复杂的技术体系，要想加快内蒙古机械制造业互联网经济转型升级，加大"互联网＋"与制造业的深度融合，需要跨学科的高端人才辅助才能很好地实现，内蒙古机械制造业应引进先进制造技术人才与软件系统集成人才，即既懂制造技术又懂软件控制的复合型高端人才。

因此，必须高度重视建设高水平的机械制造行业的人才队伍，建立行业人才建设的长效机制培养从设计、制造工艺到操作、管理的各类、各级优秀人才，才能使内蒙古的机械制造业实现现代化。内蒙古必须加快建立和完善中高端人才的引进和培养体系，具体有如下措施：一要通过提供项目资助、资金奖励、医疗福利、子女教育、住房补贴等优惠政策，吸引外省甚至海外高端人才落户内蒙古；二要加快本地区高端人才培养体系建设，发挥本地区科研院校、重点实验室，以及大型企业集团的科研创新优势，力争培养一批具有国际知名度的科研专家；三要改善科研工作环境，为高端人才提供优越的创新环境；四要加强企业内部创新人才的培养，注重挖掘企业内部创新能力，激发企业所有人员的创新意识和创新能力。

三、增加外商投资机会

在内蒙古机械制造业互联网经济转型升级的发展阶段，应大力发挥外商资本的带动作用。在经济全球化背景下，机械制造业产业结构不断受到外部因素的影响，外商投资已成为带动机械制造业产业升级的新动力。引进外商资本会为内蒙古机械制造业未来发展带来以下好处：第一，以跨国公司为载体的外商投资带来了相对先进的技术，伴随着这些技术在新产品上的应用，继续应用原有技术生产的产品附加值越来越低，本土产业的大批跟进使得企业被强制纳入国际市场体系中，并且在不断消化与吸收的基础上模仿创新，带动机械制造业整体技术水平的提升，加速了行业产品升级的步伐；第二，在引进外资的过程中，不能只看外资所在的产业，更要看其本身的知识和技术含量，即注重外资质的提高，在提高制造业产业结构高度化的同时，更要关注引进产业的结构合理化，使外资能真正提高行业内的升级；第三，外资企业对技术密集度较低的行业会有一定的行业内升级作用，而这些产业也正是内蒙古机械制造业中具有国际竞争优势的产业，与发达国家及新兴工业化国家之间形成了产业互补关系，因此政府可以鼓励这些产业优质外资的进入，积极发展劳动或中度资本密集型行业，实现其规模化和专业化生产，加速转型升级。

四、加大政策扶持力度

我国是建设制造强国，必须发挥制度优势，动员各方面力量，进一步深化改革，完善政策措施，建立灵活高效的实施机制，营造良好环境，培育创新文化和中国特色制造文化，推动制造业由大变强。在内蒙古机械制造业互联网经济转型升级的成熟阶段，要充分发挥政策的作用。政府应协调好自身的角色，互联网背景下政府应简政放权，降低社会的总运行成本，激发市场活力，为机械制造业发展创造良好的环境。

首先，要创新扶持机制。在实施补贴、减免税收、土地及金融扶持等措施的同时，还应建立差别化扶持机制。一是对内蒙古品牌优先采购。在内蒙古投资的重大项目中，给予重点倾斜，规定采用内蒙古生产的装备产品的购置比例，积极支持、配合内蒙古机械企业参与重大项目竞争，通过不同渠道扩大企业和产品影响力。二是积极支持内蒙古机械制造企业进行上市融资、并购重组，解决好固定资产投资问题。三是从政策上积极做好配套服务，协调处理好企业与科研、金融、教育机构间的关系，促进企业间的合作，充分调动各类社会资源推动机械制造业发展。

其次，要加大对重点产业的支持力度。一是大力发展汽车产业。随着中国经济的快速发展，内蒙古汽车市场规模也得到了快速成长，众多汽车厂商到内蒙古投资。尽管这样，内蒙古汽车制造业仍显薄弱，目前仅有两家具有整车生产能力的企业，且生产能力较为落后。汽车产业发展项目是内蒙古机械制造业产业结构调整的重要部分，应积极争取汽车产业发展的差别化政策，引导、鼓励企业在技术研发上的投入，积极引进外资和先进技术。二是加大农牧业机械制造业扶持力度。内蒙古自治区农牧业发达，应着力打造农牧业机械制造产业基地，努力提升自治区农机产品的自给能力。

五、完善企业信息网络建设

随着信息技术的发展，包括计算机服务系统、ERP 等技术在制造业领域的应用，带来了机械制造业的数字化和自动化。"互联网＋"行动计划将重点促进以云计算、物联网、大数据为代表的新一代信息技术与现代制造业、生产性服务业等的融合创新，发展壮大新兴业态，促进机械制造业转型升级。现在机械制造业正在通过使用互联网的网络技术实现网络制造和智能制造，智能制造就是向效率更高、更精细化的制造发展，是互联网技术与工业的融合创新。为了解决内蒙古机械制造业产业生产与市场的脱节，以及供应链上各个环节的停顿与积压等问题，必须为内蒙古机械制造业互联网经济发展寻找新的升级路径。在互联网和电子商务的影响下，经济全球化发展进入了一个新的阶段，在这个阶段需要在全球范围内配置资源，包括全球采购原材料、全球招聘和配置人才、全球组织生产。

首先，在全球组织生产过程中，要考虑信息沟通是否顺畅。互联网为制造业全球扩散提供了信息管理工具，电子商务的应用为制造业与消费者之间的距离问题提供了解决方案。制造业生产扩散化是生产企业的新的方式，在电子商务和互联网的支撑下，制造业生产更容易实现向低成本区域的转移，尤其是人力资本低廉的发展中国家为制造业生产扩散提供了成本优势。

其次，在互联网思维下，企业生产环节与顾客的距离变得不再重要，可以通过互联网随时沟通。制造业企业在产品设计定型后可以通过互联网开展客户预订后下单生产，可以实现在产品设计柔性允许范围内的定制，即客户可以在预订的同时给出自己的个性化需求，从而由产品制造企业组织生产的过程。互联网技术通过改变产业内及产业间供需新的循环方式，提高了产业附加值，促进机械制造业的转型升级。

最后，加大信息化建设的政策支持力度。政府应出台一系列政策，加强内蒙古机械制造业的信息化建设程度，使整个行业内的微观企业、中观行业及宏观产业集群能有效及时地共享资源信息，达到一体化发展。

第七章

农畜牧产业互联网
经济转型升级研究

第一节　内蒙古农畜牧产业发展现状

一、种植业发展现状

内蒙古截至 2010 年共有耕地 549 万公顷，人均占有耕地 0.24 公顷，是中国人均耕地的 3 倍，可利用的实际耕地面积超过 800 万公顷，人均耕地面积居中国首位。内蒙古农业区和半农半牧区主要分布在大兴安岭和阴山山脉以东和以南。河套、土默川、西辽河、嫩江西岸平原和广大的丘陵地区，有适于农作物生长的黑土、黑钙土、栗钙土等多样性土壤地带和可利用的地上地下资源，从而形成内蒙古自治区乃至中国北方的重要粮仓。内蒙古农作物多达 25 类 10266 个品种，主要品种有小麦、玉米、水稻、谷子、莜麦、高粱、大豆、马铃薯、甜菜、胡麻、向日葵、蓖麻、蜜瓜、黑白瓜子等许多独具内蒙古特色的品种，其中莜麦、荞麦、华莱士瓜颇具盛名。还有具有发展苹果、梨、杏、山楂、海棠、海红果等耐寒耐旱水果的良好条件。

二、畜牧业发展现状

内蒙古天然草场辽阔而宽广，总面积位居中国五大草原之首，是中国重要的畜牧业生产基地。草原总面积达 8666.7 万公顷，其中可利用草场面积达 6800 万公顷，占中国草场总面积的 1/4。截至 2010 年，内蒙古共有呼伦贝尔、锡林郭勒、科尔沁、乌兰察布、鄂尔多斯和乌拉盖 6 个著名大草原，生长有 1000 多种饲用植物，饲用价值高、适应性强的有 100 多种，尤其是羊草、羊茅、冰草、披碱草、野燕麦等禾本和豆科牧草都非常适于饲养牲畜。从类型上看，内蒙古东北部的草甸草原土质肥沃，降水充裕，牧草种类繁多，具有优质高产的特点，适宜于饲养大畜，特别是养牛；中部和南部的干旱草原降水较为充足，牧草种类、密度和产量虽不如草甸草原，但牧草富有营养，适于饲养马、牛、羊等各种牲畜，特别宜于养羊；阴山北部和鄂尔多斯高原西部的荒漠草原，气候干燥，牧草种类贫乏，产草量低，但牧草的脂肪和蛋白质含量高，是小畜的优良放牧场地；西部的荒漠草场很适合发展骆驼。著名的三河马、三河牛、草原红牛、乌珠穆沁肥尾羊、敖汉细毛羊、鄂尔多斯细毛羊、阿尔巴斯绒山羊等优良畜种在区内外闻名遐迩。[①]

通过查阅 2005~2014 年内蒙古自治区农林牧渔业总产值，以及农业、林业、牧业和渔业总产值的数据，绘制出内蒙古自治区农林牧渔业产值图 7-1，得到表 7-1 和表 7-2。由图 7-1 可知，内蒙古自治区农林牧渔业总产值一直处于上升趋势，到 2014 年达到 2779.81 亿元，农业产值占总产值的 50.667%，畜牧业产值占总产值的 43.372%。由以上数据可知，农业和畜牧业是内蒙古自治区第三产业的主要产业，如何利用互联网技术增加农业和畜牧业的产值迫在眉睫。

---

① 资料来源于：http://www.nmgbk.cn/index.php? doc - view - 1478.

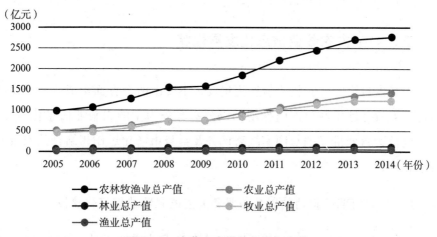

图 7 - 1　内蒙古农林牧业历年产值

资料来源：国家统计局。

表 7 - 1　　　　　　　　　　　**内蒙古农林牧业产值**　　　　　　　单位：亿元

产值	2005 年	2006 年	2007 年	2008 年	2009 年	2010 年	2011 年	2012 年	2013 年	2014 年
农业	473.89	542.23	620.42	716.61	731.9	900.4	1057.85	1171.97	1328.07	1408.44
林业	39.79	49.01	63.69	72.72	78.25	76.6	93.16	97.76	96.14	96.44
牧业	444.58	439.25	559.65	699.63	721.44	822.4	998.31	1118.86	1208.49	1205.65
渔业	7.24	9.11	10.95	11.78	12.71	15.9	23.52	26.08	29.04	29.07

资料来源：国家统计局。

表 7 - 2　　　　　　　　　　**内蒙古农林牧业产值增加比率**　　　　　　单位：%

总产值 增加比率	2005 ~ 2006 年	2006 ~ 2007 年	2007 ~ 2008 年	2008 ~ 2009 年	2009 ~ 2010 年	2010 ~ 2011 年	2011 ~ 2012 年	2012 ~ 2013 年	2013 ~ 2014 年
农林牧渔业	7.99	20.59	19.53	2.94	17.38	19.58	11.11	10.21	2.97
农业	14.42	14.42	15.50	2.13	23.02	17.49	10.79	13.32	6.05
林业	23.17	29.95	14.18	7.60	2.11	21.62	4.94	1.66	0.31
牧业	1.20	27.41	25.01	3.12	13.99	21.39	12.08	8.01	0.24
渔业	25.83	20.20	7.58	7.89	25.10	47.92	10.88	11.35	0.10

资料来源：国家统计局。

三、内蒙古农牧业信息化发展现状

内蒙古自治区的农牧业信息化建设，主要由两个方面构成：一是由科技厅、农牧业厅等政府部门推动的以公益服务为主的农牧业信息化建设；二是电信运营商推动的与国家战略任务及自身市场化运作相结合的农牧业信息化建设。

（一）政府部门推动的以公益服务为主的农牧业信息化建设

2003 年，内蒙古自治区科技厅开始着手建设内蒙古自治区农牧业服务体系，先后在全区范围内开展了许多农牧业信息化建设项目，其中包括成立农牧业专业技术协会、农牧业成果转化中心、农牧业信息基地、农牧业科技园区、新型农村科技合作示范基地等各种不同类型的农牧业服务机构，为内蒙古自治区农牧业信息化的建设提供了广阔的平台。

其中，影响力较大、机制较为成熟的农牧业科技信息服务体系就是"内蒙古星火科技 12396 信息服务体系"，这一体系于 2004 年 10 月开始着手建设，并于 2008 年 5 月试行。到目前为止，"内蒙古星火科技 12396 信息服务体系"已经具备了十分科学的组织管理体系，以及完善的综合信息服务平台，包括门户网站及盟市网站群、智能专家系统、资源管理平台、语音平台、远程诊断系统、远程座席系统、专家服务队伍、基层信息服务站等，利用多种形式的服务手段，从不同角度为农牧民提供信息服务，为内蒙古自治区农牧民提供了最大的帮助。截至 2012 年年末，"星火科技 12396 信息服务体系"已经为 311.3 万的农户、1714.35 万的农牧民提供了服务。

1. 专家服务队伍情况

通过"星火科技 12396 信息服务体系"，2012 年全年为农牧民提供服务达到 73000 多次，其中专家服务 22000 多次，语音自动查询服务 41000 多次，专家下乡服务 10000 多次。2012 年全区专家队伍有 280 名，座席专家 43 人，移动专家 237 人，各盟市分布数量如图 7 - 2 所示。

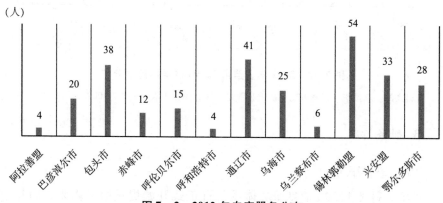

图 7 - 2　2012 年专家服务分布

资料来源：李振华. 内蒙古现代畜牧业研究 ［D］. 内蒙古农业大学，2009.

2. 基层服务站情况

目前，"星火科技 12396 信息服务体系"的基层服务站已经分布在内蒙古自治区 12 个盟市，并在当地的科技局成立指挥中心。每个基层服务站都配备 1~2 台计算机，1~3 名的自治区农牧业信息化发展问题及对策座席专家及计算机维护人员。虽然每个基层服务站都被要求按照"六个一"标准建设，即统一管理，统一规范，统一布局，统一服务电话，统一服务标准，统一服务标志，但仍有不少地区的基层服务站设施老旧，人员综合能力不高。截至 2013 年 5 月底，共建立 12396 服务站 267 个，其中 2012 年度新建 12396 服务站 140 个。由各盟市建设基层服务站的分布数量我们可以看出，一些地区的基层服务站数量明显不够，呼伦贝尔市甚至为 0。

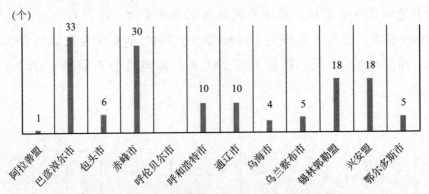

图 7 - 3 **2012 年各盟市 12396 服务站建设分布**

资料来源：李振华．内蒙古现代畜牧业研究［D］．内蒙古农业大学，2009．

3. 服务情况

（1）语音服务。

"星火科技 12396 信息服务体系"自正式开始提供服务以来，历年语音服务次数如图 7 - 4 所示，其中 2007～2009 年度语音服务次数最多，从 2010 年开始，语音服务次数逐渐回落，2012 年度全年总计服务次数 28179 次，其中自动语音 14045 次，专家咨询 14134 次。

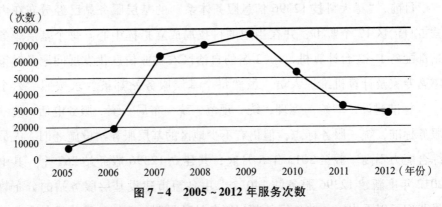

图 7 - 4 **2005～2012 年服务次数**

资料来源：李振华．内蒙古现代畜牧业研究［D］．内蒙古农业大学，2009．

（2）下乡服务次数。

2005～2012 年下乡服务次数有下降的趋势，其中 2009 年服务次数最

多，达到了近 4000 次，近几年下乡服务的次数明显减少，2012 年全年仅
1440 次。

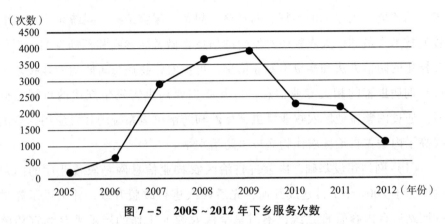

图 7 – 5　2005～2012 年下乡服务次数

资料来源：李振华. 内蒙古现代畜牧业研究［D］. 内蒙古农业大学，2009.

（3）宣传品服务。

"星火科技 12396 信息服务体系"全区年均发放各种宣传品 15 万份以
上，2005～2012 年宣传品次数如图 7 – 6 所示，其中 2012 年全区总计发
放各种宣传单 259100 多份，其中包括宣传海报、宣传单、技术手册、
12396 查询指南、挂历、海报等。

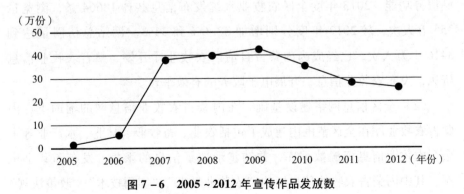

图 7 – 6　2005～2012 年宣传作品发放数

资料来源：国家统计局。

内蒙古自治区农牧业厅通过"金农工程"建设设计要求，结合内蒙古自治区农牧业生产发展，开发了适合内蒙古地区粮食、油料、蔬菜、瓜果类农作物病虫害诊断防治决策系统。目前，主要应用的领域是小麦、玉米、马铃薯、大豆、油菜籽、向日葵、甜菜、温室蔬菜。系统可供广大农牧业技术人员和广大农牧民对发生的病虫害做智能诊断和模糊查询，提供多样化的防治方法和病虫害专业信息，可供农作物病虫害防治专业技术人员查询病虫害的相关专业信息，可开展主要病虫害发生规律的可视化分析。通过内蒙古地区农牧业病虫害诊断和防治决策系统的开发应用，全面提高了内蒙古自治区农作物病虫害防治水平。

（1）网站建设基础。内蒙古自治区农牧业信息网是农牧业厅的门户网站，于2001年1月建成开通，先后四次进行改版升级，并引进了先进的网站后台内容管理系统，不但是全区农牧业工作的展示平台和宣传阵地，而且也是紧密联系"三农三牧"的重要节点，更是贯彻执行国家和自治区有关农牧业发展方针和政策的直接体现。内蒙古自治区农牧业信息网的建设和维护工作是最重要的中心业务工作。2013年，网站进一步加强和完善了信息发布、网上办事和互动交流三大功能，优化了网站的实时管理和动态服务，丰富了网上内容，并不断完善网站的栏目设置开设了政务、办事、资讯、服务四个区30余个栏目，28个数据库系统，8个嵌入应用子系统。同时，创新了服务模式，加强了网站内容的保护，提高了网站服务功能。2013年度全区农牧业系统发布信息共计18664条，浏览量355万人次，较2012年度分别增加32.6%和34%。网站总访问量达到3416.1万人次，已经成为内蒙古自治区农牧业厅开发、整合农牧业信息资源，发布农牧业信息，开展电子政务的有效平台。

（2）全区信息网络建设基础。在内蒙古农牧业信息网的辅助下，内蒙古农牧业厅在全区范围内建成了包括农业、畜牧业、林业、水产业等十余个农牧业信息资源数据库，并初步形成了信息的采集、发布和共享机制。其中内蒙古农牧业信息网的"农牧业动态""实用技术""政策法规"等主要数据库，信息条数共6万余条，每天更新近百条。

另外，还形成了自治区级的农牧业数据中心，建设了 71 个旗县信息网络平台，部署了农畜产品监测预警系统、农牧业信息采集系统、农牧业科技信息综合服务系统、农畜产品及生产资料市场监管信息系统和农畜产品批发市场价格信息服务系统五大应用系统，为全区农牧业电子政务的建设和发展奠定了基础。

（二）电信运营商推动的农牧业信息化建设

"农信通"业务是内蒙古自治区农牧业厅与中国移动内蒙古公司合作，在全区范围内开展的"农信通"手机短信服务，是为加快农牧业信息进村入户，满足广大农牧民对农牧业信息的需求推出的以服务"三农"为目标的信息化服务。农牧民可以通过手机短信、彩信、上网等多种方式，了解最新的政策法规、致富信息、市场行情、农事气象、惠农政策，以及农牧民关注的民生问题等信息，让农牧民方便快捷地知晓农牧业信息。"农信通"业务开展 5 年来，已经成为内蒙古自治区农牧业信息服务的突出亮点。截至目前，"农信通"服务体统已经基本覆盖全区 12 个盟市，已有 2000 多名专家，全区用户超过 211 万名，2013 年全年向农牧民共报送信息 8000 余条，月均用户数达到 54 万户，月下发信息 10435 条，累计向农牧民发送信息约 152220 条。

中国联通内蒙古分公司在内蒙古自治区农牧业信息化方面也做出了贡献，在"十一五"期间投资 138 亿元加大农牧业信息基础设施建设投入，推进"村通工程"，施行"宽带、手机下乡工程"，成为内蒙古自治区的农牧业信息化坚实的后盾，其中最主要的项目之一就是"内蒙古 12316 三农三牧服务热线"。

"内蒙古 12316 三农三牧服务热线"是经内蒙古自治区有关部门批准的，以"指导农牧业生产、促进农牧区发展"为宗旨，以"维护农牧民合法权益"为目标，专门为农牧民提供服务的一项业务。该热线于 2012 年 4 月正式开通，主要为农牧民提供技术、政策、市场咨询和举报投诉两种类型的热线服务。其中，技术、政策、市场资讯类的热线又可分为以下四种类型：第一是对农牧民提出的问题话务员给予直接答复；第二是话务员对提出的问题进行查询语音数据库后给出答复；第三是直接转接到座席专家或场外专家予以答复；第四是对暂时不能解答的问题和非专家座席时段提出的问题，由话务员记录工单，咨询有关部门和专家后予以回复。而对于投诉举报类的电话，首先，由座席人员认真填写投诉举报记录单，并保存录音资料；其次，由厅信息中心主任审核签字后转到农牧业厅办公室，在农牧业厅办公室收文登记后，由农牧业厅办公室主任审核签字，批转至厅相关处室局，相关处室局将工单转办至事件归属地农牧业局，要求受理单位在 5 个工作日内调查核实，并将核实处理的结果及时反馈给12316 热线呼叫中心。

农牧民只要在全区范围内使用任何方式拨打 12316，即可接入内蒙古自治区呼叫中心。据统计，截至 2013 年 12 月 31 日，12316 服务热线共拥有自治区、盟市、旗县专家队伍 600 余人，座席 14 个，8 小时人工话务值守，24 小时语音留言服务，已累计接听服务电话 7000 多个，解答专业问题 500 多个，录入语音数据库信息近 6000 条，并与内蒙古广播电台合作，开通了每天一小时的直播服务热线。农牧民朋友可随时拨打 12316，向话务员和农牧业专家咨询各项支农惠农政策，也可以通过热线进行农资打假投诉举报。

四、国外农畜业互联网发展现状

（一）英国：大数据整合"精准农业"

近年来，由于气候变化和全球农业生产竞争强度的提升，英国农业部门收入经历了多次明显波动。英国环境、食品和农村事务部认为，为应对上述挑战，一方面，英国农业需要向"精准农业"迈进，结合数字技术、传感技术和空间地理技术，更为精准地进行种植和养殖作业；另一方面，需要提升农业生产部门和市场需求的对接，加强其对于市场的理解。而这一系列需求的基础就是强大的数据搜集和分析处理平台。

与此同时，英国农业协会也多次呼吁政府出台农业信息化发展战略。在其 10 项政策建议中，其中两项与农业信息化发展密切相关：一是要求政府在农村地区实现宽带全覆盖；二是要求政府建立适当的平台和渠道将农业生产准确信息进行汇总和分析。

在此背景下，英国政府于 2013 年专门启动了"农业技术战略"，该战略高度重视利用"大数据"和信息技术提升农业生产效率。参与该战略制定的爱丁堡大学信息学院科林·亚当姆斯认为，农业可能是最后一个面临信息化和数字化的产业，大数据将是未来提升农业作物产量、畜牧业产量的关键，也是提升农业部门对市场理解的关键。未来的核心问题是将大量的数据融合起来进行适当、科学的分析，以此来推动农业的发展。

"农业技术战略"近期的核心是建立以"农业信息技术和可持续发展指标中心"为基础的一系列农业创新中心。农业信息技术和可持续发展指标中心被视为英国农业信息化发展的基础。英国农业技术战略负责人朱迪斯·巴切拉认为，大数据和信息化发展对于英国农业带来的影响是根本性的，未来农业创新发展必须将其纳入其中，因此农业信息技术和可持续发展指标中心是未来其他农业创新中心的基础。

农业信息技术和可持续发展指标中心作为该战略的基础和最先推行的部分，其目标是为企业、研究机构和大学开拓潜在市场提供一站式服务，通过整合农业生产链条的数据，借助统计、建立模型和可视化智能分析等方式，确定提升农业生产效率的解决方案。该中心也得到了英国政府的高度重视，在削减开支的大背景下，英国政府在 2015 年春季预算中仍为该中心拨款了 1200 万英镑。

英国推动农业信息化发展的总体架构安排集中体现了"产学研"相结合的特点。英国环境食品和农村事务部、商业创新和技能部等政府部门与相关学术机构和农业生产、技术企业共同建立"英国农业技术领导委员会"，负责整体战略的实施。为促进农业生产和市场化与"大数据"和信息技术的充分融合，该中心囊括了英国国内信息技术和农业技术的顶尖研究机构和企业，包括英国洛桑研究所、雷丁大学、苏格兰农业学院、英国全国农业植物学会等。洛桑研究中心作为该中心的所在地，将为英国农业信息技术提供建模和统计服务；雷丁大学将提供数据科学服务；全国农业植物学会和苏格兰农业学院则提供农业技术资料交流。英国商业创新和技能部也在不断鼓励其他研究机构、农业企业和科技企业参与该中心运作。

为了便于所有农业技术战略的参与者能够最大化实现数据共享和成果利用，英国政府为该中心确立了开放数据的政策。该中心的核心业务是搭建和完善数据科学和建模平台，以搜集和处理农业产业链条的所有公开的和初级的行业数据。未来该中心还将研发必要的服务软件，以便于不同的用户根据自身需要获取、整合数据，并获得数据分析结果和解决路径。

（二）美国：信息化支撑农业发展

美国农业信息化建设起步于 20 世纪 50 年代，经过半个多世纪的发展，已经成为世界上农业信息化程度最高的国家之一。农业信息化的进展，有力地促进了美国农业整体水平的提高。

美国各级政府做好服务角色，围绕市场需求建立了有效的支撑体系，为农业信息化创建发展环境。政府通过提供辅助、税收优惠和政府担保等优惠政策，刺激与引导资本市场运作，推动了农业信息化的快速发展。在农业信息资源的管理上，形成了一套从信息资源采集到发布的立法管理体系，并注重监督，依法保证信息的真实性、有效性及知识产权等，维护信息主体的权益，并积极促进农业信息资源的共享。

美国在农业数据资源采集及存储方面采取以政府为主体，构建规模和影响力较大的涉农信息数据中心，全面采集、整理、保存了与美国及国际有关的大量农业数据资源。美国农业信息服务体系主要由 4 个主体构成：政府部门的农业信息收集发布系统；政府支持下的农业教育科研推广系统；融科研、生产、推广于一体的公司系统；以农场为主体的民间自我服务组织系统。

在农业信息化建设上，美国采取了政府投入与资本市场运营相结合的投资模式，从农业信息技术应用、农业信息网络建设和农业信息资源开发利用等方面全方位推进农业信息化建设。美国政府十分重视农业信息化网络基础设施建设，从 20 世纪 90 年代开始，美国政府每年拨款 10 多亿美元建设农业信息网络，进行技术推广和在线应用，农村高速上网日益普及。随着互联网和计算机技术的高速发展，美国利用自动控制技术和网络技术实现了农业数据资源的社会化共享。

此外，美国现代农业智能装备技术日趋成熟，农业决策支持系统得到广泛应用，有力地促进了农业整体水平的提高。美国农业装备迅速向大型、高速、复式作业、人机和谐与舒适性设计方向发展。美国农民可利用全球定位系统、农田遥感监测系统、农田地理信息系统、农业专家系统、智能化农机具系统、环境监测系统、系统集成、网络化管理系统和培训系统等，对农作物进行精细化的自适应喷水、施肥和撒药。

在美国政府完善的农业信息化体系建设下，大量涉农信息化企业应运而生。这些企业利用政府公开发布的农业大数据进行分析、预测并提供给农业生产者用于农场生产管理及精细化耕作，以帮助农场主提高生产效率。

（三）德国：积极扶持数字农业

德国农民联合会的统计数据显示，目前一个德国农民可以养活 144 个人，这一数字是 1980 年的 3 倍。但要想长期解决全球饥饿问题，每个农民需要至少养活 200 人。这就需要更加高效、可持续的农业新技术。目前，德国正致力于发展更高水平的"数字农业"。

"数字农业"基本理念与"工业 4.0"并无二致。通过大数据和云技术的应用，一块田地的天气、土壤、降水、温度、地理位置等数据上传到云端，在云平台上进行处理，然后将处理好的数据发送到智能化的大型农业机械上，指挥它们进行精细作业。

德国在开发农业技术上投入大量资金，并由大型企业牵头研发"数字农业"技术。据德国机械和设备制造联合会的统计，德国去年在农业技术方面的投入为54亿欧元。在今年的汉诺威消费电子、信息及通信博览会上，德国软件供应商SAP公司推出了"数字农业"解决方案。该方案能在电脑上实时显示多种生产信息，如某块土地上种植何种作物、作物接受光照强度如何、土壤中水分和肥料分布情况，农民可据此优化生产，实现增产增收。

拥有百年历史的德国农业机械制造商科乐收集团（CLAAS）与德国电信开展合作，借助"工业4.0"技术实现收割过程的全面自动化。他们利用传感器技术加强机器之间的交流，使用第四代移动通信技术作为交流通道，使用云技术保障数据安全，并通过大数据技术进行数据分析。

德国电信在2013年推出了数字化奶牛养殖监控技术。农民购买温度计和传感器等设备在养殖场安装，这些设备可以监控奶牛何时受孕、何时产仔等信息，而且可以自动将监控信息以短信形式发送到养殖户的手机上。

现代德国农民的工作离不开电脑和网络的支持。他们每天早上一开始的工作就是，查看当天天气信息、查询粮食市价和查收电子邮件。现在的大型农业机械都是由全球卫星定位系统（GPS）导航系统控制。农民只需要切换到GPS导航模式，卫星数据便能让农业机械精确作业，误差可以控制在几厘米之内。

信息通信技术的发展让农民的工作更加高效便捷。柏林的一家名为"365 FarmNet"的初创企业为小型农场主提供了一套包括种植、饲养和经营在内的全程服务软件。该软件可以提供详细的土地信息、种植和饲养规划、实时监控以及经营咨询等服务，而且通过该软件可以方便地与企业的合作伙伴取得联系，以便及时获取相应的服务帮助。

目前，德国农业数字化建设面临的一个重要问题是农村地区宽带覆盖率还不够高，尤其是德国东部农村地区。另外一个问题是数据安全问题。目前，并不是所有农民都愿意将自家农场的数据上传到网络，很多人对网络安全的可靠性仍持怀疑态度。

（四）日本：网上农场受到青睐

城市居民在网上选块土地，只要点击鼠标，网上播种、网上栽培、网上施肥、网上收获，这样按照自己意愿种植的有机蔬菜就可以端上自家的餐桌。这不是电子游戏，而是在日本开始兴起的网上农场。日本爱媛县松山市山西町的网络农场公司走出了一条用网络将城市与农村连接的远程农场发展之路。

日本农业以家庭经营为主，且多由老年人、家庭妇女劳作，虽有农协等农业组织牵头，但经营分散，抗风险能力差，农民收入不稳定。另外，城市居民需求多样化，不仅希望得到自己喜欢品种的稳定货源，更希望吃到放心的有机蔬菜，保障餐桌上的安全。这正是网络农场发展的商机。

网络农场的经营模式是，消费者与农场签约租用农场的地块，支付租地费、种子费和快递费，之后就可以下单，在自己的地块上种植自己喜爱的农作物。消费者可以根据自己的爱好决定浇水、施肥、打药、收获的间隔，一般无须自己下地劳作。另一端，农场职工根据不同消费者的指令负责对农田的实际操作和经营管理。农场通过照片、视频等在网站公布农作物生长情况，让消费者随时能够观察到作物的长势。到作物成熟后，农场职工就会将收获的产品收割、打包，按时寄送到消费者家中。同时农场开设互换市场和网络商店，消费者可以用自己的产品与农场其他用户的产品互换，也可以将多余的产品在网络商店销售，收入全部归己。同时由于气象原因，出现农作物减产，消费者也会承担风险，这种风险共担模式保证了农民的收入稳定性。研究报告称，日本网络农场一般联系 50～100 家城市居民，是比较理想的经营规模。

山西町网络农场主打特色是培育有机蔬菜，让消费者吃上能够看到的安全、放心的有机蔬菜。农田不施化肥，完全使用有机肥料，绝对不使用农药，为防治病虫害，农场开发了用辣椒、大蒜、果醋发酵而成的有机农药。据说，这种农药已经成了该农场的招牌。不仅如此，网络农场也向城市居民提供亲近自然的机会，消费者在周末或假期可以到农场参加劳动，亲自照顾自己的农作物，并与农民交流，学习更多的农业知识。

农场负责人远藤忍说，日本传统农业是第一产业，农民只负责生产，耗时长、收入低，且收入极不稳定。此外，运输、销售等流通环节占去了大部分利润。网络农场同样是由农民劳作，但农民成了网络商业的另一端，他们是根据消费者需求提供的农作物培育服务，实际是把第一产业做成了第三产业。

由于是定向服务，有机农产品价格偏高，在一定程度上限制了这种经营模式的发展。据日本总务省的家庭生活调查，两口之家的月平均蔬菜支出为5350日元（约合44美元），而购买有机蔬菜的支出为6600日元（约合55美元）。但为了食品安全，有些城市家庭是愿意支出的，这就是网上农场的客户群。如今网上农场的经营范围除了蔬菜外，还包括水果、稻米等品种。

日本农业产值只占GDP的1%，但网上农场为农业发展创出了一条新路。这种经营模式不仅解决了城市居民口粮、蔬菜的稳定性，也为农民收入的稳定提供了保障。①

第二节　内蒙古进行农畜牧产业发展问题分析

一、内蒙古进行农畜牧业互联网经济转型的竞争优势

（一）农牧资源优势

由统计年鉴数据可知，2013年内蒙古自治区的农作物总播种面积为

---

① 金土地博客. 国外如何推动农业信息化［J］. http：//blog. sina. com. cn/s/blog_137181fd 10102we7v. html，2015－08－20.

7211.18千公顷，人均耕地面积为0.2887公顷/人，大于全国平均值
0.1210公顷/人；内蒙古2013年粮食产量为2773万吨，人均粮食产量为
1.1101吨/人，远大于全国平均值0.4424吨/人；内蒙古大牲畜2013年
年底有819.61万头，人均拥有量为0.3281头/人，远大于全国0.0871
头/人；内蒙古2013年第三产业总产值为2699.5亿元，占地区总产值的
15.96%，与2013年全国均值16.49%相接近。由以上数据可知，农牧业
为全区主导产业之一，人均耕地拥有量与人均大牲畜拥有量均远大于全国
水平。

内蒙古现有耕地面积7146.3千公顷，人均耕地面积居全国之首，
是全国人均耕地面积的3倍。内蒙古农业区主要分布在大兴安岭以东和
阴山山脉以南的西辽河平原，嫩江两岸平原，河套平原，土默川平原和
广大丘陵地区。有适于农作物生长的黑土、黑钙土、栗钙土等多样性土
壤和可利用的地上地下资源，从而成为内蒙古乃至我国北方的重要粮
仓。内蒙古农作物多达25类10266个品种，主要品种有小麦、玉米、
水稻、谷子、莜麦、高粱、向日葵、蓖麻、蜜瓜、大豆、马铃薯、甜
菜、胡麻、黑白瓜子等许多独具内蒙古特色的品种，其中莜麦、荞麦、
华莱士瓜颇具盛名。还有发展苹果、梨、杏、山楂、海棠、海红果等耐
寒耐旱水果的良好条件。

内蒙古天然草场辽阔，草原总面积居全国五大牧场之首，是我国重
要的畜牧业生产基地。草原东起大兴安岭山地，西至居延海，东西绵延
2000多公里，总面积达8700公顷，其中可利用草原面积6818万公顷，
占全国可利用草场面积21.76%。现有呼伦贝尔、锡林郭勒、科尔沁、
乌兰察布、鄂尔多斯和乌拉盖6个著名大草原，生长有1000多种饲用
植物，饲用价值高、适应性强的有100多种。内蒙古东北部的草甸草原
土质肥沃，降水充裕，牧草种类繁多且优质高产，适宜饲养大畜，特别
是养牛；中部和南部的干旱草原降水较为充足，牧草富有营养，适于饲
养马、牛、羊等各种牲畜，特别宜于养羊；阴山北部和鄂尔多斯高原西
部的荒漠草原，气候干燥，牧草种类贫乏，产草量低，但牧草的脂肪和

蛋白质含量高，是小畜的优良放牧场地；西部的荒漠草场适合养殖骆驼（如表7-6所示）。著名的三河马、三河牛、乌珠穆沁肥尾羊、敖汉细毛羊、草原红牛、鄂尔多斯细毛羊、阿尔巴斯绒山羊等优良畜种在区内外闻名遐迩。上述优良资源为内蒙古发展特色优势草原农牧业及其加工业奠定了基础。[1]

表7-3　　　　　　全国以及内蒙古主要农畜产品优势分布

区域名称	全国农产品优势布局	内蒙古农产品优势布局
玉米优势区	东北一内蒙古专用玉米优势区；黄淮海专用玉米优势区	通辽市、赤峰市、兴安盟
小麦优势区	黄淮海优质强筋小麦带；长江下游优质弱筋小麦带；大兴安岭沿麓优质强筋小麦带	呼伦贝尔市、巴彦淖尔市
大豆优势区	东北高油大豆带	呼伦贝尔市
马铃薯优势区	暂无明确区域	乌兰察布市、呼和浩特市
羊肉优势区	中原肉羊优势产区；内蒙古中东部及河北；北部肉羊优势区；西贝肉羊优势区；西南肉羊优势区	赤峰市、锡林郭勒盟
牛肉优势区	中原肉牛优势产区；东北肉牛优势产区	通辽市
牛奶优势区	东北优势区；华北优势区；京津沪优势产区	呼伦贝尔市、呼和浩特市、锡林郭勒盟
羊毛优势区	暂无明确区域	赤峰市、锡林郭勒盟
羊绒优势区	暂无明确区域	赤峰市、巴彦淖尔市、鄂尔多斯市

资料来源：刘玉彪. 构建内蒙古优势特色产业可行性分析［D］. 中央民族大学，2004.

（二）地理条件优势

内蒙古横跨东北、华北、西北三个地区，南连黑、吉、辽、冀、晋、陕、宁、甘八省，北与俄罗斯、蒙古国接壤，国境线长4421公里。

---

① 内蒙古高原. http://www. hudong. com/wiki/% e5% 86% 85% e8% 92% 99% e5% 8f% a4% e9% ab% 98% e5% 8e% 9f.

内蒙古与京津地区邻近，便于开展合作、传送电能资源等，同时还与周边地区共同形成了一个重要的能源聚集区。国务院发展研究中心与内蒙古、宁夏完成的"呼包银—集通线经济带发展战略"课题研究认为，要把呼包银—集通线经济带建成沟通京津地区的经济腹地和我国"三北"地区的骨干通道、向北开放的前沿地带、北方重要的生态防线和重要的农畜产品加工和输出基地等。

内蒙古与俄罗斯、蒙古国相连接，有大力发展口岸贸易的条件。内蒙古边境有 19 个口岸，其中满洲里和二连浩特两个口岸是全国最大的陆路口岸。满洲里人流、物流连通俄蒙乃至欧亚各国，堪称"欧亚大陆桥"。满洲里口岸近年来从俄罗斯进口木材数量逐年增加，并且随着俄罗斯大量木材的进口，满洲里已成为我国目前最大的进口木材加工地。二连浩特口岸由于具有优越的地理位置，成为从蒙古国乌兰巴托到天津港出海的必经之地。

独特的区位优势为经济发展提供了对外联系的通道，有利于内蒙古扩大对内对外的开放，为经济的发展提供了广阔的市场环境。[1]

（三）政策优势

内蒙古作为自治区，在政策上具有一定的优势。自治法第 59 条规定："国家设立各项专用资金，扶持民族自治地方发展经济文化事业。"对民族自治地方财政实行机动金、预备费、民族补助款三项照顾。照顾的资金由民族自治地方自行安排使用，主要用于经济文化事业的建设。

2010 年开始，内蒙古自治区每年投入 2.3 亿元，对畜牧良种进行三项补贴，实现了奶牛良种补贴、肉牛冻精和牧区种公羊补贴的全覆盖。2013 年提出的"8337"发展思路中明确指出"要把内蒙古建成绿色农畜产品生产加工输出基地"，并要做好"三农三牧"工作。

---

[1]　互动百科．内蒙古高原．http：//www.hudong.com/wiki/%e5%86%85%e8%92%99%e5%8f%a4%e9%ab%98%e5%8e%9f.

在牧区，各地大力实施"以草定畜、草畜平衡"，发展生态家庭牧场，草甸草原、典型草原和草场资源状况好的区域，推广实施联户家庭牧场等集约化、规模化经营模式，牧区生态家庭牧场已发展到3万多户，参与经营牧户5万多户，占到牧户总数的10%。

在农区，各地利用土地资源、粮食及秸秆等农副产品资源优势，发展标准化规模养殖。目前奶牛百头以上规模养殖场存栏占全区比重达到42.3%，主产区已超过70%。生态家庭牧场的增加，规模养殖比重的提升，为在更高水平上推进建设型畜牧业奠定了坚实的基础。

（四）草原文化促进畜牧业发展

在中国人的印象中，说到草原文化就能够联想到内蒙古。由于内蒙古自古以来就存在着大量以放牧为生的游牧民族，人们说起羊肉等肉类产品以及畜牧业的附属产品，首先就会想到内蒙古。因此，在这样的文化背景下，内蒙古的畜牧加工业生产出的产品将会很容易取得消费者的信任。

（五）农产品品牌建设卓有成效

内蒙古拥有的河套、土默川、辽河和松嫩平原，有"谷仓"和"塞外米粮川"之称，不仅是内蒙古主要粮食和经济作物产区，也是国家农业开发的重点地区。随着内蒙古农业经济的不断发展，其农产品的种类和数量都在不断的增加，农产品区域品牌的建设也受到了越来越多的关注。据不完全统计，截至目前内蒙古现有的农产品区域品牌有多个，这其中以国家各个相关部门认证的地理标志产品为主体；现有的农产品区域品牌分布在内蒙古下辖的12个盟市行政区域中，其中呼伦贝尔市有20多个，是区域品牌数量最多的地区。目前，在内蒙古众多的旗、县、市中，呼伦贝尔的扎兰屯市有6个农产品获国家地理标志保护认证，是内蒙古绿色食品使用标志最多、国家地理标志保护产品全国最多的地区。同时扎兰屯市地理标志认证数量在全国2862个旗县级地区中名列榜首，农业部农产品质量安全中心已将扎兰屯市作为农产品质量安全、地理标志农产品产业发展的重点县市之一。

二、内蒙古进行农畜牧业互联网经济转型的竞争劣势

(一) 传统产业形式竞争劣势

1. 科技水平和加工增值率低

内蒙古农畜产品资源十分丰富，但资源优势远未发挥出来。由于科技成果转化机制仍不健全，科研成果转化率低，农牧业产业化科技含量不高，产业链条短，加工转化率低。目前农畜产品加工业产值与农牧业产值比仅为 0.6∶1，与全国平均 1∶1 的水平还有一定的差距，与发达国家 3∶1 的水平更是相差甚远。如果内蒙古农畜产品加工转化程度达到全国平均水平，2003 年农畜产品加工业产值将达到 666 亿元，比实际水平高 75%。从各行业的发展情况看，乳制品主要以超高温灭菌奶、奶粉、酸奶、冰淇淋为主，产品细分程度低，花色品种少，深加工产品更少。肉类加工绝大多数都停留在传统的简单初加工上，精深加工水平低，新产品开发能力弱，尚未形成品牌优势。粮油产业大多以原粮、油料等初级产品进入市场，竞争力弱、附加值低。以玉米产业为例，目前内蒙古玉米的加工转化率仅为 17.2%，而吉林省已达到 36.7%；内蒙古加工转化品种还不到 10种，而全国有 200 多种，发达国家已达到 2000 多种。种植的牧草大多处于自产自用阶段，还没有形成规模化种植、专业化生产，加工转化和商品率不高。沙产业发展仍处于起步阶段，加工转化严重滞后。

2. 龙头企业规模小，带动能力低

内蒙古农畜产品加工企业组织结构大群体、小规模的特征十分明显，与发达国家和我国发达地区相比，龙头企业的规模、实力、科技水平和产品质量等综合竞争力仍然较低，难以对一体化生产形成持久而强有力的支

持，辐射能力和市场开拓能力受到一定程度的影响。2003 年居于世界食品加工业首位的美国菲利普莫里斯公司年销售收入达 729 亿美元，我国最大的龙头企业河南双汇集团销售收入达 120 亿元，内蒙古销售收入最高的伊利集团只有 63 亿元。

3. 基地建设滞后，专业化水平低

农牧业生产的集约化、专业化、组织化水平不高，农畜产品的专用程度和品质不能充分满足现代加工业发展的需要。奶牛品种落后，饲养管理粗放，平均单产水平仅为 3 吨，比全国平均水平低 0.2 吨，仅为加拿大等发达国家平均水平的 1/3，难以适应乳业持续发展的需要。肉源基地建设滞后，畜种改良慢，出栏率和商品率较低，2003 年肉羊平均胴体重 15.7 千克，而世界平均为 20 千克，澳大利亚为 21 千克，美国为 29 千克；肉牛平均胴体重 160 千克，而世界平均为 212 千克，美国为 327 千克，加拿大为 334 千克。绒山羊养殖基地基础设施薄弱，不适应舍饲圈养的要求，使加工业生产能力闲置与原料不足的矛盾更加突出。

4. 利益联结机制不健全，农牧民组织化程度低

产业化内部结构松散，龙头企业、基地、农牧户之间缺乏稳定、健全、合理的利益联结机制，没有真正结成"利益共享、风险共担"的共同体。除乳、肉等产业外，其他产业基本处于农牧户自发生产阶段，组织化、规模化程度低，企业与基地、农牧户之间仍然是最初级的买卖关系，原料生产的规模、质量很难满足加工需求，导致一方面农畜产品加工不足，加工转化水平低；另一方面部分企业生产能力闲置，这说明大部分地区仍处于自发生产阶段，很难适应产业化经营的需要。

5. 服务组织不健全，社会化水平低

内蒙古自治区产业化经营的产前、产中、产后服务滞后，科技、信息、金融、购销、储运等服务组织和中介组织不健全，人员素质低，服务

功能差，不能充分发挥应有的作用，很难适应产业化经营的需求和市场变化。全区参加各种专业合作经济组织的农牧户只占总户数的3%，低于全国平均4%的水平，也远远低于日本等发达国家80%的水平。农村牧区合作组织薄弱、广大农牧户分散经营、农畜产品交易成本过高，既制约了农牧民参与市场竞争，也制约了农牧业产业化的进一步发展。

6. 发展不均衡

一是地区不均衡。呼和浩特、包头、鄂尔多斯等龙头企业集中，且竞争优势明显的地区农牧业产业化程度要相对高一些；而巴彦淖尔、乌兰察布、锡林郭勒等龙头企业发展滞后的地区农牧业产业化水平相对滞后。二是结构不均衡。农产品的加工转化明显落后于畜产品的加工转化，在全区11个驰名品牌中，农产品加工业只占3个。

7. 忽略草原农畜产品的品牌价值

内蒙古地处高原地区，地缘辽阔、日照充足、污染较少；马背上的民族世世代代生活在这片土地，这一片地区有着最有特色的草原文化。在这一片土地上生产出的农畜产品有着独特的地标价值、文化价值和健康价值，但是在以往的宣传销售中农畜产品价格和产品应有的价值严重背离。

（二）信息化水平较低

1. 农牧业信息化的基础设施投入不足

农牧业信息化基础设施的投入，不仅决定着农牧民对政府和企业提供的信息是否能够通过先进的设施得到及时准确的了解，还直接决定了农牧业信息资源开发利用的深度和广度。从全国来看，农牧业信息网络发展速度十分迅速，但由于我国农村广大，信息服务体系尚未完全形成，尤其是西部地区。同时，内蒙古自治区的整体实力与东部发达省份相比，还属于中等偏下的水平，因而对内蒙古自治区而言，农牧业信息化的普及显得更加困难，特别是在资本投入和基础设施建设方面仍有很大的差距，主要表现在：第一，有限的经济条件下，一部分地区的政府在农牧业信息基础设施建设方面的支持力度和资金投入是不够的；第二，基层缺少收集、处理、传播农牧业信息的硬件设备；第三，信息服务体系不健全，基层缺乏对信息有效管理的专业人才；第四，信息来源的可靠性和时效性差，虚假信息和过时信息鱼目混珠的混在农牧业信息中，使得农牧民很难区分；第五，在农牧业，农牧业信息的载体主要是纸质的形式，信息数据库较少，容量较小，特别是在乡镇、村、苏木等最后一公里的数据传输容易出现断层；第六，内蒙古自治区的农牧民，不少都是蒙古族，而针对蒙古族适用的一些网站数量较少，蒙文信息资源相对匮乏，这样就使得农牧业信息化建设的步伐变得十分缓慢。

依据2012年全国各省的国民经济和社会发展统计公报分析，从图7-7可以看出，与其他较发达的省份相比，内蒙古自治区对农牧业投资的金额较小，与对农牧业投资较高的广东省相比，相差2605.77亿元，可以看出内蒙古自治区对农牧业信息基础设施的投入资金严重不足。

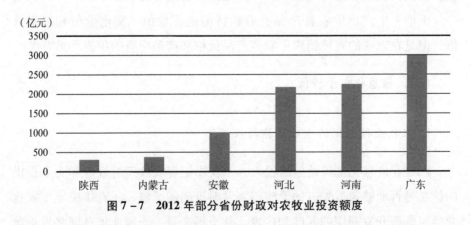

（亿元）

图7-7 2012年部分省份财政对农牧业投资额度

2. 政府在农牧业信息化建设上主导作用发挥不够

内蒙古自治区农牧业信息化作为农牧业现代化建设的一项内容，在其发展早期阶段，政府的主体作用尤为重要。但在我国，政府尤其是一些地方政府，对于农牧业信息化建设的必要性缺乏认识，一些政府官员本身缺乏引导、扶持农牧业信息化发展的意识，而农牧民本来就对信息的敏感度不高，这样对农牧业信息化的意识就更为薄弱，农牧业信息化的建设也就相对滞后。

尽管在国家的大力倡导和积极推行下，一部分领导意识到了农牧业信息化建设的重要性，但究其根本来说，也只是知其然而不知其所以然，对具体的实施方法和技术体系了解甚少。一些较为落后地区的领导甚至对农牧业信息化的理解只是停留在"使用计算机浏览网页，编辑文本文档"等简单的认识上，而那些意识到农牧业信息化重要性的领导，也大多认为实施起来困难重重，而且担心效果不显著，因而也只是保持观望的态度。正是由于政府缺乏对这些地区的引导，才导致当地的农牧业信息化建设停滞不前。

同时，在农牧业信息化建设的过程中，政府作为信息体系的制造者和使用者，在信息市场中是一个重要的环节，它以信息市场的创建、支撑和调节者的身份参与农牧业信息产品的生产、分配、交换和消费过程，在信息市场中扮演着重要角色。因此，政府应在农牧业信息化建设中发挥其主导作用，包括制定政策、法律和法规、加强立法和监督、提高投资等。

但从内蒙古自治区农牧业信息化建设的总体情况来看，政府在制定政策、法律和法规、加强立法和监督、提高投资等几方面的作用发挥得不尽人意，尽管已经建立了综合性的农牧业信息网站——"内蒙古自治区农牧业信息网"，且内容丰富，并初步建成了覆盖内蒙古自治区各盟市、旗县的农牧业网站，部分盟市、旗县级的农牧业信息网络建设也已经初具规模，但乡镇的网络终端几乎没有，即使有，计算机型号也很落后。

由于部分盟市、旗县的信息采集和设备维护人员缺乏，部分盟市、旗县领导对农牧业信息化工作的理解不足，支持力度不够，再加上缺乏资金投入，更无暇顾及农牧业信息化的建设。另外，有些旗县级网站虽然存在，但网站的内容更新速度缓慢，网站内容也不丰富，这就影响了信息资源的传递与共享。因此，在内蒙古自治区信息难以入户的问题比较突出，影响着内蒙古自治区农牧业信息化的发展。

3. 农牧民信息化意识和利用信息的能力不强

农牧民是信息化的最终受益者，他们的文化素质和信息素养直接影响着农牧业信息化建设的成败。农牧民们基本还是处在"靠天吃饭，望天打卦"的老旧思想，干旱、暴风雨、寒潮等气象灾害随时使辛苦了一年的农牧民们颗粒无收。在我国，农民文化水平和综合素质普遍还是比较低下，根据《2012 年中国住户调查年鉴》的统计，内蒙古自治区农村劳动力中，小学和初中文化程度占总人数的 78.6%，高中和中专文化程度分别占 11% 和 1.9%，而大专或以上文化程度仅占 3.3%，5.1% 的农民还属于不识字或识字很少的人群（如表 7-4 所示）。

从表 7-4 可以得出，内蒙古自治区农村劳动力文化水平很低，这将导致农民的信息素质不高，缺乏对新事物、新技术的认识，接受新事物，学习使用新技术的本领不够。具有一技之长，训练有素的专业人员甚少，导致农牧业只能进行粗放式的种植，无法充分利用网络资源。

表 7-4　　　　　　2013 年内蒙古自治区农村劳动力文化程度

不识字或识字很少	小学程度	初中程度	高中程度	中专程度	大专及大专以上
5.10%	26.90%	51.70%	11%	1.90%	3.30%

资料来源：《2014 年中国住户调查年鉴》。

4. 缺乏农牧业信息化人才

信息技术的应用需要有人力资本的大力支持，而农牧业信息化这项工作又是一项涉及社会、经济、技术、管理在内的综合性的系统工程，其网络的建设需要一大批复合型人才，他们不仅要精通信息技术，还要对农牧业经济有一定的了解，这样才能为农牧民提供及时准确全面的农产品信息，才能对网上的信息进行汇集、整理、加工、储存、传送和分析，为农牧民提供有用的信息。

目前，我国由于教育模式和专业分割的不同，使得管理人员、技术人员和农牧业生产人员缺乏综合能力。一部分技术人员不懂得如何经营管理，通常需要现学现用；一部分懂管理的人又不懂技术方面的事情，很难提出在技术方面适应当地的可行性方案；同时，几乎所有的农牧民都只是按照老一辈的生产经营经验来进行农牧业活动，从根本意义上来说，他们不具备农牧业信息技术应用所需要的知识，这就导致农牧民自身所创造的目的效益比较低下，给专业人员的待遇也就不高，使得一些专业从事这方面的人才不能流入，而自己培养的人才也都因为不能马上得到收益而流入第二、第三产业。

内蒙古自治区在农牧业信息化人才建设方面，一是专业的培训机构不完善，二是投入经费也比较少。目前，从内蒙古自治区信息服务组织的情况来看，无论是从事信息化工作人员的数量还是质量，都很难满足推进农牧业信息化的要求。而目前从事这些工作的人中，人员的业务素质是比较低的，首先是一些最基本的信息搜集和处理的方法不能掌握，导致信息不能有效快速的传递；其次是这些管理和服务人员的知识更新速度缓慢，不能跟上农牧业信息化发展的步伐；最后是他们的数据分析人员数量不足，使大量信息资源只停留在低水平开发状态。这些原因就对农牧业信息化的发展造成了很大的限制。

5. 缺乏"因地制宜"的服务

内蒙古自治区地域特征明显，按其分布区域可分为农区、牧区、农牧交错区、城郊区4个部分。每个部分产业结构与信息化基础条件都有很大差距。如农区，以种植业为主，既生产粮食作物与经济作物，同时兼营林、牧、渔各业的地区，信息化基础条件差；牧区，以肉牛、奶牛、羊养殖为主，信息化基础条件最差，并且大部分地区主要使用蒙古文字和语言；农牧交错区，以种植业的"农"为主，以奶牛、羊养殖的"牧"为辅，信息化基础条件中等；城乡结合区以果蔬的种植栽培、多种种植、养殖农牧业为主，农牧民对文化需要程度高，信息化基础条件最好。目前还没有针对内蒙古自治区地域特征的服务模式，因此在农村信息化推进中，非常需要"因地制宜"，针对区域特点、生产情况和农牧民素质等情况，以需求为导向进行信息资源整合、选择服务终端、建立服务模式。

三、内蒙古进行农畜牧业互联网经济转型的机会

（一）先发优势带来更大的市场份额

先发优势是指在高技术产业中，若政府部门或者企业成为第一个开发出革命性产品的机构，则该产品在一定的基础上可以形成垄断地位。若该产品不能满足用户需求并且需求量很大时，先行开发者则会获得极大的竞争优势，并给该产品或者技术带来持久的竞争优势。

农畜牧业互联网转型在全世界范围内均是较前沿的领域，若内蒙古自治区可以较其他省建立更加全面和完善的信息化基础设施，对农牧民进行更深入的互联网教育，并对农畜产品从生产、加工到销售的产业链环节进行电子信息化，则内蒙古自治区将获得在农畜牧业互联网转型的先发优势。在先发优势的作用下，内蒙古自治区的农畜产品可以创建属于自己的品牌，并可以迅速地占领市场，使用户形成忠实的品牌知名度。

（二）促进农畜牧业经济发展

随着农畜牧业互联网经济转型，为农牧民和各类农牧业相关机构提供技术和信息服务，提高农牧产品附加值，降低流通和运输环节的成本加快农牧产品流通，是推动农牧业信息化、现代化的关键所在，是实现农牧产

品最终价值的重要环节，也是提高农牧业效益、增加农民收入的有效途径。

在农牧交错区、牧区城乡结合区建立与其通信水平、农牧民信息接收水平、消费水平相适应的信息服务体系，保证农牧业信息服务"最后一公里"问题的解决，最终为农牧民提供多手段的技术指导和信息服务，提高农牧民的科技致富能力。通过对综合信息服务站的精心选择，可为农牧民提供质量可靠的农村生产资料及生活日用品质量，使得农牧民放心购买，促进了农村消费，改善了民生。

在对农牧业信息化的建设过程中，通过将其中涉农企业、农贸市场、农资经销店与农牧民连接起来，可以有效地填补农牧业组织上的空白，达到连接农户与市场的目的。这样既可以提高畜牧业产品生产的专业性和优质性，还可以节省交易成本解决小生产与大市场之间的矛盾。此外，利用这项信息服务系统的多元综合性的特点，可以向广大农牧民有效地传递和推广农牧业科技的最新成果和实用技术，从而提高科技成果的转化率及农牧业整体的科技含量，促进多元化农牧业服务体系的发展。

（三）促进农畜牧业产业结构调整

农牧民是农牧业决策系统的最终使用者，政府在农牧此方面决策的正确与否直接影响着农牧业经济的发展和农牧民收入的水平。因此，政府和农牧民之间的信息要及时沟通，这样农牧民就可以及时地了解市场上所需的农牧产品，从而按需生产，改变以往传统而单调的生产方式，有效地避免因农牧民不知道政府的市场信息和政府决策而给农牧民带来的巨大损失。有了农牧业信息化建设，政府可以长期、稳定、及时地把一些中长期农牧业政策传递到农牧民的手中，充分发挥政府的宏观指导作用，有助于调整产业结构，使农牧民有效地开展生产经营活动，以促进农牧业生产，实现农牧民收入的增加。

（四）改善生态环境

随着农牧业信息化的建设，可以为农牧业产业、农牧民提供先进的信息服务，将促进产业结构调整，提高农牧民素质，对环境保护、节能减排起到非常有益的效果。如通过推广农村实用沼气、农村适用风光互补发电产品、生物发电等项目，年推广 1 万个沼气池，可减排二氧化碳 16120吨。目前，内蒙古自治区能够正确使用化肥和农药技术的农民不到 30%，如果能够通过农牧业信息化服务将其提高到 60% ~70%，那么农牧业所面临的农药化肥污染的严峻局面便可得到极大的缓解和改善。

（五）缓解农牧民就业压力

农牧业信息化的不断发展和完善，将导致农牧业信息来源越来越广泛，从事信息技术相关的服务人员将越来越多；反之，从事传统农牧业生产的人就会越来越少，农牧民的就业结构也会因此发生转变，由过去的传统劳作逐渐向现代化的模式发展，这样就实现了剩余劳动力的转移，缓解了就业压力。农牧民可以直接通过现代信息技术，共享各种实时的城市和乡村居民技术知识与市场信息改变传统的生产和生活方式。

四、内蒙古进行农畜牧业互联网经济转型的威胁

（一）先发者的风险

在农畜牧业互联网转型方式还在摸索创新的阶段，信息化建设能否为内蒙古自治区的农畜牧业带来产业结构的改变，从而促进农畜牧业经济发展是未知。在这样的情况下，信息化基础建设的前期投入能否带来回报将未可知。在对广大农牧地区进行产业的互联网化时，如何有效地采取政策鼓励农牧民接受新技术，如何有效地配置资源等都将会是先行者所面临的风险。

（二）政策风险

为了贯彻可持续发展战略，20 世纪 90 年代末，党中央和国务院提出了西部大开发战略，逐步加大了西部生态环境保护和建设的力度，在西部地区实施了"退耕还林"工程，取得了显著效益。面对草原生态的一再恶化，国家又提出了在牧区实行"退牧还草"工程，这是继"退耕还林"工程之后，国家在生态建设方面出台的又一重大战略举措，对保护和改善草地生态环境、促进草原畜牧业可持续发展具有十分重大的意义。国家"退牧还草"工程是在国家"退牧还草"政策指导下实施的重要生态项目，是国家自上而下推动的，工程的推进也就意味着"退牧还草"政策的推行。

随着"退耕还林"和"退牧还草"政策的不断加深，内蒙古自治区可以耕种的田地和可以放牧的草原逐年减少，这样的趋势虽然有利于资源的可持续发展以及缓解环境恶化的趋势，但也同样打击了农牧民的生产积极性。草原上自然放牧的牲畜肉质好，但是随着可放牧的草原面积逐渐降低，内蒙古天然草原的优势会相应缩减。若农牧业的互联网转型和国家政策方向不一致，这势必会影响改革效果。

（三）市场风险

若按照国内外先进的科学技术对内蒙古的农牧业进行信息化建设，在物联网的基础上实现了农牧产品的跟踪和对农牧业的互联网监控，但是这样仍然面临着市场和消费者的认可度问题。如何确保信息准确度、如何进行营销和市场推广都将是信息化建设后应该面临的问题。

第三节　内蒙古农畜牧产业互联网
经济转型升级路径研究

通过上述对内蒙古农畜牧业现状及优劣势分析，发现农畜牧业虽然是内蒙古地区知名并发展较快的产业，但除了个别著名企业外，总体的农畜牧业存在着科技水平含量低，加工增值率低；龙头企业规模小，带动能力低；基地建设滞后，专业化水平低；利益联结机制不健全，农牧民组织化程度低；服务组织不健全，社会化水平低等问题。通过研究并查阅相应文献资料发现，传统农畜牧业的科技水平、品牌意识、龙头企业数量与规模、利益机制建设和服务组织水平，以及内蒙古地区的信息化水平将正向影响着内蒙古农畜牧业相关企业互联网经济转型意向。本节将对这两类因素进行详细探讨。

一、影响传统产业竞争力的因素

（一）科技领先程度

农畜牧业科技水平低，是导致传统农畜牧业竞争力低的重要原因之一。学者张瑞荣（2000）等在谈及内蒙古农业经济发展问题时，指出内蒙古自治区的农业由于科技水平较低，使得内蒙古自治区在生产、存储与运输过程中存在着很多的问题，从而导致农产品的竞争力较低。通过调查与文献阅读可知，畜牧业也存在着生产、存储与运输等科学技术水平低等问题，使得畜牧业的产品竞争力低下。

（二）品牌意识

对于内蒙古自治区传统的农畜牧业竞争力的不足，很多学者在品牌意识建立方面提出了不同的观点。学者李玉彪（2004）在研究构建内蒙古优势特色产业可行性分析中也指出内蒙古自治区的农畜产品要形成产品优势。学者李静（2012）也提出内蒙古农产品地区品牌发展对整体农业的重大影响。学者姚春玲（2013）在研究民族地区农产品区域品牌的创建与保护中提出，内蒙古自治区对于农产品的品牌意识不强，其中品牌的宣传力度不够，以及对农产品区域品牌的经营管理与保护缺乏足够的重视等，都导致了自治区对特色农产品的品牌意识薄弱。

（三）龙头产业领导力

龙头企业少是内蒙古自治区农畜牧业发展现实存在的问题，学者吴应蔚在研究内蒙古农牧业产业发展现状、问题与对策中指出，龙头企业的数量与规模对农牧业的发展有着重要的带动作用。学者李振华（2009）在内蒙古现代畜牧业研究中指出，农牧民专业合作组织的不完善将严重影响内蒙古自治区农牧业的发展。需要解决专业化合作组织不完善、产业化内部结构松散等问题，这将使得农牧业相关人员形成"利益共享、风险共担"的共同体，即需要建成良好的利益机制。学者李静（2012）在研究农产品区域品牌发展中提到，农产品品牌化经营需要龙头企业的带动。但内蒙古农畜牧业中只有乳制产品，拥有企业规模较大并在国内外有较大影响力的龙头企业，例如伊利和蒙牛等，其他农牧领域并没有太多全国性甚至世界性的龙头企业。

（四）服务组织建设程度

服务组织不健全，即农畜牧业相关产品的产前、产中、产后服务滞后，科技、信息、金融、购销、储运等服务组织和中介组织不健全，均影响着内蒙古农牧业进一步的发展。学者李振华（2009）提出服务组织建设是发展农畜牧业的重要途径之一。学者姚春玲（2013）在研究民族地区的农产品区域品牌创建过程中也提到，民族地区缺乏对品牌的建立与保护。

二、信息化水平

（一）信息基础设施建设水平

张瑞荣（2000）等在谈及内蒙古农业经济发展问题时，指出农业投入不足、基础设施落后是制约农业经济进一步发展的重要因素。赵继海、张松柏、沈瑛（2002）等学者认为，农业信息化是指以现代化技术为主要手段，将其应用于农业和农村经济的各个领域中，并对信息资源进行深度开发和利用，建立完善的农业信息产业结构，并进而促进农业经济全面发展。张瑞荣（2000）等在谈及内蒙古农业经济发展问题时，指出农业从业人员素质低是内蒙古地区农业发展受阻的因素之一，也同时说明人才的重要性。学者刘玉洁（2014）在研究内蒙古自治区农畜牧业信息化发展的问题与对策中指出，农畜牧业信息化的基础设施投入不足，以及缺乏农畜牧业信息化人才是影响内蒙古自治区农畜牧业信息化发展的重要因素。本书提到的农牧民信息化意识和利用信息的能力不强、缺乏"因地制宜"的服务等因素，其最终的原因也是因为地区缺乏相应的信息化人才导致的。

（二）信息化人才拥有水平

传统发展方式的农畜牧业是农畜牧业互联网转型的产业基础。张瑞荣（2000）等在谈及内蒙古农业经济发展问题时，指出农业从业人员素质低是内蒙古地区农业发展受阻的因素之一，也同时说明人才的重要性。梅方权（2007）认为，农业的现代化和农民生活的现代化都离不开农业信息化的建设；农业信息化有助于农业生态环境的改善，而且还可以提高农业生产经营管理水平、市场效率，资源循环利用效率等；此外，农业信息化建设与农业现代化建设相结合，将会形成"叠加效应"和"倍增效果"。赵意焕（2009）在对河南省农村信息化的分析中认为，农村信息化应实施"进村入户"模式，以便让农民利用现代化信息技术和工具了解市场行情、发布产品信息、进行农产品网络交易、学习农业技术，真正发现并享受信息化带来的益处。农畜牧业的信息化水平是互联网经济转型的信息基础，若没有较高的信息化水平，农畜牧业互联网经济转型是无法完成的。

综上所述，科技领先程度、品牌意识、龙头产业领导力、利益分配机制建设程度、服务组织建设程度等农畜牧业竞争力，以及信息基础设施建设水平、信息化人才拥有水平等信息化水平因素影响着内蒙古农畜牧产业互联网经济转型。现有的文献多数集中在研究农畜牧业产业升级与影响因素的相关关系，但是研究影响因素对产业转型升级的影响程度上，并未根据产业所处的不同阶段分析其影响因素的不同贡献率。因此，本书将着重从量化的角度，深入分析影响内蒙古农畜牧业经济转型升级的影响因素，并对这些影响因素的交互作用进行讨论，得到推动内蒙古农畜牧业互联网经济转型升级的路径。

三、问卷设计与模型假设

（一）问卷设计

由以上文献综述分析可知，得出影响内蒙古农畜牧业转型升级的主要因素有：科技领先程度、品牌意识、龙头产业领导力、利益分配机制建设程度、服务组织建设程度等农畜牧业竞争力，以及信息基础设施建设水平、信息化人才拥有水平等信息化水平因素。根据相关文献编制调查问卷，问题的回答采用国际通行的李克特 5 点量表（Likert Scale）打分法。"1"代表"非常不同意"，"5"代表"非常同意"。该问卷并没有采用李克特 7 点量表，是因为当选项超过 5 个时，大多数被访者将会缺乏足够的辨别能力。本调查在调查人员的努力下，共调查农畜牧业相关政府工作人员 100 名，大中型农畜牧业养殖人员 50 名，农畜牧业产品加工厂领导 30 名，以及农畜牧产品销售方领导 30 名，共发放问卷 210 份，有效回收 200 份。

（二）模型假设

农畜牧业科技水平低，是导致传统农畜牧业竞争力低的重要原因之一。学者张瑞荣等在谈及内蒙古农业经济发展问题时指出，内蒙古自治区的农业由于科技水平较低，使得内蒙古自治区在生产、存储与运输过程中存在着很多的问题，从而导致农产品的竞争力较低。通过调查与文献阅读可知，畜牧业也存在着生产、存储与运输等科学技术水平低等问题，使得畜牧业的产品竞争力低下。综上所述，提出假设H1。

H1：内蒙古自治区农畜牧业的科技水平正向影响着传统形式下农畜牧业的竞争力。

对于内蒙古自治区传统的农畜牧业竞争力的不足之处，很多学者提出了不同的观点。学者姚春玲在研究民族地区农产品区域品牌的创建与保护中提出，内蒙古自治区对于农产品的品牌意识不强，对品牌的宣传力度不够，以及对农产品区域品牌的经营管理与保护缺乏足够的重视等，都导致了自治区对特色农产品的品牌意识薄弱。学者李玉彪在研究构建内蒙古优势特色产业可行性分析中也指出，内蒙古自治区的农畜产品要形成产品优势。基于此，提出假设H2。

H2：内蒙古自治区对农畜牧产品的品牌意识将正向影响着传统形式下农畜牧业的竞争力。

龙头企业少是内蒙古自治区农畜牧业发展现实存在的问题，学者吴应蔚在研究内蒙古农牧业产业发展现状、问题与对策中指出，龙头企业的数量与规模对农牧业的发展有着重要的带动作用。但内蒙古农畜牧业中只有乳制产品，拥有企业规模较大并在国内外有较大影响力的龙头企业，例如伊利和蒙牛等，其他农牧领域并没有太多全国性甚至世界性的龙头企业。因此，提出假设H3。

H3：内蒙古自治区农畜牧业的龙头企业数量与规模正向影响着传统形式下农畜牧业的竞争力。

学者李振华在内蒙古现代畜牧业研究中指出，农牧民专业合作组织的不完善将严重影响内蒙古自治区农牧业的发展。因此，提出假设H4。

H4：内蒙古自治区农畜牧业的利益机制建设正向影响着传统形式下农畜牧业的竞争力。

服务组织不健全，即农畜牧业相关产品的产前、产中、产后服务滞后，科技、信息、金融、购销、储运等服务组织和中介组织不健全，均影响着内蒙古农牧业进一步的发展。因此，提出假设 H5。

H5：内蒙古自治区农畜牧业的服务组织水平正向影响着传统形式下农畜牧业的竞争力。

学者刘玉洁在研究内蒙古自治区农畜牧业信息化发展的问题与对策中指出，农畜牧业信息化的基础设施投入不足，以及缺乏农畜牧业信息化人才是影响内蒙古自治区农畜牧业信息化发展的重要因素。本书提到的农牧民信息化意识和利用信息的能力不强、缺乏"因地制宜"的服务等因素，其最终的原因也是因为地区缺乏相应的信息化人才导致的。因此，提出假设 H6、假设 H7。

H6：内蒙古自治区农畜牧业信息化基础建设正向影响着内蒙古自治区的信息化水平。

H7：内蒙古自治区农畜牧业信息化人才拥有量正向影响着内蒙古自治区的信息化水平。

传统发展方式的农畜牧业决定着农畜牧业互联网转型的产业基础，因此，传统农畜牧产业的发展水平影响着农畜牧业各部门相关人员对农畜牧业互联网化的意愿强度。农畜牧业的信息化水平是互联网经济转型的信息基础，若没有较高的信息化水平，农畜牧业互联网经济转型是无法完成的。因此，提出假设 H8、假设 H9。

H8：内蒙古自治区农畜牧业的竞争力正向影响着内蒙古自治区农牧业相关人员的互联网经济转型意向。

H9：内蒙古自治区农畜牧业的信息化水平正向影响着内蒙古自治区农牧业相关人员的互联网经济转型意向。

基于以上假设，农畜牧业互联网经济转型的影响因素模型如图 7 - 8 所示。

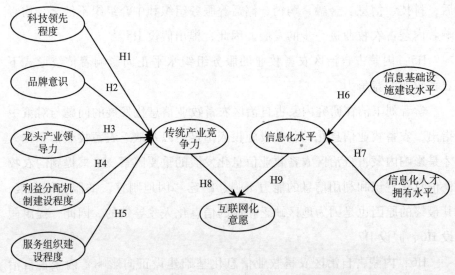

图7-8 农畜牧业互联网经济转型的影响因素模型

四、模型检验与结论

(一) 模型检验

根据吴明隆所著的《结构方程模型——AMOS 的操作与应用》中指出，模型检验主要分为测量模型检验和结构模型检验两个部分。由于本书中提出的图7-1模型是有相应的理论根据，因此，只需要做验证性因子分析即可。

本研究分三个部分对图7-1模型进行验证性因素分析：第一部分为科技水平、品牌意识、龙头企业规模、龙头企业规模、利益机制建设，以及服务组织建设；第二部分为信息化基础建设和信息化人才；第三部分为传统产业竞争力、信息化水平和互联网经济转型意向。其中，第一部分和第二部分为一阶验证性因素分析，建立多因素斜交模型，第三部分进行二阶验证性因素分析。通过模型检验可知，科技领先程度的最后一个问题、利益分配建设程度的第二个问题，以及信息化设施建设水平的第二个问题载荷 P 值均大于 0.1，需要删除，删除后模型各拟合值均符合要求。

从整体而言，"传统产业竞争力"和"信息化水平"的一阶验证性因素分析，以及"互联网化意愿"的二阶验证性因素分析与实际观察数据的适配状况较好，即模型的外在质量较好，测量模型的收敛效度好。在验证性因素分析中，测量模型中并未出现观察变量横跨两个因素的现象，原先构建的观测变量均落在预期的因素中，说明该模型的区别效度良好。

数据经过信度与效度检验后，整体模型的 Cronbach's Alpha 值均大于 0.8，校正的项总计相关性均大于 0.7，最小 KMO 值均大于 0.7，AVE 值大于 0.6，CR 值均大于 0.8000，表明量表具有较好的收敛效度。

（二）模型拟合

表 7－5 和表 7－6 显示了测量模型的各项拟合指标以及测量模型与数据的适配准则。由表中的数据可知，提出的模型与测量数据拟合度较好。标准拟合路径如图 7－9 所示。

表 7－5　　　　　　　　　　结构性分析拟合指标

拟合指标	适配准则		模型实际值	拟合效果
	较好	良好		
CMIN/DF	2 ~ 3	1 ~ 2	2.276	较好
RMSEA	0.05 ~ 0.08	≤0.05	0.04	良好
GFI	0.8 ~ 0.9	≥0.9	0.912	良好
AGFI	0.8 ~ 0.9	≥0.9	0.90	较好
NFI	0.8 ~ 0.9	≥0.9	0.956	良好
CFI	0.8 ~ 0.9	≥0.9	0.979	良好
IFI	0.8 ~ 0.9	≥0.9	0.977	良好
RFI	0.8 ~ 0.9	≥0.9	0.943	良好

表 7 – 6 假设检验结果

假设	标准估计值	P 值	结论
H1	0.84	***	支持
H2	0.86	***	支持
H3	0.81	**	支持
H4	0.77	***	支持
H5	0.67	**	支持
H6	0.83	**	支持
H7	0.81	***	支持
H8	0.83	***	支持
H9	0.84	**	支持

注：其中 ** 表示 p < 0.01，*** 表示 p < 0.001。

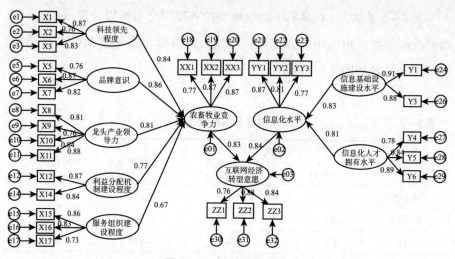

图 7 – 9　标准拟合路径

（三）结论

经过实证分析可知，本书提出的 9 个假设均通过了结构方程模型的检验。科技水平、品牌意识、龙头企业规模、利益机制建设和服务组织建设将正向显著影响着传统农畜牧产业的竞争力；信息化基础建设和信息化人才将显著正向影响着内蒙古自治区信息化水平；传统农畜牧产业的竞争力和内蒙古农畜牧地区信息化水平影响农畜牧相关人员的互联网经济转型意向。科技水平、品牌意识、龙头企业规模、利益机制建设和服务组织建设对传统农畜牧产业竞争力的影响因素分别为 0.84、0.86、0.81、0.77 和0.67，对互联网经济转型意愿的影响分别为 0.6972（0.84 * 0.83）、0.7138（0.86 * 0.83）、0.6723（0.81 * 0.83）、0.6391（0.77 * 0.83）和 0.5561（0.67 * 0.83）。信息化基础建设和信息化人才对内蒙古农畜牧地区信息化水平的影响因素分别为 0.83 和 0.81，对互联网经济转型意愿的影响分别为 0.6972（0.83 * 0.84）和 0.6804（0.81 * 0.84）。由以上分析可知，在农畜牧产业科技水平、品牌意识、龙头企业规模、利益机制建设、服务组织建设、信息化基础建设和信息化人才建设七个方面进行相关改革，将会最终促使互联网对传统畜牧业的经济进行重新整合，使农畜牧业快速稳健地发展。

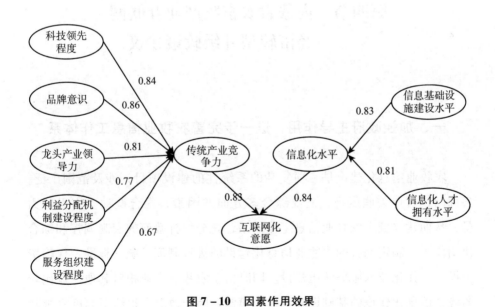

图 7 - 10　因素作用效果

首先，由图 7 - 10 可知，受测者认为品牌意识是影响农畜牧产业竞争力的最重要的因素，内蒙古地区的农畜牧产业虽然有很大的地理优势与资源优势，但是与国际上其他拥有相同优势的地区相比，内蒙古地区的品牌意识相对缺乏，并没有挖掘农畜牧产品的深层价值。现如今，消费者更加注重某产品所蕴含的文化价值、地理坐标价值等，因此，提高生产者的品牌意识，并着重建设有国际影响力的内蒙古农畜牧产品，才会让内蒙古农畜牧产品的产业竞争力增强，从而有更大的决心通过互联网进行更深层次的产业转型。其次，受测者认为科技领先程度也是影响内蒙古农畜牧产业竞争力的重要因素，产品生产、加工及运输销售过程中所含的技术含量影响了生产效率与生产品质，从而影响了最终产品的质量。信息化水平与传统产业竞争力对最终受测者的影响因子分别为 0.84 和 0.83，影响水平几乎相同，说明加强信息基础建设与信息化人才的培养与引进是提高受测者互联化意愿的重要因素。

第四节　内蒙古农畜牧产业互联网经济转型升级政策建议

一、加强政府主导作用，进一步完善农牧业信息工作体系

农牧业信息化建设是一项复杂的系统性的建设项目，涉及范围广泛，各部门、行业关联度高，需要综合多方面的因素，集合调动多方面的力量，从而建立健全农牧业信息工作体系，充分发挥政府的宏观调控和综合协调作用，制定完善的农牧业信息化建设的规章制度，统一标准，保障资金投入，强化技术服务队伍建设。同时由于农牧业产业相对其他产业比较弱势，信息化建设的基础设施也极为薄弱，因此政府必须给予高度重视和有力扶持。政府需要从内蒙古自治区的发展战略的高度出发，将农牧业信息化纳入城镇化、现代化和工业化。近几年的"中央一号文件"中也多

次明确提到信息化发展的意义所在，这为内蒙古自治区农牧业实施信息化建设创造了良好的宏观思路。

因此，政府需要发挥其主导作用，统一领导，组织专业化团队，依靠信息技术专家，制定研究科学、完善的信息化制度和规范，才能确保信息化工作扎实推进并取得成效。具体做法如下：

（一）发挥政府主导作用

农牧业信息化建设是一项任重而道远的艰苦的任务，它的发展离不开政府的大力支持，加强对农牧业信息化建设的工作，是内蒙古自治区新形势下对各农牧业部门的部署的重要工作。农牧业信息化对促进农牧业经济和全区经济的发展，提高农牧民收入有着举足轻重的作用，可以说，政府部门能否在农牧业信息化工程中发挥其主导作用，直接关系到农牧业信息化建设的成败。在内蒙古自治区的一档农牧业节目中，一位农民颇有感触地说："有价值的农牧业信息对于我们来说就像如获至宝一样，它可以告诉我们种植哪种品种会畅销，到哪儿去卖能够卖个好价钱，等等。"正如这位农民所说，现如今的农牧业生产已经不能单单靠我们的双手了，有价值的农牧业信息甚至比先进的农牧业生产工具还要有用。加快发展农牧业信息化的建设，关键就是政府要发挥其主导作用。一方面，要求各有关部门高度重视农牧业信息化工作，树立牢固的信息化观念，切实加强组织领导，从根本上认识信息就是财富，信息就是资源，信息就是生产力，充分加强政府的职能作用，重视沟通与协作；另一方面，要建立健全相应的农牧业法律法规，利用法律的手段保证农牧业信息化进程安全有效，积极推进农牧业信息资源的攻坚共享。

（二）加大资金支持

农牧业信息化建设不是一朝一夕就能建成的，需要持续而稳定的资金投入。虽然可以采取其他多种方式手段进行，例如筹资、融资和寻求企业投资等渠道众多，但在目前的情况下，政府仍然是农牧业信息化建设的主要投资主体。同时，信息化的建设作为一种公共产品，具有庞大的社会效益和经济效益，不仅有益于农牧业的发展，还有助于工业和整个国民经济的发展，由于信息化建设的期限长、见效慢，因而政府必须担负起直接投资和发展的责任，给予必要的启动资金和维护费用，并对农牧业系统网络通道的租用和牧民上网费用予以适当减免。

二、加强各级农牧业综合门户网站建设建立健全基础设施

农牧业信息化作为推动农牧业经济发展、农牧业现代化的重要内容，需要大力建设基础设施。发展农牧业经济，提高农牧民收入，改善农牧业现状不能依靠薄弱和落后的农牧业基础设施，而需要完善的现代化农牧业设施。因此，改善内蒙古自治区现存的农牧业基础设施，切实加强农牧业基础设施的建设具有十分重大的现实意义。

首先，是对农牧业信息网站的建设要充分认识到农牧业信息网站的重要性，以及在缩小乃至消除城乡"数字鸿沟"方面所负担的历史使命和社会责任，统一规划和指导。一方面，要重点扶持内蒙古自治区的综合性农牧业网站，重点扶持的网站必须是具有一定规模的，信息齐全、功能强大的网站。同时，要避免建立过多的重复性的网站，这样可以减少资金的投入，充分发挥重点扶持对象的资源和技术优势，实现信息的优化配置。另一方面，发展商务及专业信息网站，以内蒙古自治区农牧业信息网为依托，由政府统一规划，统一数据库平台，建立全区专业性信息平台和公共数据库系统，逐步建立和形成信息共享和数据更新机制，不断建立和完善专业信息网站群系统。其次，积极建设农牧业电信设施，建立区域网、局部网，并与国内主干网、互联网接轨，实现农牧业技术人员、管理人员、农户入网的工作，把计算机网络与电视、电话等有效地结合起来，充分发挥这些设施传播速度快、覆盖面广的优势，及时把信息传送到广大农牧手中，解决"最后一公里"的问题。最后，在其他基础设施建立完善的基础上，投入农牧业专用设施，为精准农牧业做好准备，例如，农作物病虫

害预防设施，无土栽培设施，卫星遥感通信设施等。

另外，要认真贯彻落实《中华人民共和国政府信息公开条例》，加大政府信息网上公开的深度和广度，建立完善全区农牧业系统信息采集、报告、管理运行机制，整合全区农牧业系统现有信息采集渠道，提高质量和时效性，在此基础上，建立一个跨部门的农牧业信息统筹协调管理长效运行机制，整合和开发全区农牧业部门、涉农部门和企业信息资源深化服务功能，推进互动交流，拓展公益服务，提高在线办事水平。

同时，进一步推动农牧业信息发布服务模式的多样化，促进农牧业信息的扩展。特别是要认真做好"农信通"信息服务，及时、准确地对各类致富信息、支农惠农政策进行传递，提高农牧业信息的入户率和覆盖面，这不仅是解决内蒙古自治区农村牧区信息化建设中"最后一公里"问题，也是发展现代农牧业、建设社会主义新农村新牧区的有效形式。

三、通过信息化手段培养社会主义新型农牧民

内蒙古自治区农牧业信息建设的最终目的是引领农牧民信息致富，除利用好现有的基础设施和惠农手段提升农牧民获取和掌握信息的能力外，必须结合本地实际情况，积极探索和利用信息化的新技术和新模式，这样才能培养出适应信息化发展的社会主义新型农牧民。

（一）电子商务

电子商务主要是指利用计算机和互联网技术，进行商品交易的经济活动。电子商务本质上与传统的商务活动是一样的，也同样包含了商品的认证、运输、销售和使用的过程。而农牧业电子商务就是利用计算机实现的，以农牧业生产为主的一系列农产品交易的过程。

农牧业电子商务是开拓市场、建设社会主义新农村的新途径。网上交易打破了传统的"一手交钱，一手交货"的模式，农牧民可以通过电子商务十分快捷地完成支付、信贷等环节。同时还能有效地降低各种成本，

提高收益，在购买生产资料或出售农牧产品前，可以先在网络上进行价格的比对，从而选择最合适的交易者。电子商务的产生直接减少了第三方或者中介组织的参与，农牧民通过互联网直接与消费者进行交易，减少了中间环节，提高了市场效率，降低了交易成本。另外，还可以通过互联网进行宣传，这样既大大节省了以传统的广告方式进行宣传的费用，还能够利用网络向全球发布本地农牧产品的资源信息。

发展农牧业电子商务，有利于农牧产品顺利实现产供销；有利于农牧民拥有更多价格话语权；有利于促进农牧业剩余劳动力高效就业；能有效地降低农牧业生产、交易成本和产品销售成本；有利于促进农牧业技术支持和辅导；还能给农牧业注入新鲜血液，带来创新的精神，同时开拓了农牧民视野，缩小了农牧业和城乡的消费差距，这些都有助于农牧业信息化的建设。

（二）网络

农村和牧区的村委会以及嘎查委员会要充分利用宽带、广播、电视、信息网站做好农牧民的培训工作，使其掌握科学的种养殖的知识，以及通过各类手段获取信息的能力。只有农牧民有了获取信息和接受信息的意识和能力，内蒙古自治区农牧业信息建设的目的才能达到。

（三）政府相关惠农政策

当前内蒙古自治区的惠农项目有科技厅的星火科技 12396 信息服务体系、农牧业厅的三电合一 12316 等，这些惠民工程的落脚点必然是基层，因此在村、嘎查一级可以顺理成章地将这些资源整合在一起，充分利用好这些项目的优势。如拨打 12396 获取技术服务，拨打 12316 举报和查询假种子、假化肥信息，到万村千乡店购买放心的生活和生产物资，通过文化共享服务站提升农牧民文化素质，丰富营业生活，通过农村党员远程教育的远程视频培训，提高科学种养殖的能力。

2014 年内蒙古自治区的农牧信息中心工作初步安排中强调："要加强

'12316'和农牧业部门、各单位的工作联系，完善信息资源的整合和集成工作，提高数据库的实用效能并加大宣传力度，出台统一的宣传标识，努力扩大影响和知名度，增加用户的数量，做好与上下级单位的对接工作；加入价格信息，供求信息服务内容；修订和完善《内蒙古"12316"三农服务热线工作规程》；进一步明确各单位和盟市农牧业局的工作职责：加强专家推荐、宣传推广、信息报告等工作；统一管理和考核上述单位和部门在'12316'工作中的工作情况"。

（四）加强农牧业信息化的培训工作

一方面，要加强农牧民思想意识方面的教育。要让农牧民意识到实现农牧业的信息化是提高农牧民收入的有效途径；信息化的实现能够及时有效地为农牧民们提供有关政策、技术、市场、就业等方面的信息；还可以帮助他们实现科学决策，从而提高农牧业生产经营水平，拓宽市场渠道，达到增产增收。只有农牧民亲身感受到信息化带给他们的实惠，他们才能有更高的积极性来投身到农牧业信息化建设。

另一方面，要加强技术方面的培训。因为大多数农牧民的文化素质相对较低，特别是在计算机和网络操作方面，一时间很难学会如何操作，这就需要采用理论与实际操作相结合的教学手段，有针对性、实效性和趣味性地对农牧民进行培训，让农牧民产生兴趣，主动接受并掌握计算机及网络技术，尽快提高对信息的分析能力，以及接受新技术的能力，成为有文化、懂技术、会经营的新型农牧民。

四、开展多模式、多样化信息服务模式，培养专业人才

要大力发展内蒙古自治区农牧业信息化的建设，离不开基础设施的建造，离不开信息资源的开发利用，更离不开专业技术人才的支持。目前，内蒙古自治区的农牧业科技人才相对较少，首要的任务就是培养一支责任心强、素质高、知识结构合理的农牧业信息技术与管理服务人员队伍，并

对他们进行全方位的培训，包括信息化建设技术以及农牧业科学技术等内容。

在偏远的农牧业，信息人才的培养是促进农牧业信息化建设的一个重要保证。想要创建一个农牧业信息技术人才的培养体系，就要加强与区内外各个大学、科研机构的合作，借助地方高校的专业教师进行培训。开发适合农牧业实际特点的信息化培训教材，以及网络培训课件，培养一批既有较高素质又热爱信息化建设与发展的专业人才。

同时，要切实抓好农村信息员队伍的培训工作。要把握社会主义新农村新牧区建设的机遇，加大培训力度，提高农村信息员的整体素质。另外，还要重点加强对龙头企业、农民专业合作经济组织、中介组织的信息服务人员和农牧业生产经营大户、农村经纪人的培训，通过培训要达到"三会"的要求，即会收集、会分析、会传播信息。

五、全局规划与因地制宜相结合

农牧业信息化建设需要各个方面的因素共同发挥其作用。首先，信息化建设的主体，可以是行政、商业、科研、教育机构、信息企业和社会中介组织；其次，在信息资源整合上，横向包括了农牧业内部的农、林、牧、渔等多个领域，纵向包括与农牧业有关的盟市、旗县、乡镇直至苏木嘎查等多个层次的农牧业管理部门；最后，在信息的使用对象上，涵盖了农牧民、农牧业企业、各级政府和许多其他类型的农牧业信息用户。这些因素中的每一个，都要求农牧业信息化发展的各部门各环节，要相互联系、相互配合。因此，要根据内蒙古自治区的实际情况，树立以"整体"为核心的观念，坚持统一规划、统一标准、统一建设的原则并与内蒙古自治区的社会经济现状、农牧业的生产特点、人文地理环境等相联系，充分利用现有的信息技术，有计划、有组织地，因地制宜地推进农牧业信息化建设。

第八章

旅游产业互联网经济
转型升级路径研究

第一节　内蒙古旅游产业发展现状

2014 年，内蒙古自治区旅游业贯彻落实 2013 年 3 月 19 日自治区党委书记王君在全国"两会"精神大会指出的对内蒙古自治区发展进行系统阐述的"8337"发展思路：全力打造"体现草原文化、独具北疆特色的旅游观光、休闲度假基地"，取得了良好的成效，为内蒙古自治区旅游业的发展提供了新的思路。近几年，内蒙古旅游业在政府和社会各界的帮助下取得了骄人的成绩，内蒙古自治区不仅旅游资源丰富，而且自然资源和人文资源种类都比较齐全，内蒙古旅游产业凭借着独特的内蒙古文化和少数民族地区特色文化在中国乃至国内外享有盛名，这些有利因素使得内蒙古旅游产品具有极高的观赏价值。如今，在政府的引导下，内蒙古自治区的旅游基础设施建设不断完善，旅游景区得到了合理的规划，偏远地区的旅行社卫生服务条件也得到了极大改善，并且旅游星级饭店星罗棋布，随着一系列设施的健全，内蒙古自治区的旅游产业基本形成了一个完整的体系。自治区旅游业呈快速发展态势，国内旅游持续快速增长，入境旅游保持稳定，总体实现平稳较快发展。旅游业总体实力不断增强，结构调整逐渐显现，产业基础进一步夯实，旅游经济总体运行情况如下：

2014 年，内蒙古自治区旅游业总收入 1831.77 亿元，占全区 GDP 比例的 10.16%，首次突破 10 个百分点，占全区第三产业增加值的 27.18%，相比 2013 年增加了 4.35 个百分点。其中，内蒙古自治区接待入境游客 7802.71 万人次，同比增长 3.41%，入境创汇 10.03 亿美元，同比增长 4.23%；国内旅游人数 7414.88 万人次，同比增长 12.13%，国内旅游收入 1744.97 亿元，同比增长 29.86%。2014 年内蒙古自治区各盟市按预期计划完成了各项目标任务。数据显示，总收入在 300 亿元以上的有两个城市，呼和浩特市和呼伦贝尔市。总收入在 200 亿元以上的城市有包头市和锡林郭勒盟。总收入在 100 亿元以上的有两个城市，赤峰市和鄂尔多斯市。不足 100 亿元的城市有 6 家。此外，满洲里市旅游业收入为 58.93 亿元。二连浩特市为 27.63 亿元。

（1）旅游业总收入比较（如图 8-1 所示）。

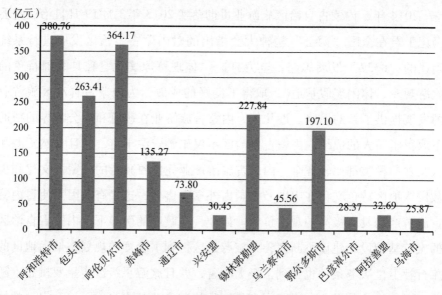

图 8-1　内蒙古旅游业总收入比较

资料来源：内蒙古旅游网。

（2）国内旅游者数量与国内旅游收入比较（如图8-2所示）。

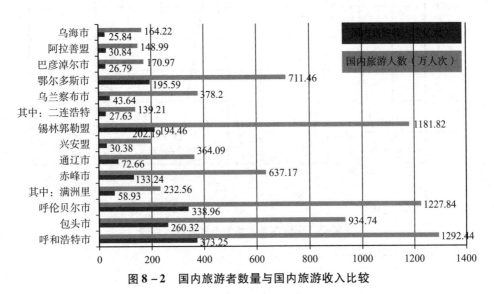

图8-2　国内旅游者数量与国内旅游收入比较

资料来源：内蒙古旅游网。

旅游人数与旅游业收入呈正相关。旅游人数超过1000万人次的呼和浩特市、呼伦贝尔市、锡林郭勒盟，其相应的收入都超过了200亿元。这其中锡林郭勒盟的游客和收入比例较低，说明旅游的消费点比较少。游客人次超过600万人次的有3个城市。不足500的城市有8个。其中，满洲里国内旅游人次为139万，国内旅游业收入为58.93亿元。二连浩特的国内旅游人次为232万，国内旅游业收入为27亿元。

（3）国际旅游者数量与创汇收入比较（如图8-3所示）。

入境游客比较多的是呼伦贝尔市和锡林郭勒盟，超过了60万人次。其创汇收入分别达到了4.7亿美元和2.39亿美元。入境游客排名第三位的是呼和浩特市，创汇1.2亿美元。

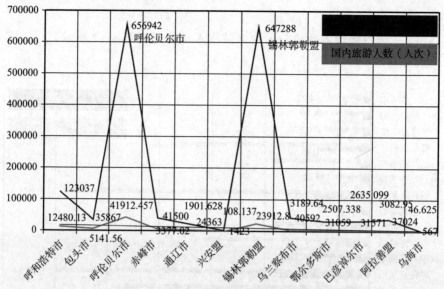

图 8-3 国际旅游者数量与创汇收入比较

资料来源：内蒙古旅游网。

一、内蒙古旅游业总体指标完成情况

2014 年，内蒙古自治区共有在建旅游项目 489 个。全年完成投资 257 亿元，比上年增长 46.8%。其中，新开工项目 225 个，续建项目 264 个，完成建设项目 165 个，全年完成投资 257 亿元，比上年增长 46.8%，这批在建项目的完成，有力地提高了内蒙古自治区旅游基础设施和公共服务设施的水平，使景区的品质有了进一步的提高。

二、内蒙古旅游业东西部地区发展现状

（一）西部地区

2014 年，西部地区共实现旅游业总收入 973.76 亿元，占全区旅游业总收入的 54%，国内旅游收入 956.27 亿元，占全区国内旅游收入的 54.8%；

接待入境游客 29.97 万人次，占全区接待入境游客的 17.93%，接待国内旅游者 3801.01 万人次，占全区接待国内旅游者总数的 51.27%。呼包鄂三地共计实现旅游业总收入 841.27 亿元，占内蒙古自治区旅游业总收入的 46.6%，占西部地区旅游业总收入的 86.39%。呼包鄂已成为全区旅游的核心圈，不仅辐射和带动了整个西部地区旅游业的发展，而且在内蒙古自治区旅游业发展中占有重要的市场份额，并发挥着举足轻重的作用。

（二）东部地区

东部地区全年共实现旅游总收入 831.53 亿元，占全区旅游业总收入的 46%。国内旅游收入 849.02 亿元，占全区国内旅游收入的 45.2%；接待入境游客 137.15 万人次，占全区接待入境游客的 82.07%；创汇 71212 万美元，占全区创汇的 71%。东部地区以俄蒙在边境游为优势，占据了全区入境旅游市场的主要份额；西部地区则以呼包鄂为核心区域，国内旅游市场和旅游业总收入略高于东部地区。

三、内蒙古旅游经济运行特点

在全国各行业经济下行的影响下内蒙古自治区旅游发展仍能逆势而上，并呈现出以下几个特点：

（一）国内旅游方面

1. 旅游直接就业稳步增长

2014 年旅游直接就业人数达到 26.08 万人，同比增加 9181 人，主要来自旅馆业、星级饭店、旅游景区、旅行社等主要企业；带动间接从业人数达到 130.4 万人，同比增加超过 5 万人。旅游业的快速发展在拉动内蒙古自治区就业方面发挥了巨大的作用。

2. 乡村、牧区旅游成为新的增长点

随着新农村、新牧区的建设、内蒙古自治区加快了乡村、牧区旅游提档升级进程，出现了一批特色鲜明的乡村、牧区旅游接待户。纳入统计系统的9家乡村旅游接待户全年共接待游客61.57万人次，直接营业总收入8358.58万元。休闲农牧业作为现代农牧业转变的旅游方式，在自治区乡村、牧区旅游的发展中，起到了龙头带动作用，涌现出一大批休闲农牧业产业园。

3. 消费结构发生较大转变

游客在内蒙古自治区吃、住、行、游、购、娱六要素中花费的构成是——餐饮类消费占总花费的19%，同比持平；住宿类消费占总花费的21%，同比持平；交通花费占总花费的17%，同比下降3个百分点；景区游览花费占总花费的6.66%，同比增长0.23个百分点；购物类消费占总花费的22%，同比增加1个百分点；娱乐花费占总花费的5.1%，同比持平。购物类消费作为旅游花费新的增长点，首次超过了住宿类和餐饮类消费。交通花费下降，一方面反映了内蒙古自治区交通设施的改善；另一方面也说明游客出游方式的转变。

4. 消费喜好

游客对内蒙古自治区的民族食品、民族服饰和民族工艺品最感兴趣，超过六成的游客会选择购买此类商品。对全区特色民族食品感兴趣的游客所占比例为25%，对民族服饰感兴趣的游客所占比例为18.31%，对民族工艺品感兴趣的游客为17.5%。游客对内蒙古自治区旅游商品的兴趣度有很大提升，为内蒙古自治区旅游商品的进一步发展增加了动力。同时，交通花费下降，一方面反映了内蒙古自治区交通设施的改善；另一方面也说明游客出游方式的转变。随着百姓生活质量的提升，工资水平的增高，内蒙古自治区旅游产品的丰富，全区由传统的观光旅游正在不断向观光与

休闲度假相结合的综合性旅游转型。

5. 常住居民人均接待国内游客进一步增长

2014年内蒙古自治区常住居民人均接待国内游客达5.35人次，比2013年增加了1.52人次，有了较大的提升，但相比其他省区市，还有一定的差距。

6. 人均花费停留时间增加

内蒙古入境旅游者人均每天花费达到196.24美元，同比增加2.04美元，平均停留时间达到3.77天，同比增加0.22天，内蒙古国内旅游者人均每天花费达到740元，同比增加70元，平均停留时间首次突破3天，达到3.20天，同比增加了0.36天。北京入境旅游者人均每天花费254.23美元，平均停留时间达到4.24天，北京国内旅游者人均每天花费466元，平均停留时间4.99天。河北接待的入境旅游者人均每天花费168.3美元，平均停留时间达到2.38天，河北国内旅游者人均每天花费554元，平均停留时间1.64天。陕西入境旅游者人均每天花费188.14美元，平均停留时间达到2.83天，陕西国内旅游者人均每天花费267元，平均停留时间2.76天。宁夏入境旅游者人均每天花费154.84美元，平均停留时间达到3天，宁夏国内旅游者人均每天花费387.83元，平均停留时间4.5天。与北京、河北、陕西、宁夏相比，除入境游客平均花费和停留时间略低于北京，其他指标均高于河北、陕西、宁夏。通过与四个城市的比较可知：内蒙古自治区旅游的综合效益在提升，旅游产品的结构调整在发生变化，自治区旅游业转型升级取得了明显的成效。

（二）入境旅游方面

在全国和大部分省市入境旅游继续处于下行态势的大环境下，内蒙古自治区凭借毗邻俄、蒙的地域优势逆势小幅增长，主要口岸（满洲里、二连浩特）和常规入境旅游者总体为增长态势，主要呈现以下特点：

1. 蒙古国为境外第一大客源国

（1）草原之星。2014 年，内蒙古自治区开通了"草原之星"赴蒙古国首都乌兰巴托专列，开辟了"三国五地"中俄蒙三国跨境旅游合作市场。

（2）入境蒙古国游客稳中有升。全区接待蒙古国旅游者 81.34 万人次，同比增长 2.95%，占全区接待入境游客总数的 48.67%。

（3）创汇。蒙古国游客创汇 4.38 亿美元，同比增长 9.18%，占全区旅游创汇的 43.66%，蒙古国入境旅游市场仍然占据内蒙古自治区入境旅游的第一大份额。

2. 俄罗斯游客受本国经济影响，首次出现负增长

（1）旅游人数。受俄罗斯卢布持续大幅贬值影响，2014 年内蒙古自治区接待俄罗斯旅游者 63.33 万人次，同比下降 0.08%，占全区接待入境游客总数的 37.89%。

（2）创汇。俄罗斯游客创汇 3.98 亿美元，同比下降 10.1%，占全区旅游创汇的 39.68%。虽然俄罗斯游客入境和消费水平略有下滑，但这只是暂时的情况，内蒙古自治区应加强针对俄罗斯市场的旅游产品开发。

3. 港澳台地区游客仍是入境旅游的主力

（1）交通便利。随着航路畅通、包机增加，两岸多地旅游交流活动显著增加，旅游收入呈现快速增长的趋势。

（2）游客数量。全年接待香港旅游者 33140 人次，同比增长 24.21%；接待澳门旅游者 11283 人次，同比增长 4.02%；26451 人次，同比增长 3.71%。

（3）创汇。接待澳门旅游者创汇 803 万美元，同比下降 5%；接待香港旅游者创汇 2270 万美元，同比增长 10.22%；接待台湾旅游者创汇 2507 万美元，同比增长 19.49%。

4. 其他国家游客同比快速增长

（1）游客数量。据统计，累计接待日本、韩国、新加坡、马来西亚、印度尼西亚、巴基斯坦、德国、英国、法国、意大利、瑞士等国游客共15.35 万人次，同比增长 23.4%。

（2）创汇。其他国家游客创汇为 1.4 亿美元。

（3）特别指出。日、韩、美三国客源市场较活跃，入境旅客分别为25632 人次、21888 人次、15874 人次，特别是韩国市场客源增长很快，比 2013 年增加了 2515 人次，2014 年首次开通了首尔到海拉尔、满洲里的包机 20 个架次。边境旅游在内蒙古自治区整个旅游市场中所占的比重并不大，但政治意义和影响却是重大的，要想方设法在优化旅游购物环境、完善接待设施、增强通关便捷度等方面下功夫，为入境旅游购物、游览创造条件。特别是"一带一路"旅游产品和线路，做好与相关客源国家的对接，打造好"草原丝路"的旅游产品和线路①。

第二节　内蒙古旅游产业发展问题分析

一、内蒙古旅游业的优势分析

旅游资源是内蒙古的优势资源之一（如表 8 - 1 所示）。内蒙古积淀深厚的红山文化、蒙元文化、辽文化等历史文化；以蒙古族为代表的北方少数民族多姿多彩的民俗文化；草原、沙漠、温泉、森林等北国自然风光；夏季凉爽的气候、冬季形成的冰雪资源；现代经济发展造就的旅游城市及

---

① 内蒙古旅游业现状与发展研究. http：//wenku. baidu. com/view/22749768561252d380eb6e9a. html.

不断发展的边境口岸等构成内蒙古旅游业发展的优势资源，为内蒙古旅游开发奠定了良好的基础。

表 8 - 1 　　　　　　　　　内蒙古的景观构成面积　　　　　　　单位：万公顷

景观名称	森林	草原	荒漠	湿地	农业	人工建筑	合计
面积	1644.26	4134.57	2894.98	1197.37	1623.02	32.23	11526.43
面积比例（%）	14.27	35.87	25.12	10.39	14.08	0.28	100
斑块个数	7600	10869	3022	6076	6174	1636	35377
斑块比例（%）	21.48	30.72	8.54	17.18	17.45	4.61	100

（一）旅游资源具有多样性和独特性

内蒙古旅游资源丰富，按照《旅游资源分类、调查与评价》国家标准衡量，内蒙古旅游资源8个主类全部具备；34个亚类中拥有30种，181个基本类型中拥有112种，分别占全国旅游资源亚类和基本类型的88.2%和61.9%。另外，内蒙古气候旅游资源条件较好，空气清新自然，没有工业污染，加之奇特的自然景观，可使游人享受到内蒙古夏季凉爽的气温，新鲜的空气，是很好的避暑休闲、娱乐、草原体育、享受阳光浴、森林浴的旅游产品。总体来看，内蒙古旅游资源类型多样，展现了内蒙古景观多样性、生物多样性、文化多样性、民族的独特性等旅游资源特色。旅游资源是内蒙古的优势资源之一，内蒙古积淀深厚的红山文化、蒙元文化、辽文化等历史文化；以蒙古族为代表的北方少数民族多姿多彩的民俗文化；草原、沙漠、温泉、森林等北国自然风光；夏季凉爽的气候、冬季形成的冰雪资源；现代经济发展造就的旅游城市及不断发展的边境口岸等构成内蒙古旅游业发展的优势资源为内蒙古旅游开发奠定了良好的基础。草原是内蒙古旅游资源的支柱类型，内蒙古现有8667万公顷天然草场，占全国草原面积的21.7%，居全国五大草原之首；有森林1680万公顷，分布面积居全国第二；有沙漠沙地3000余万公顷，面积居全国第二；文化遗址 1.5 万余处，"红山文化""大窑文化"令世人瞩目。

（二）生态旅游资源丰富，自然氛围浓厚

内蒙古地处温带气候带，特殊的地理位置和地势变化造就了区内温带、温带半湿润、寒温带湿润、温带半干旱和干旱等多样的大陆性季风气候，形成了草原、森林、沙漠、湖泊等多样的生态系统。如锡林郭勒国家级草原自然保护区、赤峰大黑山天然阔叶林自然保护区、赛罕乌拉自然保护区等既是各类生态系统保护区，也是最重要的生态旅游资源区。目前，内蒙古自治区有自然保护区 184 处，其中国家级 18 处，自治区级 50 处。这些原生态的自然景观加上纯朴的民族风情，为发展回归自然为主题的生态旅游、探险旅游和休闲度假旅游提供了良好的资源基础。内蒙古自治区位于祖国北方，地域辽阔，横跨"三北"（东北、华北、西北），相邻八省（区），潜在的客源市场庞大，基本客源市场多元；与蒙古国、俄罗斯接壤，边境线长 4200 公里，满洲里、二连浩特两个口岸每年带来全区 90% 以上的国际客源人数；毗邻我国三大客源地之一的京津都市旅游圈，特别是赤峰市、锡林郭勒盟可直接纳入京津都市旅游圈的延伸区域；内蒙古总面积约占全国总面积的 1/8，发展旅游业具有优越的地域优势和区位优势。

（三）旅游资源在一定区域范围内具有良好的空间组合性

从自然资源与人文资源的组合来看，内蒙古草原、森林、沙漠、湖泊、河流等多样的自然景观、各具特色的蒙古族、鄂伦春、鄂温克、达斡尔等少数民族文化在地域上的组合，在很大程度上改变了自然旅游景观单一性与同质性给旅游产品多样性开发造成的约束。使得不同地域上开发的旅游产品可以保持鲜明的特色。内蒙古旅游业起步晚、基数低，从发展的角度看，这既是当前的弱势，也是比较有利的方面。首先，东部在旅游产品开发方面积累了经验教训，具有明显的"溢出效应"，内蒙古可以模仿、创新，减少失误、少走弯路，提高发展的工作质量。其

次，发达地区和西部民族地区激烈的竞争，使内蒙古产生一种巨大的要求加快民族旅游产品开发的心理压力和强烈愿望，并且转化为实现旅游经济赶超的强大原动力。此外，内蒙古可以在我国现有旅游产品的市场基点上，高起点、高层次、高品位地规划开发旅游资源，保证旅游业的可持续发展。

（四）内蒙古旅游资源与我国东部发达地区的市场具有互补性

内蒙古原生态的草原、沙漠、森林、冰雪等自然景观资源与蒙古族为代表的北方少数民族风情资源及其小空间范围内的组合都是周边省区、东部各省所不具备的。同时现代旅游寻求原生态、古朴，追求回归自然的旅游体验成为时尚和潮流，内蒙古所拥有的森林、大漠、草原，原始、纯朴的民族风情、历史古迹等特色旅游资源，正好符合现代旅游需求的取向和发展趋势，从而使内蒙古与我国东部发达地区具有了资源和市场上的双重互补。

二、内蒙古旅游业发展的劣势分析

（一）旅游景区（点）空间分布较散，旅游淡旺季明显

内蒙古地域广阔，旅游资源的空间分布比较分散，致使依托旅游资源开发的景区（点）之间的空间距离较大，集聚程度较低。从旅游消费角度考虑，旅游者花费在旅游路途上的时间较长，时间成本、交通成本均相对较高，不利于组合旅游线路。旅游淡旺季突出，受自然环境、气候条件的制约，内蒙古大部分地区适宜旅游的时间较短，与之对应，大部分依托自然旅游资源开发的旅游产品适宜夏季购买和消费，而其他季节的适宜性旅游产品严重不足。这也造成旺季旅游者大量涌入，旅游交通、旅游饭店、旅游景区（点）等接待设施紧张，影响了服务质量。

（二）宣传力度不够，旅游产品开发不利，个性不鲜明，缺少吸引力

内蒙古很多旅游资源是非常有特色的，但由于宣传力度不够，知名度小，致使旅游价值未能得到真正体现。例如，位于内蒙古科左后旗的大青沟，是国家自然保护区，沟内气候宜人，沟底溪水常年不息，拥有原始森林1000多万公顷，植物700多种，国家重点保护动物有38种之多。但因宣传力度有限，只有本地及周边地区知名，在国际、国内的知名度不高，极大地影响了该景区的建设与发展。同时，具有本地区特色的旅游产品少，开发力度不够，许多旅游产品照搬外地，甚至直接从外地引进，缺乏个性。旅游产品应能代表本地特色，一经提起就应想到是内蒙古的旅游产品，如蒙古族的工艺品、头饰、服装、麦饭石等。开发出具有本地特色的旅游产品可以在实现满足游客游览需求的同时，又能满足其购物、珍藏等其他需求。

（三）旅游资源的可持续利用差

旅游资源是发展旅游业的基础，没有了旅游资源就犹如无本之木。内蒙古地区在发展旅游业的同时也出现了诸如森林、草场遭人破坏，历史古迹保护不力，环境污染等问题，旅游资源的开发不当也会在一定程度上破坏旅游资源的持续利用。有些旅游资源，如文物、古迹，一经破坏甚至是无法再生的。如果这些问题不能得到有效解决会严重影响内蒙古旅游业的可持续发展问题。

三、内蒙古旅游业发展的机会分析

（一）"8337"后的机遇

旅游业是我国开放最早、整体开放程度较高、开放涉及范围较广的领域。"8337"发展思路提出之后，内蒙古自治区积极推进旅游业的新发展、新跨越，积极组织起草了《内蒙古自治区旅游产业发展规划》。内蒙

古自治区认真学习、深刻领会自治区"8337"发展思路提出的"建设体现草原文化、独具北疆特色的旅游观光、休闲度假基地"的战略定位。一是从把旅游业纳入自治区经济社会发展的战略高度去谋划自治区旅游业发展；二是从"8337"发展思路提出的"草原文化、北疆特色、旅游观光、休闲度假"四个旅游发展要点，把握自治区旅游业发展方向和业态；三是从推进旅游产业健康持续发展的目标，制定自治区旅游业发展的重点任务和政策措施；四是从发展大旅游和促进旅游产业融合的视角，探索构建自治区旅游产业体系；五是依托自治区旅游资源聚集区，遵循旅游产业聚集发展的新理念，分层次构建自治区旅游产业发展的格局。内蒙古组织各有关厅局、专家、盟市进行了多次研讨，对自治区旅游业发展进行了深入的调研和分析，在广泛吸纳各方面意见的基础上，编制了《内蒙古自治区旅游产业发展规划》（以下简称《规划》），内蒙古自治区政府第7次常务会批准了《规划》。《规划》在指导思想、发展目标、空间布局、基地建设、功能分区、游线组织、项目开发上进行了更高起点的规划。

（二）"十三五"规划后的机遇

"十三五"期间是旅游业加快发展的黄金机遇期，也是旅游业转型升级、攻坚克难、突破"瓶颈"的关键期。编制"十三五"旅游发展规划，需要创新方法、突破重点、突破"瓶颈"。"十三五"期间是拓展旅游产业格局、壮大产业规模、提升产业素质的关键时期，我国旅游业将经历一个大调整、大变革、大跨越的过程，进而实现从量变到质变、从数量增长到质效提升、从粗放经营到集约发展的大变化，要着力推进旅游产业化。行业管理体制和机制难以适应综合性大产业、事业管理的要求，"十三五"需要在适应大旅游发展的综合协调体制机制改革上实现突破。要转变只抓行业、不抓产业的惯性思维，解决好抓产业缺少抓手的实际问题。坚持综合改革与专项改革并举，体制突破和政策保障共推，发挥旅游改革对旅游发展的引领作用。把旅游改革创新先行区、旅游综合改革试点创建作为推进旅游改革的重要平台。

四、内蒙古旅游业发展的外部威胁分析

（一）来自周边地区替代性产品竞争的威胁

面临旅游业迅速发展的今天，竞争日趋激烈。由于有些项目盲目建设和规划水平参差不齐，挖掘不够，使得产品、景区之间同质化程度高，替代性竞争强。内蒙古草原旅游一方面面临周边地区景点的激烈竞争（如表8-2所示）；另一方面，区内各草原旅游景点也是千篇一律，看草原、吃民族餐、住蒙古包，单调且雷同。

表8-2　　　　　内蒙古邻近省市现有的草原旅游区（点）

草原旅游点（区）名称	所在省（区、市）	备注
伊犁州那拉提草原旅游区	新疆	国家3A级旅游区（点）
延庆康西草原	北京	国家2A级旅游区（点）
大庆市杜尔伯特蒙古族自治县草原赛马场	黑龙江	国家2A级旅游区（点）
夏河桑科草原	甘肃	国家2A级旅游区（点）
丰宁京北第一草原	河北	国家4A级旅游区（点）
关山草原	陕西	省级重点旅游风景区
通湖草原旅游区	宁夏	"大漠中的伊甸园"
白城北大岗查干浩特草原旅游度假村	吉林	
白城伊和昭草原蒙古族民俗度假村	吉林	

（二）旅游开发与生态环境保护矛盾的威胁

由于自然原因和人为因素造成的植被退化、沙化，对草原生态系统产生了极其严重的破坏作用，极大地降低了内蒙古草原生态旅游的吸引力，削弱了内蒙古旅游业的整体竞争力。随着内蒙古市场化、城镇化进程的快速推进以及开放程度的日益提高，对以蒙古族为代表的民族文化的保留和发展也提出巨大的挑战。所以本书认为内蒙古旅游业的发展必须把资源保

护放在首位，而对草原生态和民族文化的保护则是旅游资源保护工作的两项核心内容，这对于保证内蒙古旅游业竞争力的可持续性具有决定性意义。通过建设文化大区，将使内蒙古旅游业的文化内涵更加丰富，产业整体竞争力也将得到更加明显的提升。

第三节　内蒙古旅游产业互联网
经济转型升级路径研究

2014 年，中国国内旅游人数达到 36.1 亿人次，出境旅游人数首次突破 1 亿人次，达到 1.07 亿人次，两项数据均比 2013 年增长 10% 左右。2015 年上半年，全国出境旅游人数 6190 万人次，同比增长 16%；国内旅游人数 20.24 亿人次，同比增长 9.9%，入境旅游人数 1.3 亿人次。通过对数据进行分析可知，消费升级、交通改善、政策促进等利好因素将继续支撑着旅游业的高速发展。

2014 年我国旅游总规模突破 36 亿人次，国际旅游收入 569 亿美元，国内旅游消费 3 万亿元（以下除特殊注明美元外，均为人民币）。目前，我国网民规模达 6.7 亿人，互联网普及率为 47.9%，手机网民规模 5.9 亿人，2014 年信息消费规模达到 2.8 万亿元，增长了 18%。研究数据显示，2014 年我国在线旅游覆盖人数约 1.4 亿人，在线旅游市场交易规模 2772.9 亿元，增长 27.1%；在线旅游产业渗透率约为 8%，年均增长率约为 30%。从以上数据我们可以看出，网络覆盖旅游人数仅占网民总数的 1/5 左右，在线旅游交易量仅占旅游总消费的 6.9%，因此"旅游＋互联网"的成长潜力巨大。预计未来 10 年，我国旅游业互联网基础设施的软硬件建设，以及景区、住宿、旅行社等旅游核心要素的智能化和互联网化改造，将形成一个 1 万亿元的需求规模。这无论对网络基础运营商还是各类互联网相关企业而言，都是一个规模巨大的需求红利。所以，未来 5 年旅游产业互联网化将成为必然趋势。

一、中国互联网旅游金融市场现状

　　旅游业和互联网是当今世界推动经济社会发展的两大最为新兴、最为显著的力量。习近平总书记指出，旅游业是综合性产业，是拉动经济发展的重要动力，是传播文明、交流文化、增进友谊的桥梁，是人民生活水平提高的一个重要指标。在 2015 年，国家出台了《关于进一步促进旅游投资和消费的若干意见》和《关于积极推进"互联网＋"行动的指导意见》。这表明，党中央、国务院对旅游业和互联网的带动功能与引擎作用给予了高度重视，并寄予殷切期望。

　　李克强总理在 2015 年政府工作报告中明确提出"制订互联网＋行动计划"，"促进电子商务、工业互联网、互联网金融健康发展，引导互联网企业拓展国际市场"。2015 年成为互联网＋的行动年。国办发〔2015〕62 号文强调，"积极推动在线旅游平台企业发展壮大，整合上下游及平行企业的资源、要素和技术，形成旅游业新生态圈，推动互联网＋旅游跨产业融合"。国家旅游局局长李金早在 2015 年 8 月召开的全国旅游工作研讨班上引领全行业迎接中国旅游＋新时代，并特别强调，"推进旅游＋互联网，用信息化武装旅游"。

图 8－4　2014～2017 年中国互联网旅游金融市场交易规模

图 8 - 5　2015～2017 年中国在线旅游与互联网旅游金融市场增速对比

资料来源：易观智库·国家旅游局。

通过分析调研数据可知，2014 年中国互联网旅游金融市场的交易规模为 19.7 亿元，渗透率为 5.9%。未来 3 年内，互联网旅游金融将加速渗透，其交易规模的增速将远高于在线旅游市场的增速。预计到 2017 年，整体渗透率将超过 30%，市场交易规模将达到 221.9 亿元。互联网旅游金融服务将成为带动在线旅游市场增长的主要力量。

通过对国家旅游局的统计数据分析可知（如图 8 - 6 所示），2014 年中国在线度假旅游市场交易规模为 332.6 亿元，较 2013 年增长了 36.2%。在 2015 年 2 季度，市场交易规模已达到 124.1 亿元，同比增长超过 60%，已接近 2011 年全年的交易规模。目前，在线旅游企业利用移动互联网、大数据等技术，加速整个旅游行业线上线下资源的进一步融合。未来，在线度假旅游市场的交易规模增速仍将保持较高水平。

图 8 - 7 的数据显示，在中国在线旅游用户中，目前已经使用了旅游金融产品的用户只占到 8.6%，而准备尝试相关产品的有 36.1%，这说明目前旅游金融的用户渗透率还不高，整个市场才刚刚启动，处于用户培育阶段。同时，还有 38.4% 的用户听说过相关产品，但并不准备使用；16.9% 的用户甚至未听说过旅游金融产品。由此可见，作为新兴的旅游消

费方式，互联网旅游金融厂商在市场宣传和推广方面，还需要做进一步的
努力。

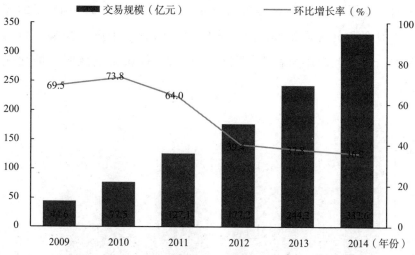

图 8 − 6　2009 ～ 2014 年中国在线度假旅游市场交易规模

资料来源：易观智库·国家旅游局。

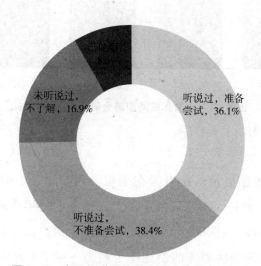

图 8 − 7　中国互联网旅游金融市场用户渗透率

资料来源：易观智库·国家旅游局。

图 8 - 8 的数据显示，在中国在线旅游用户中，20～25 岁的年轻人，对于互联网旅游金融产品的使用程度和感兴趣程度均为各年龄段的最高。显示年轻人在自有资金不足，但又出行需求旺盛的情况下，更倾向于互联网旅游金融服务带来的超前享受。而 36～45 岁的年龄段，一般会背负房贷和车贷的还款压力，同时亲子游等高端旅行的需求较大，资金上的压力就比较明显，所以选择旅游金融服务的比例也较高。

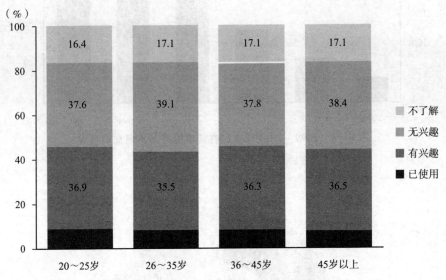

图 8 - 8　中国互联网旅游金融用户年龄分布

资料来源：易观智库·国家旅游局。

图 8 - 9 的数据显示，在中国在线旅游用户中，中等收入（月收入 3000～6000 元）群体，对互联网旅游金融服务的使用率最高；其次，是高收入群体（月收入 10000 元以上），对高端旅游产品的消费需求也比较旺盛，所以对旅游金融服务的使用率也较高。对于中高收入（月收入在 6000～10000 元）群体来说，消费普通的旅游产品绰绰有余，借助互联网旅游金融服务，追求更高端的旅游产品方面，也有很强的需求。数据还显

示，12.6%的人靠一年可支配收入完成一次境内游有一定的资金压力，中高收入人群中约有41.2%的用户靠一年可支配收入完成一次出境游有一定的资金压力，整个中国在线旅游用户在出境游中有高达40%以上的人群存在资金缺口的问题。如果资金问题得到解决，释放的消费力将不可想象。

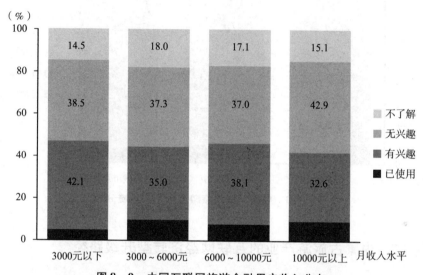

图8-9　中国互联网旅游金融用户收入分布

资料来源：易观智库·国家旅游局。

图8-10的数据显示，在中国在线旅游用户中，一线城市对互联网旅游金融服务的使用率最高。显示大城市的用户在消费观念上比中小城市的用户更为超前。不过值得注意的是，非一线城市的用户虽然使用率稍低，但对互联网旅游金融服务感兴趣的比例均比一线城市更高，特别是三线城市及以下地区，感兴趣的比例超过40%。可以看出，三四线城市在互联网旅游金融服务方面，具备巨大的发展潜力，将是未来各家厂商争夺的重点[1]。而内

①　中国网.李金早2015"旅游+互联网"大会主旨讲话.http://travel.china.com.cn/txt/2015-09/21/content_36642779.htm2015-09-21.

蒙古自治区的所有盟市都处于三四线城市发展水平，所以内蒙古未来的旅游业在互联网旅游金融方面有巨大的发展潜力。

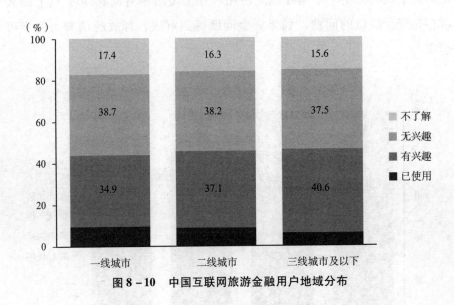

图 8 - 10　中国互联网旅游金融用户地域分布

二、内蒙古旅游产业的互联网经济转型升级路径

本书采用发放问卷的调查方法，提取了影响内蒙古自治区旅游业发展的主要因素，即 8 个潜变量，28 个观测变量，利用结构方程模型理论构建其相互关系，对内蒙古自治区旅游业影响因素的研究和相关政策方面提供了重要的参考信息。

（一）建模过程

数据采集于 2014 年对内蒙古自治区城区主要旅游景区的游客进行的抽样调查，主要采用问卷调查形式进行采集。问卷共设置了 14 个题目，其中有 5 个题目涉及游客人口统计特性，涉及外生潜变量测量指标（X）和内源潜变量测量指标（Y）的题目有 9 个。调查共发放 400 份，回收 382 份，其中有效问卷 369 份，有效问卷率占 93.1%。对书中调查数据处理运用的是 SPSS 软件，用样本均值代替缺失数据，剔除了异常数据，同时问卷内在一致性较高，观察变量可信度也比较高。对数据做了偏度和峰度检验，经过信度分析计算得到信度最大值为 0.803，最小值为 0.756，问卷调查整体信度为 0.852。

　　影响内蒙古自治区旅游业的结构方程模型如图 8 – 11 所示。图中，椭圆表示潜在变量，长方形表示观测变量。模型中外生潜变量或隐变量有：城市竞争力、城市居民竞争力、城市特征、城市居民素质、旅游资源认知，它们的影响因素处于模型之外；模型内生潜变量或隐变量有：游客满意度、旅游服务认知及游客忠诚度，它们表示由模型内变量作用所影响的变量。

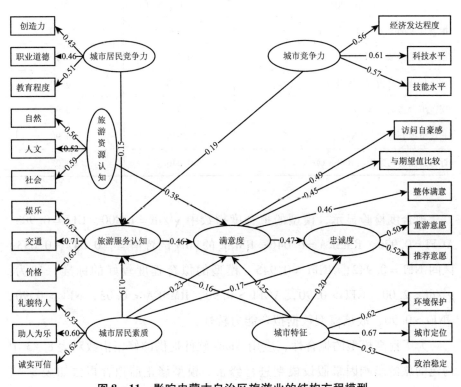

图 8 – 11　影响内蒙古自治区旅游业的结构方程模型

（二）结果与讨论

1. 模型结果

结构方程模型拟合度检验的常用指标有：拟合优度的卡方检验 χ^2，拟合优度指数 GFI，近似误差的均方根 RMSEA，规范拟合指数 NFI，调整拟合优度指数 AGFI，非规范拟合指数 NNFI。模型优度检验模型如表 8 – 3 所示。

表 8 – 3 　　　　　　　　旅游影响因素假设模型优度检验

评价指标	模型评价指标值	理想值
拟合优度的卡方检验（χ^2/df）	1.800	< 2.00
拟合优度指数（GFI）	0.933	> 0.90
调整拟合优度指数（AGFI）	0.920	> 0.90
规范拟合指数（NFI）	0.942	> 0.90
非规范拟合指数（NNFI）	0.945	> 0.90
近似误差的均方根（RMSEA）	0.046	< 0.05

拟合度检验显示，模型的拟合度指数中 $\chi^2/df = 1.800$，GFI $= 0.993$，AGFI $= 0.920$，RMSEA $= 0.046$；RMSE 的 90% 的置信 $=$ （0.042，0.053）区间 NFI $= 0.942$，NNFI $= 0.945$。模型的拟合程度较好的标准一般为：$\chi^2/df < 2.00$，GFI > 0.90，AGFI > 0.90，RMSEA < 0.05，NFI > 0.90，NNFI > 0.90，故该模型数据拟合能力较好。

为了提高模型的拟合性，应用 Amos 软件提供的修正指数对表 8 – 3 中构建的旅游影响因素假设模型进行修正。模型修正前拟合指数如表 8 – 4 所示。

表 8 - 4　　　　　　　　　旅游影响因素假设模型修正前拟合指数

模型名称	结果	评价
绝对拟合指数（χ^2/df）	1.830	—
RMSEA	0.052	尚可
相对拟合指数（CFI）	0.831	尚可
信息指数（AIC）	234.64	—

模型修正后拟合指数如表 8 - 5 所示。

表 8 - 5　　　　　　　　　旅游影响因素假设模型修正后拟合指数

模型名称	结果	评价
绝对拟合指数（χ^2/df）	1.810	—
RMSEA	0.046	尚可
相对拟合指数（CFI）	0.850	尚可
信息指数（AIC）	228.01	—

对比可以看出，各项拟合指数与初始模型差异不大。虽然释放了一个自由参数使得 χ^2/df 值与 AIC 值略有增大，但由于模型修正时去掉了不具有显著意义的假设路径关系，使研究结果更具有现实性和解释性。

2. 模型分析

（1）城市旅游业的发展要全局考虑，同时注意城市旅游产业内部的因素及城市形象，内蒙古自治区形象对内蒙古自治区旅游业的影响比较显著。模型表明，游客来内蒙古自治区旅游的目的很少是纯粹观光游玩型的，旅游市场结构以探亲访友型和商务型游客为主，这说明了内蒙古的工业、教育等城市形象对内蒙古旅游业有一定的影响。所以，今后内蒙古自治区旅游的发展还需要内蒙古自治区整体形象的发展来带动。内蒙古自治区的自然资源、名胜古迹等自然景观在全国范围内占有重要的优势，但依靠自然景观所创造的经济效益负荷相对还小，这说明内蒙古自治区旅游业在对自身优势的利用上尚且不够，相对于旅游资源的作用，引导旅游服务认知对目的的满意度评价的作用更大，说明影响内蒙古旅游形象的因素并非资源主导型，而是综合导向型的，这就要加强旅游市场的综合性建设，比如在内蒙古自治区自然风景名胜古迹区建立相应的商务酒店，连锁的娱乐场所，引导游客在观光之后的再消费。

（2）城市特征和居民素质对旅游服务认知、满意度和忠诚度三者均有效应，而城市竞争力和居民竞争力仅对旅游服务认知产生影响。

（3）模型的整体具有良好的拟合性能，各潜变量之间的路径系数与假定基本符合。

（4）游客忠诚度除了受满意度的影响外，还与城市特征和城市居民素质有联系。

3. 创建内蒙古旅游产业的 OTO 模式

目前，互联网应用领域以商品交易和服务相关的各种商务活动的电子化成为人们接触电子商务模式的主流，业界将它分为三类：BTB、BTC、CTC。随着应用的深入，线上交易与线下消费体验的融合，一种崭新的电子商务模式 OTO 诞生了，即 Online To Offine（线上到线下）。

OTO 商业模式大大地缩短了消费者的决策时间。其核心就是把线上的消费者带到现实的商店中去，在线支付购买线下的商品和服务，再到线下去享受服务。

"OTO 其实是传统行业和互联网行业的结合，是线下企业触网的新契机"，中国移动互联网产业联盟常务副理事长兼秘书长李易表示，传统电商强调的是"在线消费"，在与传统商业的关系中，OTO 强调的是"消费体验"，是与传统企业进行互利合作的一种模式，而"在线消费"则是利益竞争。因此，传统线下企业对于 OTO 模式的接受程度会更高。

商务部公布的数据显示，2015 年上半年，OTO 市场规模达 3049 亿元，同比增长近 80%，而全国社会消费品零售总额同期同比增速仅为

10.4%，OTO已经成为促进消费的新途径和商贸流通创新发展的新亮点。

麦肯锡认为，OTO比想象的更大—中国消费者正在快速拥抱OTO服务。OTO被认为是改变中国电子商务格局的全新趋势，而中国消费者对OTO的热情比之前预期的有过之而无不及。据麦肯锡一份题为《2015中国数字消费者调查报告：对选择和变化日益强烈的渴望》调查报告显示，71%的中国数字消费者已经在使用OTO服务，其中97%的消费者表示，他们在未来6个月内仍会继续使用OTO服务，甚至增加使用频次。而在还没使用过OTO服务的消费者中，近1/3的消费者表示他们愿意在未来6个月内进行尝试。

2014年，中国消费者对OTO的预期也变得更清晰：针对货物和商品，72%的消费者希望OTO可以提供网购商品线下退货，56%的人希望可以线上下单、线下取货。消费者这种对实体店铺的需求给中国的纯线上商家提出了一个有趣的挑战—他们是否需要更多实体网点才能满足消费者的需求呢？如今，英美和中国台湾地区的一些线上零售商已经开始在便利店设立取货与退货点。而这一趋势也可以让传统零售商重拾优势，因为他们可以更容易地利用现有资产，为消费者带来全渠道的购物体验。

餐饮和旅游行业的OTO应用已开展得相当蓬勃。2015年中国消费者对OTO的期望是什么呢？麦肯锡调查数据显示，消费者最希望看到另外三个类别的OTO服务出现：娱乐（61%），医疗保健（47%），以及住房与汽车服务（42%）。要想成功赢得那些勇于尝新、快速学习的中国消费者，企业需扩大OTO服务的范围并找到创新方法，以多渠道方式服务并满足客户的需求。

构建OTO生态闭环成为各商家未来的决策目标。据了解，OTO商业模式从早期的"团购网"的兴起，发展到现在的"移动互联"等形式，在经历了短短数年时间，OTO市场份额越来越大，逐渐受到电子商务企业的重视。BAT三巨头（百度、阿里巴巴、腾讯）已经布局生活服务OTO全产业链，百度以"百度地图"为核心，阿里巴巴以"高德地图＋支付宝"为手段，腾讯以"微信"中心全力打造 OTO 的生态闭环。

2015 年 8 月，百度加大了技术投入，强化语音、图像搜索技术和自然语言理解、深度学习等人工智能服务，推出"度秘"智能服务产品，并逐渐渗透至 OTO 服务。百度以技术为基础构建 OTO 生态闭环，落地现实场景，完善"连接人与服务"。现阶段百度的大数据挖掘技术、LBS 技术和搜索技术均处于领先水平。

百度一方面继续通过"多模搜索"矩阵提升用户搜索体验，掌握用户入口；一方面将多模搜索矩阵和度秘服务接入百度 APP，全线布局于各垂直领域，凸显百度 OTO 产品差异化优势；同时，百度凭借技术优势巩固生活服务聚合平台地位，接入各垂直领域优质 OTO 服务商，力图构建共赢生态。百度在未来将专注于场景化服务和生活服务的优化，并基于用户数据的积累和挖掘分析，建设更为完善的、精细化的本地生活服务体系。

"OTO 的商业闭环，需要梳理商业链条、打通商业通道、整合商业价值。"易丰互联执行总裁李健向《新产经》记者表示，OTO 最核心的是连接消费者与企业，消费者与企业必须建立一个互动的通道，而这种互动是双向的，是带有社交性的。

通过 OTO 模式和闭环管理改变了电子商务简单的"网购＋物流"的单向运作模式，有利于引入线下资源，扩大市场，锁定客户，从而改善绩效，给企业带来极大的利润。

"新常态下，市场环境发生变革，竞争加剧，很多企业都在寻找突破口，怎样才能迎合市场需求，满足更多的消费群体，让一些企业很头疼。"李健说，我们旨在帮助中国的中小企业打造全新的 OTO 产品运作模式，实现利润倍增，资本对接。

据介绍，易丰互联正在从国内领先的招商服务与管理咨询平台，升级到中国最大的、基于互联网尤其是移动互联网的 OTO 立体化产品运营服务平台。利用 OTO 系统解决方案采用移动互联网和 PC 互联网、IT 技术，为用户提供更丰富、更便捷的品牌购物体验和服务场景，为渠道提供更高效、扁平化、低成本的扩张能力，为企业提供全渠道、一体化的系统解决方案。易丰资本商学院从企业管理系统建立到投融资对接，从治理结构与股权激励设计到企业 IPO 上市，致力于为客户搭建全方位的发展资源平台。

业内人士认为，现在全国传统企业涉足 OTO 是个非常大的市场，商家很迫切希望有新的营销工具，尤其是基于移动互联网的营销工具，由此带来生意的增长点。传统商家很迫切，但又不知道怎么做，他们需要有服务商来引导他们，给他们提供解决方案。

OTO 模式在各个领域的应用都已初见光芒，OTO 模式已成为众多企业用以开拓市场的主要工具，成为突破企业管理瓶颈的重要手段。内蒙古旅游资源具有多样性和独特性，生态旅游资源丰富，自然氛围浓厚，具有巨大的开发利用价值，而目前内蒙古旅游产业还处于传统开发阶段，主要侧重于硬件部分的挖掘，在市场宣传、推广方面还有很长的路要走。OTO模式为内蒙古旅游产业的未来发展提供了一种新的方向，OTO 模式不仅可以起到广而告之的作用，还会以一种新型的营销模式满足消费者的个性化需求，在推广过程中定会一发不可收拾[①]。

（三）旅游金融产品创新

在线旅游金融化包括三大类：旅游产品分期支付、旅游保险类产品以及在线旅游平台上产生的理财增值产品。需求与市场的巨大内驱，成熟的支付和信用市场的大环境，在线旅游亟待新的突破，在这三股力量下，旅游金融成为企业最明朗的寄托。

1. 市场需求是最根本的驱动力

来自易观智库 2015 年互联网旅游金融的调查报告显示，2014 年中国

---

① 麦肯锡 2015 中国数字消费者调查报告揭发了 5 个消费趋势．http：//blog. sina. com. cn/s/blog_14775810b0102veaf. html.

国内旅游人数达到 36.1 亿人次，出境游人数首次突破 1 亿人次。截至 2015 年上半年，全国出境游人数达 6000 万人次，同比增长 16%；国内旅游人数超 20 亿人次，增幅达 9.9%。与此同时，随着人们生活水平和教育水平的提升，整个在线旅游市场呈现低龄化趋势，30 岁以下的用户群体合计占比超过一半，出境游市场增长更加明显，而且二、三线市场渗透下沉趋势同样显著，占比超过一半以上。

不仅现有市场表现乐观，潜在消费市场也很可观。报告指出，12.6% 的人靠一年可支配收入完成一次境内游有一定的资金压力，中高收入人群中约有 41.2% 的用户靠一年可支配收入完成一次出境游有一定的资金压力，整个中国在线旅游用户在出境游中高达 40% 以上的人群存在资金缺口的问题。如果资金问题得到解决，释放的消费力将不可想象。在需求与资金的矛盾下，金融成了最好的解决手段。于是，在主流的旅游金融产品中，多以免首付、分期的授信类产品为主。由此可见，旅游产品的消费需求和资金的缺口，是促进旅游金融产品爆发的最根本的驱动力。

2. 在线旅游亟待新的突破

2014 年，同程网推出 1 元门票，大力展开移动业务布局。同年，同程收到了来自腾讯和携程近 20 亿元的投资，随后同程进军出境游市场，继续推出千元游世界活动。同程 1 元门票的成功引发了整个行业的关注，导致驴妈妈、途牛也相继推出类似活动，各大平台围绕低价开始轮番暗战。但是低价直接导致了产品质量、服务质量等问题。平台活动资金从下游索取，下游利润空间大大缩水，所有的利害成本都直接转嫁到了消费者身上，诸如销售绑定、虚假宣传等各种阳奉阴违的做法，导致各类旅行社事件上升到社会问题。在同程的发展中，大家纷纷力证资本对市场的强大影响力，在恶劣的竞争和资本巨大的杠杆作用下，金融与旅游的二聚合体模式让企业看到了大希望。

3. 成熟的信用和支付体系是有效地推动

2014 年，阿里余额宝掀起了一拨又一拨的平民理财热潮，饿了么、滴滴打车也纷纷助推了在线支付的普及。2014 年，行业内的主流话题是 O2O，到了 2015 年，春晚捧红的不只有贾玲，还有微信红包，而 P2P 则成为另一个被广泛关注的话题。在线支付已经渗透到了人们的生活中，嫁接在支付工具上的理财产品自发地得到了响应，全民理财的观念越来越开放，超前消费越来越被接受，这些都为分期旅游等旅游产品的顺畅推行提供了保障。

4. 旅游金融产品需要继续开发

目前已有的旅游金融产品主要包括三类：分期类、保险类和理财类，其中以分期首付类产品居多，其次是保险产品，再次是旅游理财产品。分期类、保险产品更多是作为消费者购买链条上的补充环节，并非严格意义的旅游金融产品。而对于理财类产品来说，以程涨宝为例，它归属在携程网的礼品系列，消费者购买卡种之后，完成资金支付获得礼品卡相关凭证，在固定的时间（程涨宝为 90 天）后享受资金增值，最低年化返利 6%。资料显示，2014 年程涨宝的人均增值收入达 1500 元，发售 3 天销售额近 2000 万元。在线旅游平台推出真正意义的旅游金融产品天然存在很高的政策风险，所谓的旅游金融更多也只能在金融化层面做文章。如此一来，产品设计就有很大的局限性。

5. 旅游金融需要进一步普及

首先，在线旅游市场发展迅速，出境游更是强劲增长。易观智库的调查显示，旅游金融接受程度较高的还是集中在高学历、高收入和一、二线城市群体中，二、三线城市旅游需求旺盛，可旅游金融消费理念还需要时间来培养。另外，整个旅游金融消费市场消费占比不到 10%，却有将近 40% 的人群表示有兴趣了解。同时无兴趣的群体占比也高达 30% 以上，这部分人群不仅有真正的无消费欲望者，很大可能还包含许多对旅游金融没有概念的潜在消费人群。

其次，旅游金融产品门槛低，即使模式创新也很容易被复制，产品层面很难存在竞争力。未来，依靠资金补贴力度极有可能成为企业决胜的终极手段，直接倒逼创新意识的加速衰退。旅游金融的普及需要产品创新的支撑，而创新则需要良好的环境。

最后，新的复合型团队建设也是影响因素之一。包括二聚合体模式下受制于金融机构的资金周转问题，市场现存及未来市场下沉后出现的消费者信用问题等等。①

（四）互联网化对传统旅游企业的冲击

中青旅 2014 年上半年业绩预告披露，上半年净利润同比增 50% 左右，净利润为 1.24 亿元。另外，上半年会展业务受大项目拉动业绩增长较快；其他业务板块上半年经营状况良好。中投顾问研究总监郭凡礼表示，中青旅今年上半年业绩表现良好，在 OTA 夹击的情况下还能保持高速增长实属不易。随着旅游新规全面实施，组团旅游的价格出现大幅上升，其大部分市场份额被自由游所取代，此时在线旅游在旅游市场中占据主导地位。

旅游市场互联网化是大势所趋，但是中青旅如果在当前再追风进入在线旅游领域，其已经完全失去先发优势，只会是以卵击石。OTA 的市场格局已经十分清晰，巨头企业出现组团发展模式，其中去哪儿与携程、艺龙与同程的地位非常牢固，新进入者难以向其挑战，分得"一杯羹"。

作为传统旅游企业的中青旅如何突围成为业界的关注重点，其发展方向将为其他传统旅游企业带来启发。中青旅的突围之路是从在线旅游企业的薄弱环节——线下业务进行着手，乌镇模式成为中青旅的制胜

---

① 中国青年网."旅游＋互联网"上升到国家战略将共推融合发展．http：//finance. youth. cn/finance_gdxw/201509/t20150921_7138757. htm.

"利器"。

　　乌镇依托长三角强大的消费能力，以"文化＋古镇"为卖点，通过统一管理，多元化经营，并有效利用 2010 年上海世博会的契机，使得景区旅客人数从 2006 年的 159 万人增长至 2010 年的 575 万人，年均复合增长率达到 37.9%，景区收入从 0.88 亿元增长至 4.88 亿元，年均复合增长率达到 53.5%。2011 年上半年乌镇的收入占比不到 10%，却贡献了 34% 的利润，成为公司盈利能力最强的资产。事实上，乌镇项目在 2006 年已经开始，而在当前能够发挥重大作用主要原因是此种模式的复制性较强，并且植入 O2O 模式，这使得企业发展的可持续性较强。

　　除了乌镇之外，中青旅采用类似发展模式的还有古北水镇和濮院古镇两个项目。"乌镇模式"三地开花，乌镇经营精益求精，业绩提升依赖人均消费进一步提高；古北水镇试运营反响良好，在近年迎来旺季客流高增长；濮院项目再一次显示了公司强大的景区运作和复制能力。此外，公司全力打造遨游网"O2O"，迎合了在线旅游发展的市场趋势。

　　中青旅还重磅推出"玩转北欧－陪你走到北纬 71°"的深度游产品，定位高端，售价将近 4 万元，但是市场反响热烈，首发团推出一周即报满。这意味着中高端旅游产品可以成为传统旅游企业突围的关键点，但前提是旅游服务需要大幅提高，尤其是境外游。目前境外游市场传统旅游企业依然占据优势。因为在境外，导游需求度较高，仅凭互联网指南难以得到较好的旅游体验。

　　中青旅无疑是传统旅游企业在互联网冲击下愈挫愈勇的典范，其已经从单纯的传统旅游企业转型成为旅游项目投资商，以及在线旅游经营商。其实，在在线旅游市场格局清晰的情况下，中青旅可以考虑与携程等巨头进行合作，强强合作才是目前市场上的主流。

　　而内蒙古自治区拥有很好的避暑休闲、娱乐、草原体育、享受阳光浴、森林浴的旅游产品，完全可以借鉴中青旅的业务拓展模式，积极开发在线旅游市场，并且可以考虑与去哪儿、携程、艺龙等巨头进行合作，在互联网化日渐成熟的市场环境下，抱团崛起才是目前市场上的主流发展模式。

（五）运用"互联网＋"思维保障游客权益

私自改变旅游线路，降低接待标准，甚至因此发生了安全隐患和事故，侵犯游客权益的现象屡见不鲜。为什么会出现这种现象呢？主要有两个方面的原因：第一，导游抓住了游客"懦弱"的心理，因为游客出门在外，人生地不熟，不敢反抗导游的"擅自"行为；第二，缺乏对游客权益的"贴身保障"机制，导致游客根本不敢维权。往往是旅游之后，气愤之余，"秋后算账"。但是，再如何严肃处理，游客的权益也被侵犯了，导游的小算盘也得逞了，即使受到处罚，那也是少数，因为大多数游客都"忍气吞声"了，也正因为如此，许多导游畸形怪相才屡罚不败。所以，内蒙古旅游产业的互联网经济转型的升级路径中一定要将保护游客的权益、争议处理、赔付等问题纳入考虑的范围。运用"互联网＋"思维保障游客权益，让游客开心而来、满意而归，成为内蒙古旅游的宣传大使，从而吸引更多的游客[①]。

第四节　内蒙古旅游产业互联网
经济转型升级政策建议

一、致力于全面构建开放包容的"旅游＋互联网"发展环境

内蒙古自治区旅游业可以实行互联网准入零负面清单，允许各类互联网主体依法平等进入旅游行业。鼓励各类互联网资本和市场主体平等开展

---

① 麦肯锡 2015 中国数字消费者调查报告揭发了 5 个消费趋势. http://blog.sina.com.cn/s/blog_14775810b0102veaf.html.

市场竞争，依法开展参股并购，支持培育互联网旅游龙头企业发展。落实国家放宽在线度假租赁、旅游网络购物、在线旅游租车平台等新业态的准入许可和经营许可制度。推动互联网基础设施的互联互通。鼓励互联网企业参与饭店、景区、旅行社、导游、文明旅游、旅游团队等国家级旅游基础数据库的升级改造和新数据库的开发建设。

二、致力于持续提升"旅游＋互联网"创新能力

鼓励建立以企业为主导、产学研用合作的"旅游＋互联网"产业技术创新联盟，支持中国"互联网＋旅游目的地"联盟建设。加快制定和实施国家智慧旅游城市、智慧旅游景区、智慧旅游企业、智慧旅游乡村标准。加大对互联网旅游新产品、新业态、新模式等创新成果的知识产权保护力度，严厉打击各种侵权假冒行为。支持"旅游＋互联网"领域创新发展。

三、致力于积极开展"旅游＋互联网"创新试点示范

国家旅游局将在全国推动设立一批"旅游＋互联网"创新示范基地，鼓励各地积极开展适应互联网旅游新产品、新业态、新模式发展的政策创新和引领示范。我们欢迎各类资本和企业创新手段，积极发展互联网＋乡村旅游、互联网＋旅游扶贫，运用商务平台加大对农村和贫困地区的旅游发展支持力度。不断创新平台和举措，积极推进"旅游＋互联网"创新成果推广和学术交流。

四、致力于支持引导"旅游＋互联网"新经济形态发展

当前，"旅游＋互联网"经济已经成为这两大领域融合最活跃、发展速度最快、潜力最大的领域。我们将着力培育和打造具有互联网经济特征

与旅游产业特色的"旅游＋互联网"新经济形态，鼓励各级旅游部门加大对云计算服务的政府采购力度，支持有条件的旅游企业打造在线旅游第三方支付平台，拓宽移动支付在旅游业的应用，推进旅游与互联网金融合作，支持互联网旅游企业拓展海外合作。

五、致力于打造"旅游＋互联网"的新型消费征信体系

信用是市场经济的灵魂，社会信用体系是市场经济的重要基石。社会信用体系的完善与否，已经成为市场经济成熟与否的显著标志，信用缺失势必给旅游和互联网都带来毁灭性破坏。旅游和互联网都是典型的信用经济，我国除央行的征信体系之外，阿里巴巴等企业也创建了线上信用体系，全国旅游业的信用体系也正在构建之中。我们将拓宽与互联网企业的合作空间，积极构建"旅游＋互联网"的新型消费信用体系。两大领域的信用相互补充、相互征引，既利于产业自律，也唤起人们对秩序、规则和信用的更多敬畏。①

---

① 新华旅游. 李金早："旅游＋互联网"融合发展已成为时代新潮流［DB/OL］. http：//travel. news. cn/2015 － 09/21/c_128248908. htm，2015 － 09 － 21.

第九章

内蒙古互联网经济的
发展趋势与政策建议

第一节　内蒙古互联网经济发展趋势

一、趋势总述

经过科技革命的洗礼，产业结构发生巨大变革。随着经济全球化程度越来越高，经济正在逐步发生着调整和转型，互联网经济就是在这种经济整合交汇的情况下应运而生，并且对经济格局产生了深刻的影响。近几年，内蒙古自治区政府加快经济转型的步伐，在调节工业产业结构的同时，还加大力度发展壮大战略性新兴产业，培养新的经济增长点，以达到经济的可持续发展。内蒙古实现经济转型，就意味着经济发展方式的转变，使经济结构组建趋于合理。在新的机遇面前，必须充分利用互联网的特有优势，推动互联网经济的发展，促使传统产业发生变革。从而对我国的经济发展做出更多的贡献，也更好地为经济新常态服务。2015年7月，《国务院关于积极推进"互联网＋"行动的指导意见》（以下简称《意见》)指出要顺应世界"互联网+"发展趋势,充分发挥我国互联网的规模优势和应用优势,推动互联网由消费领域向生产领域拓展,加速提升产业发展水平,增强各行业创新能力,构筑经济社会发展新优势和新动能。坚持改革创新和市场需求导向,突出企业的主体作用,大力拓展互联网与经济社会各领域融合的广度和深度。着力深化体制机制改革,释放发展潜力和活力;着力做优存量,推动经济提质增效和转型升级;着力做大增量,培育新兴业态,打造新的增长点;着力创新政府服务模式,夯实网络发展基础,营造安全网络环境,提升公共服务水平。

针对内蒙古自治区互联网经济的发展情况,根据《意见》给出的原则指导,全区必须做到:

(1)坚持开放共享。在互联网这个重要的共享平台上,将内蒙古各地区、各行业的人力、财力、机械,信息进行整合,来完成最大限度的资源优化配置,形成开放、共享的经济社会运行新模式。

(2)坚持融合创新。转变内蒙古六大支柱产业传统的模式与思维,使得互联网思维在传统产业领域逐步深化,积极促进内蒙古支柱产业与"互联网+"的结合。

(3)坚持改革转型。根据内蒙古自治区《关于加快"互联网+"政策指导意见》,在政府的高度重视和积极支持下,充分发挥互联网在促进内蒙古自治区产业升级以及信息化和工业化深度融合中的平台作用,引导要素资源向实体经济集聚,推动生产方式和发展模式变革。创新网络化公共服务模式,大幅提升公共服务能力。

(4)坚持引领跨越。根据我国互联网发展优势,巩固提升内蒙古自治区互联网经济的发展与成长。加强对支柱产业的重点领域的前瞻性布局,以互联网融合创新为突破口,培育壮大新兴产业,引领新一轮科技革命和产业变革,实现跨越式发展。

(5)坚持安全有序。建立科学有效的市场监管方式,促进市场有序发展,保护公平竞争,防止形成行业垄断和市场壁垒。

现阶段,我们要针对互联网经济的社会环境和自身因素,结合内蒙古自治区经济发展现状，发挥"互联网＋"的独特优势，学会用互联网思维看问题，用长远目光进行前瞻性布局。调动全社会的激情，激发全社会的创新动力、创造潜力和创业活力，真正将"大众创业，万众创新"落实到实处。

二、内蒙古互联网经济的发展趋势分析

（一）将重点推动产业结构优化升级

内蒙古自治区的传统产业和支柱产业目前还存在诸多问题，但是传统产业部门在未来相当长的一段时间内对内蒙古自治区的经济发展及社会稳定起着极为重要的作用。互联网经济带领内蒙古自治区以互联网经济为平台，以能源产业、冶金产业、化工产业、机械制造产业、农畜产品加工产业和旅游服务业六大传统支柱产业为支撑，以发展清洁能源、高端材料和高端装备制造、绿色农畜产品加工、现代信息技术、现代服务业和物流为重点的产业格局。

比如，在过度消耗能源引起各种环境问题的情况下，低碳模式经济变得越来越受社会各界关注。此时，内蒙古的能源行业面临着巨大的压力，我们要正确运用内蒙古的能源优势，通过技术创新和政策措施，积极发展可循环能源与新型清洁能源，着实提高能源效率并改善能源结构问题。内蒙古地域辽阔、气候条件得天独厚。其土地肥沃、草原广袤，草原面积居全国五大牧场之首，内蒙古在发展农畜产品加工方面有着得天独厚的优势。在当前时代的需求下，根据国家和自治区生态建设的需要，响应循环发展、低碳发展、可持续发展的号召，加强建设内蒙古绿色农畜产品加工产业是极其具有光明前景的。

在这样的形势下，发展内蒙古经济要在政府这双看得见的手和市场这双看不见的手的共同作用下，积极对传统产业结构进行改造，充分发挥互联网技术在提高资源配置效率和市场竞争水平上的重要作用。对信息程度

大、财务状况良好的企业予以政策扶植和资金鼓励，对于产能相对落后的"僵尸"企业提供兼并和信息化改造指导。坚持在"互联网＋"的基础上，在清洁能源、现代服务业、物流等方向有所突破，推动传统产业走上科技含量高、资源耗费少、环境污染小的道路。为政府政策制定提供科学的依据，真正做到去产能、减少库存、有效供给。

（二）将加快实现要素驱动到创新驱动的转向

在全球范围内，随着信息技术的快速发展，互联网经济浪潮正澎湃而来，成为驱动世界经济增长的新引擎。当前，互联网经济已全面应用到第三产业，形成了电子商务、互联网金融、智慧服务、网络游戏等新业态，并正在向第一和第二产业渗透。特别是以互联网与工业的深度融合为代表，世界各国纷纷提出新战略、新举措，德国实施"工业4.0"战略推动生产高度智能化、网络化，美国通过"工业互联网"提升制造业价值创造能力，日本加快探索人工智能产业和智能生产线，法国出台"新工业法国"计划拉开了工业复兴的帷幕。这些技术可以更好地做到"去人工化"，有效地将成本降低，并且极大地提高效率，还能创造更多附加值。互联网经济的发展，将加快实现要素驱动到创新驱动的转向，将引发下一轮的工业革命。

"新常态"下我国产业转型升级的整个创新的思维和政策的着力点将会发生变化，它是一种颠覆式的全面产业创新。互联网在改造提升传统产业时将产生更多的技术创新、模式创新和应用创新，并极有可能颠覆传统产业的运营模式。我们要更加重视与互联网及创意产业的融合发展，借助互联网平台，将硬件制造、软件与数据服务、生活服务等结合为全产业链生态系统，以互联网思维实现创新"路径突破"，并由此催生新的业态或产业，推进创新链、产业链和资金链"三链融合"。大力增加以健康、绿色、智慧为特征的高端产业的有效供给，实现"高端崛起"。

（三）"互联网＋"大趋势将推动企业去中心化

以互联网为核心的新一代信息技术的推广普及带来企业组织流程和管理模式的巨大创新，去中心化已经成为制造企业互联网变革的重要趋势之一。第一，网络化信息传递为企业去中心化提供了必要条件。网络化信息传递方式大幅提升组织模式效率，是企业去中心化的有力支撑。在互联网模式下，传统的单点式信息传递方式逐渐转变为网络化、扁平化、同步快速的信息传递方式，将促进市场参与主体搜索、获取、分享、沟通信息的效率提高和成本降低，从而提升企业去中心化组织模式效率，使得用户、产业链上下游企业等主体之间能够充分发挥协同效应，同时也促进制造企业内部基于不同业务及功能模块的部门"小微企业"化，充分发挥其自主经营、决策等权利。第二，开放协同式创新为企业去中心化提供动力支持。网络化协同创新平台带来制造业创新模式的变革，是企业去中心化的重要引擎。互联网具有开放性和快速迭代的特点，在其加速渗透的过程中，制造行业将不断拓展创新的广度与深度，企业趋向于通过网络化协同创新平台在短时间内以开放、合作、共享的创新模式，整合内外部资源，促进用户深度参与、产业链上下游企业高度协同，充分调动各类主体的积极性和创造性，实施深度合作和迭代式创新，缩短产品研发周期，增强企业对市场的快速反应能力。

（四）基础支撑进一步夯实提升

1. 信息通信网络优化升级

网络设施和产业基础得到有效巩固加强，应用支撑和安全保障能力明显增强。固定宽带网络、新一代移动通信网和下一代互联网加快发展，物联网、云计算等新型基础设施更加完备，人工智能等技术及其产业化能力显著增强。积极支持国内通信运营、制造，为建设企业"走出去"开拓国际市场，并参与"一带一路"方向的国际海缆建设。将得益于国内通信运营、设备制造企业与国外企业合作建立的通信海缆。

2. 强化资源管理，夯实基础支撑能力

一是深入推进网络实名制，规范域名注册服务及相关行政审批，改进网站备案信息核验手段，提升备案主体信息准确率；二是强化接入企业管理，督促落实未备案不得接入等相关责任，加大对违规行为的处罚力度；三是会同相关部门完善互联网管理协调机制，修订违法违规网站黑名单管理制度。

3. 服务质量监管和用户权益保障继续完善

在"互联网＋"时代，传统的质量监管模式遇到了新的挑战。我国通过互联网远程监控确保全区特种设备的安全，借力大数据和信息平台全面提升当地的综合质量水平，加强服务质量监管和用户权益保护，用户信息保护工作力度加大，走出了一条运用"互联网＋"创新质量监管的新路子。

4. 全面推进三网融合，推动业务双向进入

以《三网融合推广方案》发布实施为契机，总结试点经验，加大推广力度，进一步提高覆盖范围。一是抓紧制定各成员单位重点工作分工方案，明确目标要求，落实工作责任；二是加强部省联动，积极推动广电、电信业务双向进入，做好网络建设升级改造、促进相关产业发展等相关工作；三是做好相关许可受理和审批工作，促进IPTV等融合业务应用普及。落实分业监管要求，维护公平竞争的市场秩序。

5. "互联网＋"新经济形态初步形成

近年来，我国在互联网技术、产业、应用，以及跨界融合等方面取得了积极进展，已具备加快推进"互联网＋"发展的坚实基础。"互联网＋"正在以崭新的发展模式塑造传统行业并创造新生业态。《意见》为

"互联网＋"行动定下了短期和长期的目标。《意见》指出，到2018年，互联网与经济社会各领域的融合发展进一步深化，基于互联网的新业态成为新的经济增长动力，互联网支撑"大众创业，万众创新"的作用进一步增强，网络经济与实体经济协同互动的发展格局基本形成。到2025年，网络化、智能化、服务化、协同化的"互联网＋"产业生态体系基本完善，"互联网＋"新经济形态初步形成，"互联网＋"成为经济社会创新发展的重要驱动力量。"《意见》是在深刻认识和准确把握互联网发展规律的基础上，对互联网与经济社会融合发展做出的重大战略部署和顶层设计，具有划时代的重大意义和深远影响。"中国信息通信研究院院长曹淑敏说。当互联网与各产业全面对接，新经济形态将初现雏形。可以预测，"互联网＋"下的新经济形态将更为健康、良性发展。以工业为例，产业结构不均匀、居于产业链低端等问题一直困扰着我国工业。接下来，信息化和工业化的深度融合尤其是"互联网＋"被寄予了厚望。

6. "互联网＋"成为经济社会创新发展的重要驱动力量

截至2014年年底，我国拥有6.5亿网民，是美国的2倍；3.6亿网购用户，超过英国、德国、意大利、法国人口的总和。如此巨量的市场规模，是任何国家都无法比拟的。根据麦肯锡的研究，每100元网络交易额中，有39%的消费是完全新增出来的。按照这一比例计算，淘宝网2014年2.3万亿元的交易额，激发的新消费贡献将近9000亿元。预计2018年至2025年，互联网将帮助中国提升GDP增长率0.3～1.0个百分点，对中国GDP增长贡献份额7%～22%，对中国劳动生产力水平提高的贡献份额最高可达22%，到2025年可创造4600万个新的工作机会。

"互联网＋"整合并优化公共资源配置。"互联网＋"通过打破信息不对称、减少中间环节，提升劳动生产率，从而提升资源使用效率。通过"互联网＋"的发展，将公共服务辐射到更多有需求的群体中去，提供跨区域的创新服务，为实现教育和医疗等公共稀缺资源均等化提供全新的平台。"互联网＋"促进共享经济发展，提高资源使用效率。共享经济的核心是提倡互利共享，高效对接供需资源，提升闲置资源利用率，提供节能环保与资源再利用的创新模式。

"一场数字革命正在中国风起云涌。"麦肯锡全球董事陈有钢认为，"互联网不仅可以成为未来几年中国经济的新引擎之一，还将改变经济增长的模式，在生产力、创新和消费等各个方面为 GDP 增长提供新的动力。站在'互联网＋'的风口顺势而为，会使中国经济飞起来!" 2015 年"两会"后的总理记者会上，李克强这样说道。

三、"互联网＋"形势下内蒙古支柱产业转型升级方向

（一）内蒙古能源产业互联网经济转型方向分析

1. 内蒙古能源产业互联网经济转型的优劣势分析

内蒙古能源产业发展具有显著的优势：

（1）良好的边贸地缘优势、行政管理优势是呼和浩特发展能源产业的内部条件。呼和浩特在国家西部大开发战略中居于重要位置。它位于国家东部地区与西部地区的结合部，是东接首都北京，西连祖国大西北的主要通道，地处"呼包银"经济带的起始端，处在"呼包鄂"金三角的核心地段。

（2）丰富的煤炭资源，推动了内蒙古能源的发展。内蒙古煤炭资源的特点可以概括为：一是资源分布广、总量多；二是种类齐全、品质优良；三是煤层埋藏浅、厚煤层多、地质构造和水文地质条件相对比较简单、层位稳定、煤田规模大、易开采；四是主要煤系中的共生、伴生矿产资源丰富。

（3）较高的城市化水平与快速的城市化进程为呼和浩特能源产业的发展提供了源源不断的动力。不断推进的城市化进程为内蒙古能源产业的发展提供了空间集聚条件，也为产业发展提供了源源不断的劳动力供给。

内蒙古能源产业发展的劣势：

（1）煤炭过度开发，市场需求放缓，导致产能过剩和资源浪费。

（2）能源的发展伴随着巨大的负外部性，不利于经济的可持续发展。

（3）能源企业缺乏创新导致能源技术落后和能源效率偏低。

（4）能源市场机制尚不完善，能源体制改革力不从心。

（5）不合理的能源结构。

（6）脆弱的生态环境。

（7）匮乏的水资源。

2. 内蒙古能源产业互联网经济转型的机会与方向

内蒙古能源产业互联网经济转型的机会分析（如图9-1所示）：

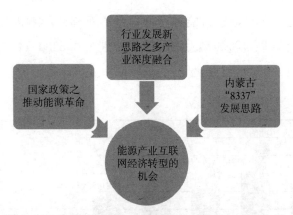

图9-1 内蒙古能源产业互联网经济转型的机会分析

（1）大力推进能源消费革命，着力提高能源效率和节能减排水平。继续深入推进煤电节能减排升级改造，大力提高煤炭清洁高效利用水平。

（2）行业发展新思路之多产业深度融合。一要提升改造传统化工行业，延长产业链，产业向高端化、精细化发展；二要做强现代煤化工；三要推动盐碱化工与煤基化工深度融合。

（3）内蒙古"8337"发展思路。内蒙古能源领域依然以自治区"8337"

发展思路为指导，积极适应"新常态"，迎接新挑战，把推动经济结构战略性调整作为转方式的主攻方向，以清洁能源输出基地、现代煤化工生产示范基地为载体，把转方式同优化产业结构、延长资源产业链条相结合。

经过实证分析，科技水平、品牌意识、生态补偿机制、服务组织建设和融资机制设将正向显著影响着传统农畜牧产业的竞争力；信息化基础建设和信息化人才将显著正向影响着内蒙古自治区信息不对称；传统能源产业的竞争力和内蒙古能源产业信息不对称信息影响能源产业相关人员的互联网经济转型意向。科技水平、品牌意识、生态补偿机制、服务组织建设和融资机制对内蒙古自治区传统能源产业竞争力的影响因素分别为 0.78、0.86、0.74、0.87 和 0.68，对互联网经济转型意愿的影响分别为 0.6474（0.78 * 0.83）、0.7138（0.86 * 0.83）、0.6147（0.74 * 0.83）、0.7221（0.87 * 0.83）和 0.5644（0.68 * 0.83）（如图 9 − 2 所示）。信息化基础建设和信息化人才对内蒙古能源产业信息不对称的影响因素分别为 0.76 和 0.91，对互联网经济转型意愿的影响分别为 0.6384（0.76 * 0.84）和 0.7644（0.91 * 0.84）（如图 9 − 3 所示）。

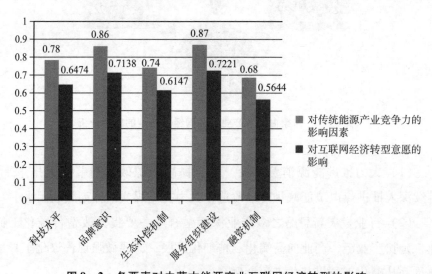

图 9 − 2　各要素对内蒙古能源产业互联网经济转型的影响

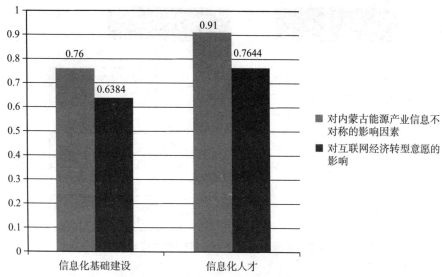

图 9 - 3　信息化基础建设、信息化人才对

内蒙古能源产业互联网经济转型的影响

在能源产业科技水平、品牌意识、生态补偿机制、服务组织建设、融资机制、信息化基础建设和信息化人才建设七个方面进行相关改革，将最终促使互联网对传统能源产业的经济进行重新整合，使能源产业快速稳健地发展。

（二）内蒙古冶金产业互联网经济转型的方向分析

1. 内蒙古冶金产业互联网经济转型的优势与劣势分析

内蒙古冶金产业互联网经济转型的优势与劣势分析如图 9 - 4 所示：

2. 内蒙古冶金产业互联网经济转型的机会与方向分析

科技水平、品牌意识、龙头企业规模、利益机制建设和服务组织建设将正向显著影响着传统冶金产业的竞争力；信息化基础建设和信息化人才将正向显著影响着内蒙古自治区信息化水平；传统冶金产业的竞争力和内蒙古自治区信息化水平影响冶金产业相关人员的互联网经济转型意向。科

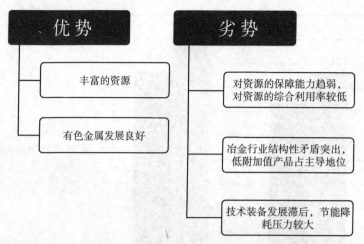

图 9 - 4　内蒙古冶金产业互联网经济转型的优势与劣势分析

技水平、品牌意识、龙头企业规模、利益机制建设和服务组织建设对内蒙古自治区传统冶金产业竞争力的影响因素分别为 0.67、0.56、0.74、0.73 和 0.72，对互联网经济转型意愿的影响分别为 0.676（0.74 * 0.78）、0.7336（0.74 * 0.81）、0.7632（0.82 * 0.84）、0.6978（0.72 * 0.83）和 0.7642（0.72 * 0.83）（如图 9 - 5 所示）。信息化基础建设和信

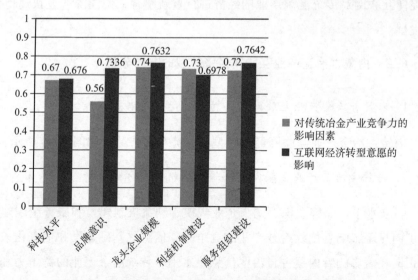

图 9 - 5　各要素对内蒙古能源产业互联网经济转型的影响

息化人才对内蒙古地区信息化水平的影响因素分别为 0.78 和 0.81，对互联网经济转型意愿的影响分别为 0.7864（0.76 * 0.84）和 0.7738（0.77 * 0.84）（如图 9 - 6 所示）。

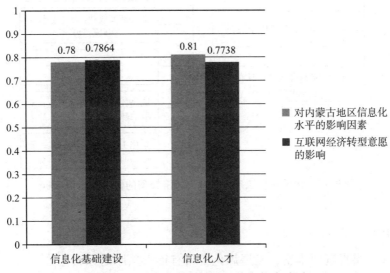

图 9 - 6　信息化基础建设、信息化人才对
内蒙古冶金产业互联网经济转型的影响

由以上分析可知，在冶金产业科技水平、品牌意识、龙头企业规模、利益机制建设、服务组织建设、信息化基础建设和信息化人才建设七个方面进行相关改革，将最终促使互联网对传统冶金产业的经济进行重新整合，使冶金产业快速稳健地发展。

（三）内蒙古化工产业互联网经济转型的方向分析

1. 内蒙古化工产业互联网经济转型的优势与劣势分析

根据图 9 - 7 可知，内蒙古化工产业互联网经济转型的优势与劣势包括：

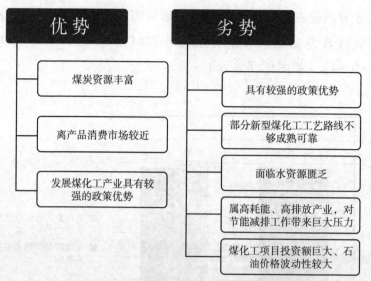

图 9-7　内蒙古化工产业互联网经济转型的优势与劣势分析

优势：

（1）煤炭资源丰富，发展煤化工具有得天独厚的原料优势。

（2）内蒙古自治区地广人稀，环境容量相对较大，区位优越，离产品消费市场较近。内蒙古具有区位优势，离京津冀、东北经济圈更近，离华东、华南等化工产品集中消费地距离也较近，运输成本较低。内蒙古中西部一些地区国土空间内居民较少，发展大型化工项目具有较大的环境容量，能最大限度地降低化工安全事故损失。

（3）发展煤化工产业具有较强的政策优势。内蒙古自治区属于西部地区，又属于边疆民族地区，既享受国家西部大开发优惠政策，又享受一些差异化的民族地区优先措施。

劣势：

（1）传统煤化工产能过剩，新型煤化工投资存在过热现象。

（2）部分新型煤化工工艺路线仍然不够成熟可靠，还处于示范过程，能否大规模推广有待进一步观察。

（3）煤化工产业耗水量巨大，煤炭资源富集地区发展煤化工面临水资源匮乏难题。

（4）煤化工产业属高耗能、高排放产业，对节能减排工作带来了巨大压力，且全过程能源转换效率不高。

（5）煤化工项目投资额巨大、石油价格波动性较大、煤炭价格长期仍将处于低谷。

2. 内蒙古化工产业互联网经济转型的机会与方向分析

经过实证分析可知，科技水平、环境因素、油价因素、金融服务和国家政策将正向显著影响着化工产业的竞争力；信息化基础建设和信息化人才将显著正向影响着内蒙古自治区信息化水平；传统农畜牧产业的竞争力和内蒙古农畜牧地区信息化水平影响农畜牧相关人员的互联网经济转型意向。科技水平、环境因素、油价因素、金融服务和国家政策对传统化工产业竞争力的影响因素分别为 0.78、0.76、0.84、0.77 和 0.67，对互联网经济转型意愿的影响分别为 0.6474（0.78 * 0.83）、0.6308（0.76 * 0.83）、0.6972（0.84 * 0.83）、0.6391（0.77 * 0.83）和 0.5561（0.67 * 0.83）（如图 9 - 8 所示）。

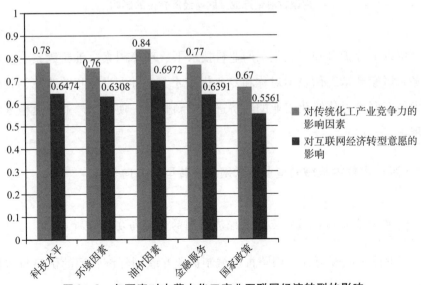

图 9 - 8　各要素对内蒙古化工产业互联网经济转型的影响

信息不对称和专业化人才对内蒙古传通化工产业的影响因素分别为 0.76
和 0.81, 对互联网经济转型意愿的影响分别为 0.6384 和 0.6804 (如图
9-9 所示)。

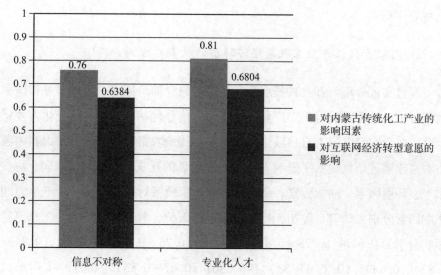

图 9-9 信息化基础建设、信息化人才对

内蒙古冶金产业互联网经济转型的影响

由以上分析可知, 在化工产业科技水平、环境因素、油价因素、金融
服务、国家政策、信息不对称和专业化人才七个方面进行相关改革, 将最
终促使互联网对传统化工业的经济进行重新整合, 使化工产业快速稳健地
发展。

(四) 内蒙古机械制造业互联网经济转型的方向分析

1. 内蒙古机械制造业互联网经济转型的优势与劣势分析

根据图 9-10 可知, 内蒙古机械制造业互联网经济转型的优势与劣势
包括:

优势：

（1）内蒙古自治区上游原材料工业发达，煤电水运供给充足，土地资源丰富，为机械制造产业发展提供了坚实基础。

（2）内蒙古自治区下游交通、矿采、电力等机械装备需求量大，为机械制造业提供较大的市场空间。

（3）内蒙古自治区利用龙头企业，完善了机械制造业产业升级所需的基础设施配套。

劣势：

（1）内蒙古机械制造业自主创新能力较差。

（2）内蒙古机械制造业高端人才缺乏。

（3）内蒙古机械制造业资源整合能力不足。

（4）精细化管理能力较弱。

（5）产业协同发展程度较低。

（6）"两化"融合程度较低。

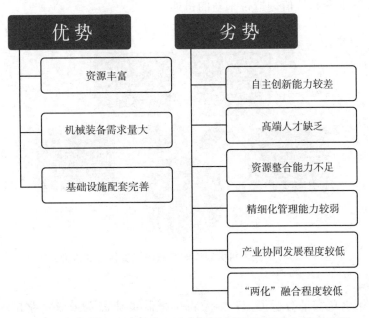

图 9-10　内蒙古机械制造业互联网经济转型的优势与劣势分析

2. 内蒙古机械制造业互联网经济转型的机会与方向分析

内蒙古机械制造业互联网经济转型的机会（如图9-11所示）：

（1）产业变革引领内蒙古制造业发展新契机。新一轮科技革命和产业变革与我国加快转变经济发展方式形成历史性交汇，国际产业分工格局进入重塑阶段，新理念、新技术、新方式启动期有很多空白点，在某种程度上为全球提供了新的起跑线，也为中国赶超发展提供了契机。

（2）政策扶持创造内蒙古制造业发展新环境。近年来，为促进内蒙古自治区装备制造业快速发展，全区着重强化了政策扶持引导、加大了资金扶持力度。

（3）"一带一路"战略开创内蒙古制造业发展新格局。"草原丝绸之路"作为"一带一路"的一部分，是中俄蒙实现经济交流的重要通道。

（4）"互联网+"是推动内蒙古制造业转型升级的新动力。"互联网+"与制造业融合后，将会为产业开启新的"设计空间"，为我国制造业的效率提升和价值创造带来新的机遇。

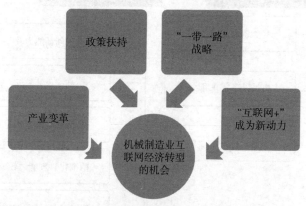

图9-11　内蒙古机械制造业互联网经济转型的机会分析

由第六章实证分析可知，内蒙古机械制造业需要采取企业技术创新、企业人力资源整合、外商投资、政策支持、企业信息网络建设5种途径，才能推动内蒙古机械制造业互联网经济转型升级的前进步伐，从而助推内蒙古互联网经济平稳发展。

（五）内蒙古农畜牧业互联网经济转型的方向分析

1. 内蒙古农畜牧业互联网经济转型的优势与劣势分析

内蒙古进行农畜牧业互联网经济转型优势显著（如图9－12所示）。

（1）农牧资源丰富，内蒙古天然草场辽阔，草原总面积居全国五大牧场之首，是我国重要的畜牧业生产基地。

（2）地理条件优越，内蒙古横跨东北、华北、西北三个地区，南连黑、吉、辽、冀、晋、陕、宁、甘8省，北与俄、蒙两国接壤，与京津地区邻近，便于开展合作，传送电能资源等，同时还与周边地区共同形成了一个重要的能源聚集区，独特的区位优势为经济发展提供了对外联系的通道，有利于内蒙古扩大对内对外的开放，为经济的发展提供了广阔的市场环境。

（3）政策优惠众多，内蒙古作为自治区，在政策上具有一定的优势。

（4）草原文化促进畜牧业发展，说到草原文化就能够联想到内蒙古，在这样的文化背景下，内蒙古的畜牧加工业生产出的产品将会很容易取得消费者的信任。

（5）农产品品牌建设卓有成效，随着内蒙古农业经济的不断发展，其农产品的种类和数量都在不断地增加，农产品区域品牌的建设也受到了越来越多的关注。

虽然内蒙古在农畜牧业互联网经济转型具有显著优势，但现阶段仍面临众多困难和挑战（如图9－12所示）。

（1）科技水平和加工增值率还处于较低水平，由于科技成果转化机制仍不健全，科研成果转化率低，农牧业产业化科技含量不高，产业链条短，加工转化率低。

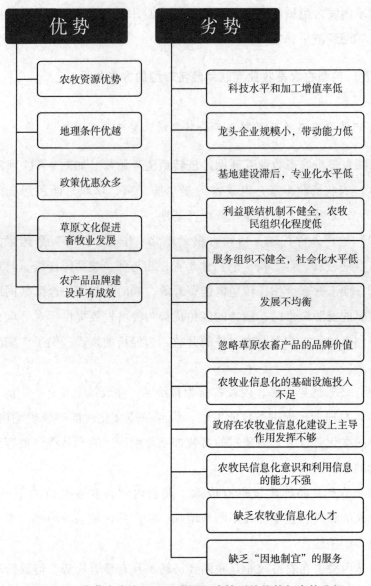

图 9 - 12　内蒙古农畜牧业互联网经济转型的优势与劣势分析

（2）龙头企业规模小，带动能力低。内蒙古农畜产品加工企业组织结构大群体、小规模的特征十分明显，与发达国家和我国发达地区相比，龙头企业的规模、实力、科技水平和产品质量等综合竞争力仍然较低，难以对一体化生产形成持久而强有力的支持，辐射能力和市场开拓能力受到一定程度的影响。

（3）基地建设滞后，专业化水平低，农牧业生产的集约化、专业化、组织化水平不高，农畜产品的专用程度和品质不能充分满足现代加工业发展的需要。

（4）利益联结机制不健全，农牧民组织化程度低，产业化内部结构松散，龙头企业、基地、农牧户之间缺乏稳定、健全、合理的利益联结机制，没有真正结成"利益共享、风险共担"的共同体。

（5）服务组织不健全，社会化水平低，围绕产业化经营的产前、产中、产后服务滞后，科技、信息、金融、购销、储运等服务组织和中介组织不健全，人员素质低，服务功能差，不能充分发挥应有的作用，很难适应产业化经营的需求和市场变化。

（6）地区不均衡，结构不均衡。

（7）在以往的宣传销售中农畜产品价格和产品应有的价值严重背离，忽略草原农畜产品的品牌价值。

（8）农牧业信息化的基础设施投入不足，内蒙古自治区的整体实力与东部发达省份相比，还属于中等偏下的水平。因而，对内蒙古自治区而言，农牧业信息化的普及显得更加困难，特别是在资本投入和基础设施建设方面仍有很大的差距，主要表现在：第一，有限的经济条件下，一部分地区的政府在农牧业信息基础设施建设方面的支持力度和资金投入是不够的；第二，基层缺少收集、处理、传播农牧业信息的硬件设备；第三，信息服务体系不健全，基层缺乏对信息有效管理的专业人才；第四，信息来源的可靠性和时效性差，虚假信息和过时信息鱼目混珠的混在农牧业信息中，使得农牧民很难区分；第五，在农牧业，农牧业信息的载体主要是纸质的形式，信息数据库较少，容量较小，特别是在乡镇，村，苏木等"最后一公里"的数据传输容易出现断层；第六，全区的农牧民，不少都是蒙古族，而针对蒙古族适用的一些网站，数量较少，蒙文信息资源相对匮乏，这就使得农牧业信息化建设的步伐十分缓慢。

（9）政府在农牧业信息化建设上主导作用发挥不够，对于农牧业信息化建设的必要性缺乏认识，一些政府官员缺乏引导、扶持农牧业信息化发展的意识，而就农牧民本身来说，本来就对信息的敏感度不高，这样对农牧业信息化的意识就更为薄弱，农牧业信息化的建设也就相对滞后。

（10）农牧民信息化意识和利用信息的能力不强。

（11）缺乏农牧业信息化人才，在全区的农牧业信息化人才建设方面，一是专业的培训机构不完善，二是投入的经费也比较少。

（12）缺乏"因地制宜"的服务，在农村信息化推进中，非常需要"因地制宜"，针对区域特点、生产情况和农牧民素质等情况，以需求为导向进行信息资源整合、选择服务终端、建立服务的模式。

2. 内蒙古农畜牧业互联网经济转型的机会与方向分析

（1）内蒙古农畜牧业互联网经济转型的机会（如图 9 – 13 所示）。

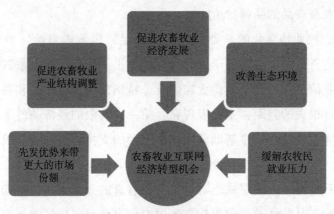

图 9 – 13　内蒙古农畜牧业互联网经济转型的机会分析

1）先发优势带来更大的市场份额，若内蒙古自治区可以较其他省建立更加全面和完善的信息化基础设施，对农牧民进行更深入的互联网教育，并对农畜产品从生产、加工到销售的产业链环节进行电子信息化，则内蒙古自治区将获得在农畜牧业互联网转型的先发优势。在先发优势的作用下，内蒙古自治区的农畜产品可以创建属于自己的品牌，并可以迅速地占领市场，使用户形成忠实的品牌知名度。

2）促进农畜牧业经济发展，通过农牧业信息化建设，将涉农企业、农贸市场、农资经销店与农牧民连接起来，可以有效地填补农牧业组织上农户与市场的空白连接。这样既可以提高畜牧业产品生产的专业性和优质性，还可以节省交易成本，解决小生产与大市场之间的矛盾。此外，利用项信息服务系统的多元综合性的特点，可以向广大农牧民有效地传递和推广农牧业科技的最新成果和实用技术，从而提高科技成果的转化率及农牧业整体的科技含量，也促进了多元化农牧业服务体系的发展。

3）促进农畜牧业产业结构调整，政府和农牧民之间的信息要及时沟通，这样农牧民就可以及时地了解市场上所需的农牧产品，从而按需生产，改变以往传统而单调的生产方式，有效地避免因农牧民不知道政府的市场信息和政府决策而给农牧民带来的巨大损失。有了农牧业信息化建设，政府可以长期、稳定、及时地把一些中长期农牧业政策传递到农牧民的手中，充分发挥政府的宏观指导作用，有助于调整产业结构，使农牧民有效地开展生产经营活动，以促进农牧业生产，实现农牧民收入的增加。

4）改善生态环境，随着农牧业信息化的建设，可以为农牧业产业、农牧民提供先进的信息服务，为促进产业结构调整，提高农牧民素质，将对环境保护、节能减排起到非常有益的效果。

5）缓解农牧民就业压力。农牧民可以直接通过现代信息技术，共享各种实时的城市和乡村居民技术知识与市场信息改变传统的生产和生活方式。

（2）内蒙古农畜牧业互联网经济转型的方向分析。

科技水平、品牌意识、龙头企业规模、利益机制建设和服务组织建设将正向显著影响着传统农畜牧产业的竞争力；信息化基础建设和信息化人才将显著正向影响着内蒙古自治区信息化水平；传统农畜牧产业的竞争力和内蒙古农畜牧地区信息化水平影响农畜牧相关人员的互联网经济转型意向。科技水平、品牌意识、龙头企业规模、利益机制建设和服务组织建设对传统农畜牧产业竞争力的影响因素分别为 0.84、0.86、0.81、0.77 和 0.67，对互联网经济转型意愿的影响分别为 0.6972（0.84 * 0.83）、0.7138（0.86 * 0.83）、0.6723（0.81 * 0.83）、0.6391（0.77 * 0.83）和 0.5561（0.67 * 0.83）（如图 9 – 14 所示）。信息化基础建设和信息化人才对内蒙古农畜牧地区信息化水平的影响因素分别为 0.83 和 0.81，对互联网经济转型意愿的影响分别为 0.6972（0.83 * 0.84）和 0.6804（0.81 * 0.84）（如图 9 – 15 所示）。

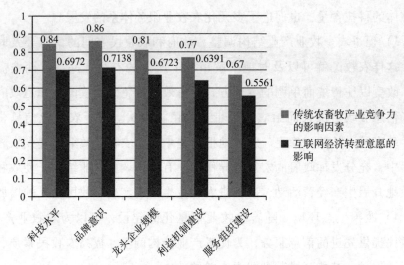

图 9 – 14　各要素对内蒙古农畜牧业互联网经济转型的影响

由以上分析可知，在农畜牧产业科技水平、品牌意识、龙头企业规模、利益机制建设、服务组织建设、信息化基础建设和信息化人才建设七个方面进行相关改革，将最终促使互联网对传统畜牧业的经济进行重新整合，使农畜牧业快速稳健地发展。

受测者认为品牌意识是影响农畜牧产业竞争力的最重要的因素，内蒙古地区的农畜牧产业虽然有很大的地理优势与资源优势，但是与国际上其他拥有相同优势的地区相比，内蒙古自治区的品牌意识相对缺乏，并没有挖掘农畜牧产品的深层价值。因此，提高生产者的品牌意识，并着重建设有

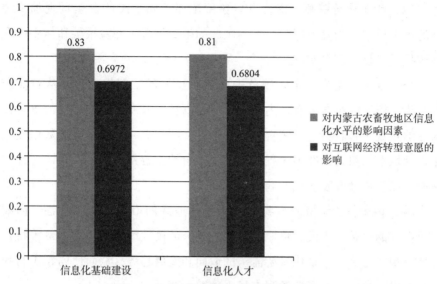

图 9 – 15　信息化基础建设、信息化人才对

内蒙古冶金产业互联网经济转型的影响

国际影响力的内蒙古农畜牧产品，才会让内蒙古农畜牧产品的产业竞争力增强，从而有更大的决心通过互联网进行更深层次的产业转型。受测者认为科技领先程度也是影响内蒙古农畜牧产业竞争力的重要因素，产品生产、加工及运输销售过程中所含的技术含量影响了生产效率与生产品质，从而影响了最终产品的质量。

（六）内蒙古旅游业互联网经济转型的方向分析

1. 内蒙古旅游业互联网经济转型的优势与劣势分析

内蒙古进行旅游业互联网经济转型具有显著的优势（如图 9 – 16 所示）。

（1）旅游资源具有多样性和独特性，内蒙古旅游资源类型多样，展现了内蒙古景观多样性、生物多样性、文化多样性、民族的独特性等旅游资源特色。

（2）生态旅游资源丰富，自然氛围浓厚，原生态的自然景观加上纯朴的民族风情，为发展回归自然为主题的生态旅游、探险旅游和休闲度假旅游提供了良好资源基础。

（3）旅游资源在一定区域范围内具有良好的空间组合性，从自然资源与人文资源的组合来看，内蒙古草原、森林、沙漠、湖泊、河流等多样的自然景观、各具特色的蒙古族、鄂伦春、鄂温克、达斡尔等少数民族文化在地域上的组合，在很大程度上改变了自然旅游景观单一性与同质性给旅游产品多样性开发造成的约束。

（4）内蒙古旅游资源与我国东部发达地区的市场具有互补性，内蒙古所拥有的森林、大漠、草原，原始、纯朴的民族风情、历史古迹等特色旅游资源，正好符合现代旅游需求的取向和发展趋势，从而使内蒙古与我国东部发达地区具有了资源和市场上的双重互补。

与此同时，内蒙古旅游业发展的劣势也较为突出（如图9-16所示）。

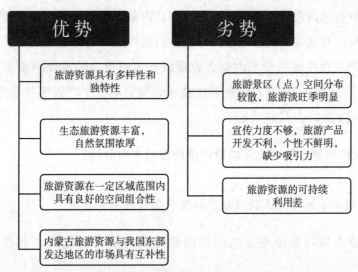

图9-16 内蒙古旅游业互联网经济转型的优势与劣势分析

（1）旅游景区（点）空间分布较散，旅游淡旺季明显。

（2）宣传力度不够，旅游产品开发不利，个性不鲜明，缺少吸引力。

（3）旅游资源的可持续利用差。

2. 内蒙古旅游业互联网经济转型的机会与方向分析

（1）内蒙古旅游业互联网经济转型的机会分析（如图9-17所示）。

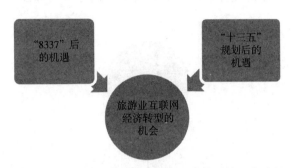

图9-17　内蒙古旅游业互联网经济转型的机会分析

1）"8337"后的机遇。内蒙古自治区认真学习、深刻领会自治区"8337"发展思路提出的"建设体现草原文化、独具北疆特色的旅游观光、休闲度假基地"的战略定位。一是从把旅游业纳入内蒙古自治区经济社会发展的战略高度去谋划自治区旅游业发展；二是根据"8337"发展思路提出的"草原文化、北疆特色、旅游观光、休闲度假"四个旅游发展要点，把握内蒙古自治区旅游业发展方向和业态；三是从推进旅游产业健康持续发展的目标，制定内蒙古自治区旅游业发展的重点任务和政策措施；四是从发展大旅游和促进旅游产业融合的视角，探索构建内蒙古自治区旅游产业体系；五是依托内蒙古自治区旅游资源聚集区，遵循旅游产业聚集发展的新理念，分层次构建内蒙古自治区旅游产业发展的格局。

2）"十三五"规划后的机遇。"十三五"期间是旅游业加快发展的黄金机遇期，也是旅游业转型升级、攻坚克难、突破瓶颈的关键期。编制"十三五"旅游发展规划，需要创新方法、突破重点、突破瓶颈。"十三五"期间是拓展旅游产业格局、壮大产业规模、提升产业素质的关键时期，我国旅游业将经历一个大调整、大变革、大跨越的过程，进而实现从量变到质变、从数量增长到质效提升、从粗放经营到集约发展的大变化，要着力推进旅游产业化。行业管理体制和机制难以适应综合性大产业、事业管理的要求，"十三五"旅游发展规划需要在适应大旅游发展的综合协调体制机制改革上实现突破。

（2）内蒙古旅游业互联网经济转型的方向分析（如图9－18所示）。

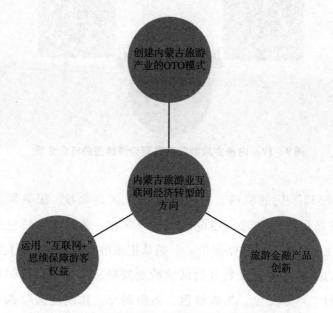

图 9 – 18　内蒙古旅游业互联网经济转型的方向分析

1）创建内蒙古旅游产业的 OTO 模式。互联网应用领域的以商品交易和服务相关的各种商务活动的电子化成为人们接触电子商务模式的主流，业界将它分为三类：BTB、BTC、CTC。随着应用的深入，线上交易与线下消费体验的融合，一种崭新的电子商务模式 OTO 诞生了，即 Online To Offine（线上到线下）。OTO 商业模式大大地缩短了消费者的决策时间。其核心就是把线上的消费者带到现实的商店中去，在线支付购买线下的商品和服务，并在线下去享受服务。

2）旅游金融产品创新。在线旅游金融化包括三大类：旅游产品分期支付、旅游保险类产品及在线旅游平台上产生的理财增值产品。需求与市场的巨大内驱，成熟的支付和信用市场的大环境，在线旅游亟待新的突破，在这三股力量下，旅游金融成为企业最明朗的寄托。

3）运用"互联网＋"思维保障游客权益。内蒙古旅游产业的互联网经济转型的升级路径中一定要将保护游客的权益、争议处理、赔付等问题纳入考虑的范围。运用"互联网＋"思维保障游客权益，让游客开心而来、满意而归，成为内蒙古旅游的宣传大使，从而吸引更多的游客。

第二节　内蒙古互联网经济发展的政策建议

一、互联网经济的相关政策分析

互联网作为 20 世纪最伟大的发明之一，把世界变成了"地球村"，使国际社会变成了你中有我、我中有你的命运共同体。在第二届世界互联网大会上，国家主席习近平指出，以互联网为代表的信息技术日新月异，引领了社会生产新变革，创造了人类生活新空间，拓展了国家治理新领域，极大地提高了人类认识水平，以及认识世界、改造世界的能力。我们的目标，就是要让互联网发展成果惠及 13 亿多中国人民，更好地造福各国人民[①]。2014 年 2 月，中央网络安全和信息化领导小组成立，习近平总书记亲自担任组长，在网络安全和信息化领域加强集中统一领导，统筹协调重大问题，制定发展战略、宏观规划和重大政策。中国互联网迎来历史上最好的发展时期，领导小组的成立，是中国关于互联网管理领导体制的重大

---

① 朱国贤、霍小光、杨依军．习近平出席第二届世界互联网大会开幕式并发表主旨演讲 [EB/OL]．http：//www. wicwuzhen. cn/system/2015/12/16/020955500. shtml，2015 – 12 – 16.

改革创新，开创了统筹互联网信息内容管理、网络安全和信息化发展的新局面。

党的十八届五中全会提出要实施网络强国战略、大数据战略、"互联网＋"行动计划等重大战略举措，站在新的历史起点上，中国互联网必须紧紧围绕"四个全面"战略布局，抢抓机遇，锐意进取，开拓发展空间，实现创新、协调、开放、共享、安全发展，加速中国现代化进程，使人民群众充分享有互联网发展的成果。

（一）《国务院关于积极推进"互联网＋"行动的指导意见》

《国务院关于积极推进"互联网＋"行动的指导意见》是推动互联网由消费领域向生产领域拓展，加速提升产业发展水平，增强各行业创新能力，构筑经济社会发展新优势和新动能的重要举措。

《国务院关于积极推进"互联网＋"行动的指导意见》（以下简称《意见》）提出的具体内容包括（如图 9－19 所示）：

图 9－19　《国务院关于积极推进"互联网＋"行动的指导意见》分析

《意见》提出，要坚持开放共享、融合创新、变革转型、引领跨越、安全有序的基本原则，充分发挥我国互联网的规模优势和应用优势，坚持改革创新和市场需求导向，大力拓展互联网与经济社会各领域融合的广度和深度。到 2018 年，互联网与经济社会各领域的融合发展进一步深化，基于互联网的新业态成为新的经济增长动力，互联网支撑大众创业、万众创新的作用进一步增强，互联网成为提供公共服务的重要手段，网络经济与实体经济协同互动的发展格局基本形成。到 2025 年，"互联网＋"新经济形态初步形成，"互联网＋"成为我国经济社会创新发展的重要驱动力量。①

　　《意见》围绕转型升级任务迫切、融合创新特点明显、人民群众最关心的领域，提出了11个具体行动：一是"互联网＋"创业创新，充分发挥互联网对创业创新的支撑作用，推动各类要素资源集聚、开放和共享，形成大众创业、万众创新的浓厚氛围。二是"互联网＋"协同制造，积极发展智能制造和大规模个性化定制，提升网络化协同制造水平，加速制造业服务化转型。三是"互联网＋"现代农业，构建依托互联网的新型农业生产经营体系，发展精准化生产方式，培育多样化网络化服务模式。四是"互联网＋"智慧能源，推进能源生产和消费智能化，建设分布式能源网络，发展基于电网的通信设施和新型业务。五是"互联网＋"普惠金融，探索推进互联网金融云服务平台建设，鼓励金融机构利用互联网拓宽服务覆盖面，拓展互联网金融服务创新的深度和广度。六是"互联网＋"益民服务，创新政府网络化管理和服务，大力发展线上线下新兴消费和基于互联网的医疗、健康、养老、教育、旅游、社会保障等新兴服务。七是"互联网＋"高效物流，构建物流信息共享互通体系，建设智能仓储系统，完善智能物流配送调配体系。八是"互联网＋"电子商务，大力发展农村电商、行业电商和跨境电商，推动电子商务应用创新。九是"互联网＋"便捷交通，提升交通基础设施、运输工具、运行信息的互联网化水平，创新便捷化交通运输服务。十是"互联网＋"绿色生态，推动互联网与生态文明建设深度融合，加强资源环境动态监测，实现生态环境数据互联互通和开放共享。十一是"互联网＋"人工智能，加快人工智能核心技术突破，培育发展人工智能新兴产业，推进智能产品创新，提升终端产品智能化水平。

　　《意见》提出了推进"互联网＋"的七方面保障措施：一是夯实发展

① 新华网．国务院印发《关于积极推进"互联网＋"行动的指导意见》[EB/OL]．http：//news．xinhuanet．com/2015－07/04/c_1115815942．htm，2015－07－04.

基础；二是强化创新驱动；三是营造宽松环境；四是拓展海外合作；五是加强智力建设；六是加强引导支持；七是做好组织实施。①

（二）内蒙古自治区《关于加快"互联网＋"工作指导意见》

2015 年 7 月 9 日，内蒙古出台了《关于加快推进"互联网＋"工作的指导意见》，旨在加快推进全区"互联网＋"工作，大力发展互联网经济，充分发挥互联网在稳增长、调结构、转方式和惠民生中的战略性、基础性和先导性作用，主动适应经济发展新常态，促进经济发展迈上新台阶。《关于加快推进"互联网＋"工作的指导意见》，在研究相关省份已出台政策的基础上，结合内蒙古自治区实际，着眼于更好发挥政府作用，力求有所突破、有所创新，更加突出政策的可操作性，是对互联网经济全领域、全过程的总体指导和推动，解决的是如何基于互联网技术快速深入应用和加快"互联网＋"行动实现实体经济与互联网经济的全面嫁接问题，既有发展重点，又有具体的政策举措。

内蒙古自治区《关于加快推进"互联网＋"工作的指导意见》规划的具体事宜包括（如图 9－20 所示）：

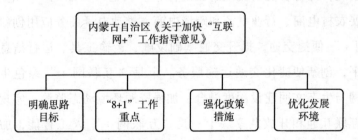

图 9－20　内蒙古自治区《关于加快推进"互联网＋"工作的指导意见》分析

《关于加快推进"互联网＋"工作的指导意见》规划了内蒙古"互联

---

① 新华网．国务院印发《关于积极推进"互联网＋"行动的指导意见》［EB/OL］．http：//news. xinhuanet. com/2015 – 07/04/c_1115815942. htm，2015 – 07 – 04.

网＋"工作的发展蓝图，从总体方向上、目标上来说，未来 5 年，"互联网＋"加速推进，以云计算、大数据、物联网、移动互联网等为代表的新一代信息技术在经济社会各行业各领域广泛应用，互联网在促进经济结构调整、产业转型升级中发挥作用明显，信息消费快速增长，互联网经济发展水平全面提升。几个重要的量化指标是：到 2020 年，建成 5 个自治区级互联网经济集中区，10 个电子商务集聚区、10 个大宗商品电子交易市场，电子商务交易额达到 5800 亿元以上，互联网服务收入达到 500 亿元。

内蒙古推进"互联网＋"，将从重点突破领域进行突破。在《关于加快推进"互联网＋"工作的指导意见》中我们提出了"8＋1"工作重点，"8"即工业、农牧业、商贸、金融、政务、文化、民生、生态 8 个重点领域，主要突出发展工业互联网、农牧业物联网、电子商务、互联网金融、电子政务公共云平台服务体系、文化新型业态及旅游在线服务、公共服务信息平台及信息惠民工程，以及国土、环保、能源、水利、林业等生态领域智慧化；"1"就是要积极推动互联网与云计算、大数据、物联网、移动通信等新一代信息技术产业融合发展，培育壮大互联网服务业。

内蒙古将采取有效政策措施让《关于加快推进"互联网＋"工作的指导意见》落到实处。从政策措施来看，主要是围绕促进产业集聚、培育龙头企业、鼓励创新创业、强化市场带动、加强人才支撑、加大资金支持这些方面做好工作。

一是在促进产业集聚方面，规划建设互联网经济集中区，对符合条件的互联网园区、企业和重点项目，在土地、电价、公共资源等方面给予政策支持。

二是在培育龙头企业方面，创新招商模式，引进并催生一批信息技术行业龙头，对首次入围全国互联网百强企业或全国软件百强的企业给予奖励。

三是在鼓励创新创业方面，放宽市场准入条件，简化行政审批手续，推进大学生创新创业，举办互联网创新创业大赛，鼓励创建互联网众创园，支持发展创业服务平台。

四是在强化市场带动方面，推行基于云计算和互联网公共服务平台的信息服务外包，鼓励重点扶持的互联网企业购买内蒙古自治区内云计算数据中心服务。

五是在加强人才支撑方面，加大对互联网紧缺人才的引进和培养，对带项目来内蒙古自治区创业、对有突出贡献的人才及其团队、对创建培训基地的企业给予资金等支持。

六是在加大资金支持方面，运用多种投融资方式，建立产业发展基金，支持互联网经济。对新认定的互联网创新平台，以及在新三板成功挂牌的互联网相关企业，给予支持。①

（三）《中共中央关于制定国民经济和社会发展第十三个五年规划的建议》

《中共中央关于制定国民经济和社会发展第十三个五年规划的建议》具体内容包括（如图 9 – 21 所示）：

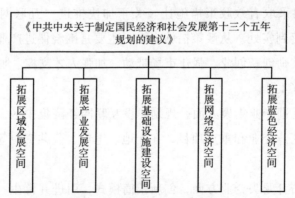

图 9 – 21 《中共中央关于制定国民经济和社会
发展第十三个五年规划的建议》分析

① http: //www. nmg. gov. cn/.

《中共中央关于制定国民经济和社会发展第十三个五年规划的建议》其中指出，拓展发展新空间。用发展新空间培育发展新动力，用发展新动力开拓发展新空间。拓展发展空间包括五个方面：一是拓展区域发展空间；二是拓展产业发展空间；三是拓展基础设施建设空间；四是拓展网络经济空间；五是拓展蓝色经济空间。

在拓展网络经济空间部分，《中共中央关于制定国民经济和社会发展第十三个五年规划的建议》指出，要实施"互联网＋"行动计划，发展物联网技术和应用，发展分享经济，促进互联网和经济社会融合发展。实施国家大数据战略，推进数据资源开放共享。超前布局下一代互联网。推进产业组织、商业模式、供应链、物流链创新，支持基于互联网的各类创新。①

二、内蒙古互联网经济发展总体政策建议

（一）建立社会人才储备库，为互联网及非互联网行业开阔思维

互联网人才储备严重不足，特别是非互联网行业企业。为此，建议政府建立大型人才智囊库，充分利用各种途径、手段，培养引进并合理使用好一批素质较高、层次合理、专业配套的互联网、计算机及企业管理等方面的专业人才，既为企业的发展提供人才保障，又是促进区域经济发展的有效途径。这些专业人才，为互联网企业提供战略规划、发展定位、消除弊端，为其他企业提供政策扶持、资金扶助、企业管理、运营规划等全方位服务②。近年来，内蒙古自治区实施了一系列的人才工程，如"511人才培养工程""新世纪321人才工程"、呼包鄂"草原硅谷"人才特区工程、"草原英才"等人才建设工程，为内蒙古引才、用才搭建了良好的平

① http：//www．irinbank．com．
② http：//www．cet．com．cn．

台，取得了明显的效果。"人才强区工程"是围绕自治区"8337"发展思路的又一项重大人才工程，为内蒙古高层次人才的引进再一次提供了有力的支撑。

在"互联网+"战略背景下，我们可以充分发挥主观能动性思考人才工作。"互联网+"背景下的人才工作应从以下方面思考：

1. 解放思想

互联网两个最核心的特点是：相互连通和资源共享，也就是充分的开放。我们的人才工作也要在这个思想的指导下开展，努力打造人才洼地，让真正的人才愿意来，来了愿意留，这需要政策支持。需要政府做好优质的服务，需要当地的民众打开大门乐于接受外来人才。这涉及内蒙古人民的接纳和外来人的适应过程，本身就是思想认识的碰撞和改变，开放的心态会助推人才工作高歌猛进。对于引人引智方法问题，不一定非得把人引进来，可以考虑把技术引进来；也可以考虑把工厂的部分生产工序引进来。也可以借助于互联网实现网上办公、远程办公；这种开放的心态和灵活引才的方式就是"互联网+"思想的很好体现。

2. 整合资源

洼地建成，人才引进以后，我们要把这些智力资源根据人才的知识结构、素质特点进行梳理整合，通过互联网与政府无缝对接，各取所需。比如建一个人才数据库，这是一个开放的网络数据库，我们可以在这个数据库里找人才，找智力支持。这种模式可以实现从人找工作到工作找人的模式的转变，是资源共享的过程，是"互联网+"思想的体现。

3. 形成机制

当我们在思想上认识到人才的重要性，在整合人才资源的基础上可以探索形成人才成长和干部培养机制。比如多岗位锻炼、基层锻炼。对于创业型人才给予政策和启动资金的支持。可以借助互联网将人才工作和其他市的人才工作进行交流心得，取长补短，这包括人才之间的交流和领导之间的交流。这种培养锻炼、人才交流本身就是一种共享成果的过程，借助于互联网使得我们的共享资源变得更加方便、更加高效。

（二）推进国际交流与合作，进一步推动内蒙古企业走出去

1. 集中龙头企业

加强资源整合，以特许经营等方式将公共服务平台、公共信息资源优先委托区内优秀企业运营开发，力争催生一批信息技术行业龙头。近年来，内蒙古自治区始终把农牧业产业化作为发展现代农牧业的突破口，亿元以上加工企业达到461家，10亿元以上企业有33家。国家级农业产业化重点龙头企业有38家，自治区本级重点龙头企业达到403家，上市公司有9家。全区要大力引进和推动阿里、百度、腾讯、京东等国内龙头互联网企业优先向内蒙古自治区开放平台接口、数据资源和市场渠道，优先在内蒙古自治区建立培训或创业基地，可参照有关支持政策奖励。[①]

2. 鼓励企业抱团出海

互联网企业走出去承载了经济、商业、文化、社会等多种元素，是一个国家、一个民族国际竞争软实力的象征。党的十八大报告提出："加快走出去步伐，增强企业国际化经营能力，培育一批世界水平的跨国公司"。当前，互联网的竞争与合作已成为当今世界国际竞争与合作的重要组成部分，唯有自身做大做强才可能拥有世界舞台的话语权。结合"一带一路"等国家重大战略，支持和鼓励具有竞争优势的互联网企业联合制造、金融、信息通信等领域企业率先走出去，通过海外并购、联合经营、设立分支机构等方式，相互借力，共同开拓国际市场，推进国际产能合作，构建跨境产业链体系，增强全球竞争力。

---

① http://www.nmg.gov.cn.

需要实现产业转移的领域，支持企业联合抱团出海投资，政府提供信贷、贴息、税收等一系列财税支持；政府及国有企业的投资项目更多地选用与社会资本联合设立股权投资基金的方式进行投资。引导社会资本投入国家重点发展领域及相应项目，同时以专业的基金管理团队、市场化的方式进行操作，提高内蒙古自治区及社会资本的使用效率。在设立专项资金、完善税收政策、加强基础设施、高端人才储备等方面给予配套政策，推动中国企业走出去。

3. 增强走出去服务能力

一方面，内蒙古自治区政府应当继续完善相关的体制机制和政策法规，进一步明确本地企业走出去的目标和规则，大力引导本地打算走出去的企业秉持低碳、环保、绿色和节能的先进发展理念，努力形成自身的竞争优势，从而赢得在"丝绸之路经济带"沿线国家开展生产经营活动的空间和机会。另一方面，内蒙古自治区政府应当着手建立本地企业海外并购的信息化平台，全面介绍各国关于外资并购的主要法律法规、本地企业在这些国家开展海外并购时有可能遇到的法律风险问题，以及中国企业成功化解这些风险问题的案例等多方面的具体内容。

（三）培育壮大互联网服务业

积极推动互联网与云计算、大数据、物联网、移动通信等新一代信息技术产业融合发展、产用互动。充分整合内蒙古自治区软件和互联网领域的资源，在电子商务与移动支付、电子政务与移动办公、公共服务与移动互联、即时通讯与社交、搜索引擎与定位服务、网络与手机游戏等领域，培育若干有特色的互联网产品及服务。支持培育一批为传统行业提供平台服务、软件服务、数据服务等专业服务的互联网服务商，为传统企业量身定制个性化的互联网解决方案，并提供咨询、设计、数据分析挖掘、流程优化、运营管理等服务。加快物联网技术支撑、公共服务和资源管理平台建设，面向企业供应链管理、交通、环保、物流、农畜产品溯源、精准农业等领域开展物联网重大应用示范。推动云计算服务在智慧城市、电子政务、工业制造、中小企业公共服务、电子商务等领域商业化运营，支持云计算服务创新和商业模式创新。开展大数据应用，鼓励行业、企业深度加工应用数据库，提供数据挖掘分析、精准营销和商业智能等大数据应用服务。推动移动互联网和各种终端、行业融合，培育智能终端、软件及应用研发、内容与服务一体的产业链。[①]

三、互联网经济下内蒙古支柱产业转型升级政策

（一）内蒙古能源产业互联网经济转型升级政策建议

（1）树立适应"互联网＋"能源的观念，政府和企业，要以"互联网＋"的思维不断改革创新，使各方面工作更好地适应"互联网＋"时代。

（2）统筹规划和顶层设计"互联网＋"能源发展。结合内蒙古自治区能源分布特点，明确内蒙古互联网能源发展思路及整体结构框架。

（3）构建全面开放包容的"互联网＋"能源的发展环境，鼓励各类互联网资本和市场主体平等开展市场竞争，依法开展参股并购，支持培育互联网能源龙头企业发展，形成具有深远影响的内蒙古能源产业的国际品牌，推动互联网基础设施的互联互通。

（4）致力于提升"互联网＋"能源产业科技水平，建立以企业为主、以政府为辅，产学研相结合的"互联网＋"能源产业技术升级机制，支持内蒙古自治区"互联网＋"能源产业转型升级的相关部门的组建。

（5）制定与"互联网＋"能源产业发展相适应的标准和政策，制定"互联网＋"能源企业的优惠政策，政府应加大财政支持力度，给予企业适度倾斜和支持，通过财税优惠、简化审批、政策扶持等手段，鼓励企业

---

① http：//www.nmg.gov.cn.

开展技术研发，促进产学研转化，积极拓展新兴能源信息服务业态，促进"互联网＋"智慧能源发展。

（二）内蒙古冶金产业互联网经济转型升级政策建议

（1）应该紧紧围绕内蒙古自治区冶金产业基础建设和工业转型升级需求，以推进两化（信息化和工业化）深度融合为主线，引导内蒙古冶金企业实现生产全流程的互联网转型，推动传统冶金产业实现生产方式、经济模式、产业结构的改造升级，加快信用、物流、安全、大数据分析等工业互联网配套体系建设，推动冶金生产方式和商业模式变革。

（2）内蒙古自治区需要从政策措施方面给予互联网冶金经济产业的发展提供支持，主要是围绕促进冶金产业集聚、培育冶金企业、鼓励创新冶金产业、强化市场带动、加强人才支撑、加大资金支持这些方面做好工作。

（3）在发展内蒙古互联网冶金产业经济的过程中，整个互联网的基础设施建设也很重要，比如带速、资费、安全等方面。在优化互联网冶金产业环境方面主要从提升网络基础、构建诚信体系、保障网络安全、加强宣传培训、强化合理推进等五个方面着手。

（三）内蒙古化工产业互联网经济转型升级政策建议

（1）把握战略机遇，全面推进现代煤化工产业建设。内蒙古自治区要用好用足各项产业扶持政策，紧紧抓住国家深入西部大开发、振兴东北老工业基地和国家大力支持内蒙古发展的战略机遇，以现有产业为基础，以化工园区为载体，以基础化工原料为基点，依托资源优势，调整产业结构，延伸产业链条。以高端化、大型化、规模化、循环化、一体化为导向，建设几个大型的煤化工产业集群、煤加工洁净化和产品精细化的现代煤化工产品链条及大型煤化工产业集团，重点推进煤制油、煤制二甲醚、煤制烯烃、煤制乙二醇、煤制天然气等现代煤化工示范项目产业化进程。

（2）加强节能降耗，加快现代煤化工技术升级，现代煤化工应纳入循环经济体里统筹规划，实现煤、气、电化等综合发展。建立煤化工生态工业集群，将煤化工与建材、材料、发电废热利用不用产业的工艺技术集成联产，形成资源和能源的循环利用系统，最大限度地降低能耗、节约资源，减少对环境的污染和生态破坏。

（3）合理有效布局，化解现代煤化工环境约束，适当调整产业布局，在内蒙古水资源比较丰富的东部地区布局煤化工项目。

（4）完善金融服务，提高现代煤化工支持效率，一是改进金融机构信贷管理模式，二是优化煤炭产业信贷投放结构。

（四）内蒙古机械制造业互联网经济转型升级政策建议

（1）增强自主创新能力。在内蒙古机械制造业转型升级的初级阶段，要注重自主创新能力对机械制造业互联网经济转型升级的带动。科技进步和技术创新是转变行业增长方式、有效提高产业增长质量和速度的重要途径，对全要素生产率水平的提高具有直接的促进作用，自主创新能力的有效增强是推动产业前沿技术进步的关键因素。

（2）加强高端人才引进。要想加快内蒙古机械制造业互联网经济转型升级，加大"互联网＋"与制造业的深度融合，制造技术将是更为复杂的技术体系，需要跨学科的高端人才。内蒙古机械制造业应引进先进制造技术人才与软件系统集成人才，即既懂制造技术又懂软件控制的复合型高端人才。

（3）增加外商投资机会。政府可以鼓励这些产业优质外资的进入，积极发展劳动或中度资本密集型行业，实现其规模化和专业化生产，加速转型升级。

（4）加大政策扶持力度。创新扶持机制。加大对重点产业的支持力度。

（5）完善企业信息网络建设。首先，在全球组织生产过程中，要考虑信息沟通是否顺畅。其次，在互联网思维下，企业生产环节与顾客的距离变得不再重要，可以通过互联网随时沟通。最后，加大信息化建设的政策支持力度，政府应出台一系列政策，加强内蒙古机械制造业的信息化建设程度，使整个行业内的微观企业、中观行业及宏观产业集群能有效及时的共享资源信息，达到一体化发展。

（五）内蒙古农畜牧业互联网经济转型升级政策建议

内蒙古农畜牧业互联网经济转型升级政策建议如表9－1所示：

表9－1　　　　内蒙古农畜牧业互联网经济转型升级政策建议

加强政府主导作用，进一步完善农牧业信息工作体系	（一）发挥政府主导作用
	（二）加大资金支持
加强各级农牧业综合门户网站建设，建立健全基础设施	（一）充分认识农牧业信息网站的重要性
	（二）建立完善全区农牧业系统信息采集、报告、管理运行机制
	（三）做好"农信通"信息服务
通过信息化手段培养社会主义新型农牧民	（一）电子商务
	（二）网络
	（三）政府的相关惠农政策
	（四）要加强农牧业信息化的培训工作
开展多模式、多样化信息服务模式，培养专业人才	（一）培养一支责任心强、素质高、知识结构合理的农牧业信息技术与管理服务人员队伍
	（二）开发适合农牧业实际特点的信息化培训教材，以及网络培训课件
	（三）切实抓好农村信息员队伍的培训工作
	（四）重点加强对龙头企业、农民专业合作经济组织、中介组织的信息服务人员和农牧业生产经营大户、农村经纪人的培训
全局规划与因地制宜相结合	树立以"整体"为核心的观念，坚持统一规划，统一标准，统一建设的原则

（六）内蒙古旅游业互联网经济转型升级政策建议

（1）致力于全面构建开放包容的"互联网＋旅游"发展环境。鼓励互联网企业参与饭店、景区、旅行社、导游、文明旅游、旅游团队等国家级旅游基础数据库的升级改造和新数据库的开发建设。

（2）致力于持续提升"互联网＋旅游"创新能力。鼓励建立以企业为主导、产学研用合作的"互联网＋旅游"产业技术创新联盟，加快制定和实施国家智慧旅游城市、智慧旅游景区、智慧旅游企业、智慧旅游乡村标准。

（3）致力于积极开展"互联网＋旅游"创新试点示范。鼓励各地积极开展适应互联网旅游新产品、新业态、新模式发展的政策创新和引领示范。

（4）致力于支持引导"互联网＋旅游"新经济形态发展。鼓励各级旅游部门加大对云计算服务的政府采购力度。支持有条件的旅游企业打造在线旅游第三方支付平台，拓宽移动支付在旅游业的应用。推进旅游与互联网金融合作。支持互联网旅游企业拓展海外合作。

（5）致力于打造"互联网＋旅游"的新型消费征信体系。努力拓宽与互联网企业的合作空间，积极构建"互联网＋旅游"的新型消费信用体系。

参 考 文 献

[1] 马克思. 资本论（第2卷）［M］. 北京：人民出版社，1975.

[2] 林竹. 第三产业怎样划分［J］. 改革，1985（5）.

[3] 张昊一. 基于涌现性的我国传统产业持续创新能力研究［D］. 哈尔滨工程大学，2012.

[4] 朱永华. 传统产业型中小企业集群发展研究［D］. 华中农业大学，2005.

[5] 李晓华. 中国工业化的阶段特征与发展任务［J］. 中国经贸导刊，2015（4）：17－18.

[6] 叶林，余江. 中国工业化的进展、新情况和成功实现［J］. 武汉大学学报（哲学社会科学版），2014（2）：117－125.

[7] 2014年国民经济和社会发展统计公报［R］. 国家统计局，2015.

[8] 姚洋. 经济新常态：为传统产业转型升级提供强劲动力［N］. 光明日报，2015－3－24（8）.

[9] 姜奇平. 中国互联网与各行各业融合之路［J］. 互联网周刊，2011（24）.

[10] 曹小林. 互联网正加速向传统行业渗透［J］. 互联网周刊，2012（24）：28－31.

[11] 周鸿祎. 互联网经济有三大特点［N］. 深圳特区报，2013－12－10.

[12] 秦勒尔芳［法］. 产业组织理论（M）. 北京：中国人民大学出

版社（1997 年版），538．

[13] 郑新业．从"互联网经济"的特征谈起［J］．经济管理，2000
(5)：24-26．

[14] 齐山．中国"互联网＋"：天时地利人和［J］．中国林业产业，
2015-04-15．

[15] 第 36 次中国互联网络发展状况统计报告［R］．中国互联网络
信息中心，2015．

[16] 孙柏．"互联网＋"关键词［J］．金融博览（财富），2015 (4)．

[17] 李海舰，田跃新，李文杰．互联网思维与传统企业再造［J］．
中国工业经济，2014（10）：135-146．

[18] 罗珉，曾涛，周思伟．企业商业模式创新：基于租金理论的解
释［J］．中国工业经济，2005（7）：73-81．

[19] 罗珉，李亮宇．互联网时代的商业模式创新：价值创造视角
［J］．中国工业经济，2015（1）：95-107．

[20] 何师元．"互联网＋金融"新业态与实体经济发展的关联度
［J］．改革，2015（7）：72-81．

[21] 刘丽华，何军．"互联网＋旅游"背景下旅游服务业重构问题探
讨［J］．商业经济研究，2015（26）：134-135．

[22] 呼跃军．内蒙古：投资快速增长产销稳中有进［J］．中国石油
和化工，2013（8）．

[23] 米子川，杨小庆．基于生产角度的我国能源产业区域间非均衡
发展研究［J］．高等财经教育研究，2015（5）．

[24] 高翠玲，李主其，郭海清．新时期内蒙古农牧业发展现状和问
题及政策建议［J］．农业现代化研究，2013（3）．

[25] 李毅中．关于推进工业转型升级的几点思考——在第十一届全
国追求卓越大会上的报告［J］．中国质量，2011（12）．

[26] 乐奇，高凤．把握新一轮西部大开发机遇：实现内蒙古区域经
济协调发展［C］．全国社科院系统中国特色社会主义理论体系研究中心第

十六届年会暨理论研讨会论文集——党的领导与中国特色社会主义（下），2009（9）.

[27] 刘金刚. 能源消费与经济增长研究 [D]. 内蒙古师范大学，2010.

[28] 李子静. 山西省装备制造业技术集成创新能力研究 [D]. 太原科技大学，2010.

[29] 于渤. 学习十七届五中全会精神，借鉴"十一五"规划经验 [J]. 奋斗，2010（12）.

[30] 张红艳. 比较优势与内蒙古产业发展 [D]. 中南民族大学，2009.

[31] 赵平. 内蒙古自治区装备制造业发展情况报告 [R]. 北方金融，2015（8）.

[32] 蔚治国，郝晓兰. 把内蒙古建成体现草原文化、独具北疆特色的旅游观光、休闲度假基地的思考 [J]. 北方经济，2013（8）.

[33] 刘泽. 内蒙古旅游产业发展财政政策研究 [D]. 内蒙古大学，2013.

[34] 梦耀草原——中国梦照亮内蒙古"8337"发展蓝图和综合改革征程 [J]. 盛世小评，2015.

[35] 尤江东，丛敬军. 信息经济学的理论体系与学科建设研究 [J]. 图书情报工作网刊，2012（8）.

[36] 刘小刚. 汽车消费信贷价值链分析与博弈研究 [D]. 北京交通大学，2007.

[37] 赵军."互联网＋"对于电影业创新的现实意义 [J]. 中国电影市场，2015（4）.

[38] 东莞市人民政府办公室. 关于引导民营资本发展实体经济的实施意见 [R]. 东莞市人民政府公报，2015－5－15.

[39] 政府工作报告."互联网＋"行动计划 [N]. 中国青年报，2015－4－13.

[40] 孙川．国省际信息通信技术资本存量估算［J］．统计研究，2013（3）．

[41] 柯玲，周小佳．信息经济发展中的信息经济测度研究［J］．电子科技大学学报，2005（12）．

[42] 顾德道，陈博，刘尚海．"十三五"宁波处理智慧城市建设与信息经济发展关系辨析［J］．宁波经济（三江论坛），2015（7）．

[43] 王伟玲，肖拥军．我国信息经济发展方向及政策建议［J］．经济纵横，2015（10）．

[44] 内蒙古"8337"规划［R］．国家统计局，2013．

[45] 2015 中国信息经济研究报告［R］．中国信息通信研究院，2015．

[46] 张慧．内蒙古经济发展中的地区差异变化研究：1978～2011［D］．内蒙古大学，2013．

[47] 中国信息经济学会 2010 年学术年会综述［R］．中国信息通信研究院，2010．

[48] 2015 中国互联网信息经济发展报告［R］．中国信息通信研究院，2015．

[49] 马桂茹．内蒙古煤炭资源优势转变为经济优势的对策研究［D］．内蒙古师范大学，2008．

[50] 韩凤永．内蒙古能源产业发展现状及路径选择分析［J］．工业技术经济，2009（7）：2－6．

[51] 刘同良．中国可再生能源产业区域布局战略研究［D］．武汉大学，2012．

[52] 张玉立．内蒙古能源发展现状与产业结构调整的对策研究［J］．北方经济，2012（12）：35－36．

[53] 郭永伟，程傲南．"互联网＋"智慧能源：未来能源发展方向［J］．经济问题，2015（11）：61－64．

[54] 刘志武．内蒙古能源产业发展的金融支持研究［D］．浙江大

学，2011.

[55] 佚名. 内蒙古自治区冶金研究院 [J]. 西部资源, 2009 (5)：65 - 65.

[56] 张维佳, 曹文红, 卢冀伟. 内蒙古某混合铅锌矿石优先浮选试验研究 [J]. 有色金属（选矿部分), 2012 (3)：25 - 27.

[57] 王梁, 张陟婉, 王梦琳. 稀土变质高铬铸铁性能研究 [J]. 内蒙古科技与经济, 2014 (12)：58 - 59.

[58] 刘金宝, 林静. 我国稀土产业的现状及其今后发展方向的思考 [A]. 内蒙古科学技术协会. 2003 年内蒙古自治区自然科学学术年会优秀论文集 [C]. 内蒙古科学技术协会, 2003：3.

[59] 李钧, 范永忠. 氯化稀土废渣回收利用的工艺技术条件研究 [J]. 内蒙古石油化工, 2003 (1)：20 - 22.

[60] 刘丽, 宋瑾, 姜宝林. 内蒙古科技能力评估分析及发展对策研究 [J]. 中国高新技术企业, 2013 (27)：3 - 7.

[61] 侯晋烨, 刘丽, 姜宝林. 论科技能力建设过程中地方政府的角色定位 [J]. 内蒙古科技与经济, 2013 (19)：3 - 4 + 6.

[62] 马延全, 闫宝宝. 某高砷多金属矿综合回收试验研究 [J]. 内蒙古科技与经济, 2015 (19).

[63] 乔阳. 对基层统计数据质量的思考 [J]. 内蒙古科技与经济, 2015 (12).

[64] 乔阳. 企业项目资金使用与管理 [J]. 内蒙古科技与经济, 2015 (21).

[65] 岳岩. 内蒙古某难选氧化铅矿石选矿试验研究 [J]. 内蒙古科技与经济, 2014 (6)：42 - 43 + 47.

[66] 翟永刚, 孙利清, 石磊, 杜永强. 缓倾斜中厚矿体的开采现状和发展趋势 [J]. 内蒙古科技与经济, 2012 (22)：66 + 68.

[67] 张维佳. 内蒙古某低品位铅锌矿选矿试验研究 [J]. 内蒙古科技与经济, 2012 (5).

［68］ 路红霞，李武斌．利用粉煤灰制备聚合氯化铝铁絮凝剂的小试研究［J］．内蒙古科技与经济，2012（23）：67－69．

［69］ 赵克贤，孙利清．论新形势下非公企业安全生产工作存在的问题及对策［J］．内蒙古科技与经济，2008（15）．

［70］ 卢肖，孙利清．下向分层倾斜进路回采胶结充填采矿方法的改进［J］．内蒙古科技与经济，2006（24）．

［71］ 燕玉萍．浅谈现金流量表的分析和利用［J］．内蒙古科技与经济，2001（5）．

［72］ 李梅，柳召刚，刘铃声，胡艳宏，武国琴，熊晓柏．氧化铈超细粉体的制备研究［J］．中国稀土学报，2003（4）：465－467．

［73］ 李梅，柳召刚，胡艳宏，熊晓柏，刘铃声，满拥军．聚氯乙烯加工用稀土助剂研究进展［J］．稀有金属，2003（6）：819－822．

［74］ 王秀艳，李梅，许延辉，刘铃声，柳召刚，熊晓柏．包头稀土精矿浓硫酸焙烧反应机理研究［J］．湿法冶金，2006（3）：134－137．

［75］ 谢丽英，柳召刚．纳米氧化铈粉体的制备技术研究进展［J］．稀土，2007（2）：70－76．

［76］ 李梅，柳召刚，胡艳宏．铈基稀土氧化物粉体的制备及应用［J］．中国稀土学报，2003（S2）．

［77］ 柳召刚，魏绪钧，张继荣．氟碳铈精矿碳酸钠焙烧反应机制［J］．中国稀土学报，1998（4）．

［78］ 刘镒森，张相琢，郑广东，李化坤，姚香．生产矿山矿体变化特征研究的内容与意义［J］．黄金，1995（11）：8－12．

［79］ 朱伟男．内蒙古巴彦乌拉锌铅银多金属矿矿床成因及找矿标志的探讨［J］．城市建设理论研究（电子版），2015．

［80］ 崔维记．包头稀土研究院进入包头钢铁稀土公司［J］．稀土信息，1992．

［81］ 孟海东，宋宇辰．大数据挖掘技术与应用［J］．冶金工业，2014．

[82] 佚名. 内蒙古冶金研究院实施科企联姻成果转化率高达70% [J]. 钢铁研究学报，2000 (S1).

[83] 莫日根，邬娜，张春媛. 内蒙古自治区"十二五"规划循环经济发展水平预测评估 [J]. 北方环境，2013 (3)：21-23.

[84] 于凯，常庆伟，李文风. 内蒙古某低品位氧化锌矿浮选试验研究 [J]. 金属材料与冶金工程，2014 (3)：38-41+53.

[85] 刘永茂，岳岩，岳刚. 内蒙古难选铅锌多金属矿选矿工艺研究 [J]. 有色金属（选矿部分），1999 (1)：9-11.

[86] 岳岩. 内蒙古某铅锌银多金属矿选矿工艺研究 [J]. 有色金属（选矿部分），2013 (2).

[87] 耿秀明. 内蒙古煤化工产业发展研究 [J]. 内蒙古科技与经济，2013 (3)：3-4.

[88] 呼跃军，赵文龙. 内蒙古：草原石化披锦绣——石油和化工行业成就展示·地方篇之四 [J]. 中国石油和化工，2012 (12)：21.

[89] 吴林飞. 内蒙古大型煤化工企业管理创新能力评价研究 [D]. 内蒙古工业大学，2013.

[90] 中国人民银行呼和浩特中心支行课题组，汪俊艳，张宇薇，韩光涛. 内蒙古煤炭产业转型升级研究 [J]. 北方金融，2015 (3)：21-25.

[91] 李闻芝. "互联网+化工"渐行渐清晰 [J]. 化工管理，2015 (25)：21-23.

[92] 于春林，李承琳. "互联网+"开启淄博化工新时代 [N]. 淄博日报，2015-8-3.

[93] 李永桃. 煤化工结构调整：建设国家能源保障战略高地 [N]. 内蒙古日报（汉），2013-7-24.

[94] 胡军，向吉英. 论我国劳动力供需结构失衡下的产业结构转换 [J]. 当代财经，2002 (12).

[95] 周冯琦. 劳动力配置与产业结构之间关系的理论模型分析 [J].

上海社会科学院学术季刊，2001（2）.

[96] 夏杰长. 我国劳动就业结构与产业结构的偏差 [J]. 中国工业经济，2000（1）：36－40.

[97] 李彬. 产业结构的调整与人才需求及供给的选择 [J]. 科学学与科学技术管理，2005，26（12）：132－136.

[98] 菊莲. 论产业结构及相应的人才结构调整 [J]. 北方经济，2007（5）.

[99] 赵光辉. 区域人才结构与产业结构互动战略的制定——以中部六省为实证 [J]. 科技与经济，2005（4）.

[100] 赵光辉. 人才结构与产业结构互动的一般规律研究 [J]. 商业研究，2008（2）.

[101] 罗文标，黄照升，夏洪胜. 我国产业的人才结构研究 [J]. 科技进步与对策，2003，20（7）：85－87.

[102] 罗文标，黄照升. 产业结构与人才结构互动研究 [J]. 科技进步与对策，2004（7）.

[103] 张胜冰，吉宇. 中部现有人才结构与产业结构调整的矛盾及策略分析 [J]. 经济问题探索，2008（4）.

[104] 张车伟. 人力资本回报率变化与收入差距："马太效应"及其政策含义 [J]. 经济研究，2006（12）.

[105] 李炯，苏静. 浙江人力资本扩展推动产业结构升级研究 [J]. 经济研究，2005（3）.

[106] 张仁寿，覃梓盛. 产业结构演变与高技能人才供求关系研究——高技能人才对广东经济发展的贡献评价 [J]. 全国商情（经济理论研究），2009（12）.

[107] 徐小钦，曾媛. 重庆市装备制造业自主创新能力研究 [J]. 中国科技论坛，2009（11）.

[108] 杨华峰，申斌. 装备制造业原始创新能力评价指标体系研究 [J]. 工业技术经济，2007（11）.

[109] 张保胜. 装备制造业自主创新能力的统计分析 [J]. 统计与决策, 2007 (8).

[110] 朱高峰. 对自主创新的理解 [J]. 科技成果纵横, 2005 (6).

[111] 王子龙. 中国装备制造业系统演化与评价研究 [D]. 南京: 南京航空航天大学, 2007.

[112] 王福君, 宋玉祥. 技术创新推动辽宁省装备制造业升级的机理和路径 [J]. 理论界, 2008 (12).

[113] 牟绍波, 任家华, 田敏. 开放式创新视角下装备制造业创新升级研究 [J]. 经济体制改革, 2013 (1).

[114] 孙韬, 赵树宽, 乔壮. 我国装备制造业转型升级发展对策研究 [J]. 工业技术经济, 2011 (5).

[115] 刘佳, 李宏林, 张舒. 中国装备制造业市场结构: 理论和实证——基于产业集中度的探讨 [J]. 东北财经大学学报, 2006 (2).

[116] 何舜霆, 唐晓华. 产业组织重构与装备制造业竞争力 [J]. 商业研究, 2005 (7).

[117] 赵忠华, 胡运权. 装备制造业集聚度分析 [J]. 中国软科学, 2009 (4).

[118] 王章豹, 吴庆庆. 抓住战略机遇期做大做强我国的制造业 [J]. 华东经济管理, 2005 (8).

[119] 崔万田. 中国装备制造业三大基地的比较分析 [J]. 经济理论与经济管理, 2005 (11).

[120] 程竹生. 加快振兴我国装备制造业 [J]. 中国经贸导刊, 2004 (12).

[121] 向一波, 郑春芳. 提高我国装备制造业国际竞争力的对策 [J]. 经济纵横, 2013 (4).

[122] 张米尔, 江诗松. 创新互动与装备制造业结构升级 [J]. 科学学与科学技术管理, 2004 (10).

[123] 段一群, 戴稳胜. 金融环境、政治关系与融资约束——基于装

备制造业上市公司的经验证据［J］. 科技进步与对策，2013（12）.

［124］段一群，李东，李廉水. 中国装备制造业的金融支持效应分析［J］. 科学学研究，2009（3）.

［125］郭玉屏. 全球价值链视角下宁波装备制造业升级［D］. 沈阳：辽宁大学，2013.

［126］张青山，刘明. 我国装备制造业实现跨越式发展的战略思考［J］. 中国软科学，2001（10）.

［127］朱国娟，钟昌标. 装备制造业进出口与经济增长的实证分析［J］. 世界经济情况，2007（4）.

［128］郑江淮，高春亮. 国际制造业资本转移、最优产业配套与政策转变［J］. 中国工业经济，2005（2）：29 - 36.

［129］江小涓. 中国的外资经济对增长结构升级和竞争力的贡献［J］. 中国社会科学，2002（6）.

［130］陈爱贞，陈明森. 中国装备制造业加入全球竞争的传统模式与突破路径［J］. 亚太经济，2009（5）.

［131］蒋雪梅. 全球价值链下中国通信制造业升级的实证分析——基于知识创新的视角［J］. 商业经济，2013（1）.

［132］陈爱贞，刘志彪. 决定我国装备制造业在全球价值链中地位的因素——基于各细分行业投入产出实证分析［J］. 国际贸易问题，2011（4）.

［133］綦良群，李兴杰. 区域装备制造业产业结构升级机理及影响因素研究［J］. 中国软科学，2011（5）.

［134］尹建华. 基于技术平台理论的装备制造业技术整合创新研究［J］. 工业技术经济，2007（6）.

［135］刘玉洁. 内蒙古自治区农牧业信息化发展的问题及对策［D］. 内蒙古：内蒙古农业大学，2014.

［136］王志远. 德国：积极扶持数字农业［N］. 经济日报，2015 - 08 - 19.

[137] 张红艳. 比较优势与内蒙古产业发展 [D]. 武汉：中南民族大学，2009.

[138] 姚春玲. 民族地区农产品区域品牌的创建与保护——以内蒙古为例 [J]. 经济界，2013 (5).

[139] 王锋正，郭晓川，曹巍. 内蒙古乳制品业自主创新的对策研究 [J]. 农业现代化研究，2007 (3).

[140] 魏松. 内蒙古实施"退牧还草"工程的实效与问题研究 [D]. 内蒙古：内蒙古农业大学，2014.

[141] 刘俊清. 内蒙古旅游业发展的 SWOT 分析 [J]. 干旱资源与环境，2008，22 (4)：152 –156.

[142] 董曙光. OTO 闭环模式的共赢生态 [J]. 新产经，2015，11 (1).

[143] 易观智库. 中国互联网旅游金融市场数据分析 [J]. 计算机世界，2015，10 (26).

[144] 刘巍. 结构方程模型旅游业发展状况分析 [J]. 长春工业大学学报 (自然科学版)，2013，34 (6)：612 –615.

[145] 季巍. 中青旅异地复制"乌镇"模式 [N]. 中国证券报，2011，12 (2).

[146] 内蒙古自治区统计局. 内蒙古统计年鉴 (2013) [M]. 北京：中国统计出版社，2013.

[147] 吴明隆. 结构方程模型：AMOS 的操作与应用 [M]. 重庆：重庆大学出版社，2009.

[148] 易丹辉. 结构方程模型：方法与应用 [M]. 北京：中国人民大学出版社，2006：165 –197.

[149] 中国国家统计局. 中国统计年鉴 2014 [M]. 北京：中国统计出版社，2014.

[150] 臧正金. 发挥好互联网在创新驱动中的先导作用 [J]. 唯实，2015 (8)：23 –26.

［151］国务院. 国务院关于积极推进"互联网＋"行动的指导意见
［Z］. 2015－07－04.

［152］杨培芳."互联网＋":经济发展的新动能［J］. 时事报告（大
学生版），2015（5）: 58－67.

［153］郭柯兰. 内蒙古高层次人才引进工作现状及对策研究［D］.
内蒙古:内蒙古工业大学，2015.